《宁可文集》编委会名单

宁可文集

（第五卷）

宁可 郝春文 著

郝春文 宁欣 主编

人民出版社

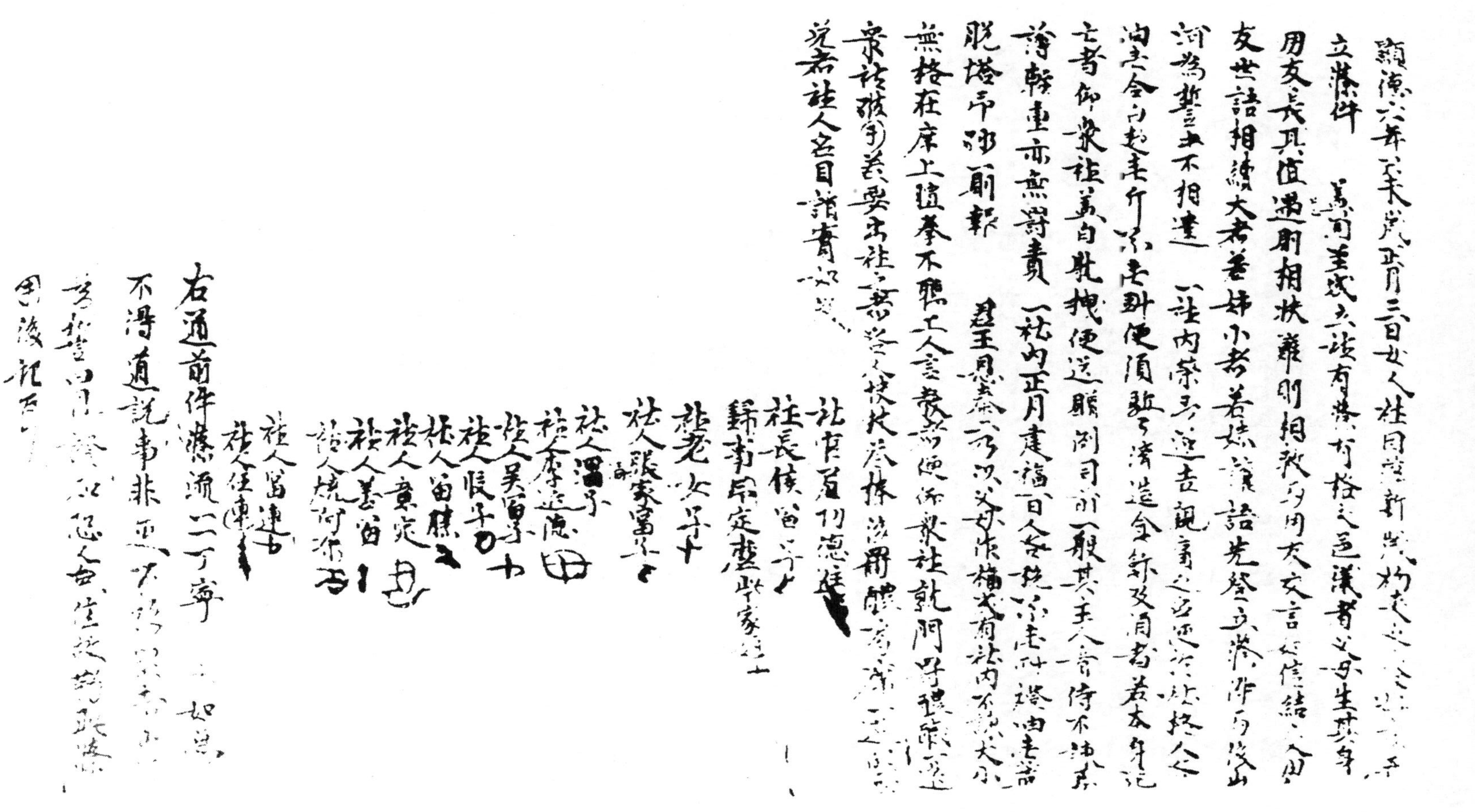

圖一　顯德六年（959）正月三日女人社社條（S.527）

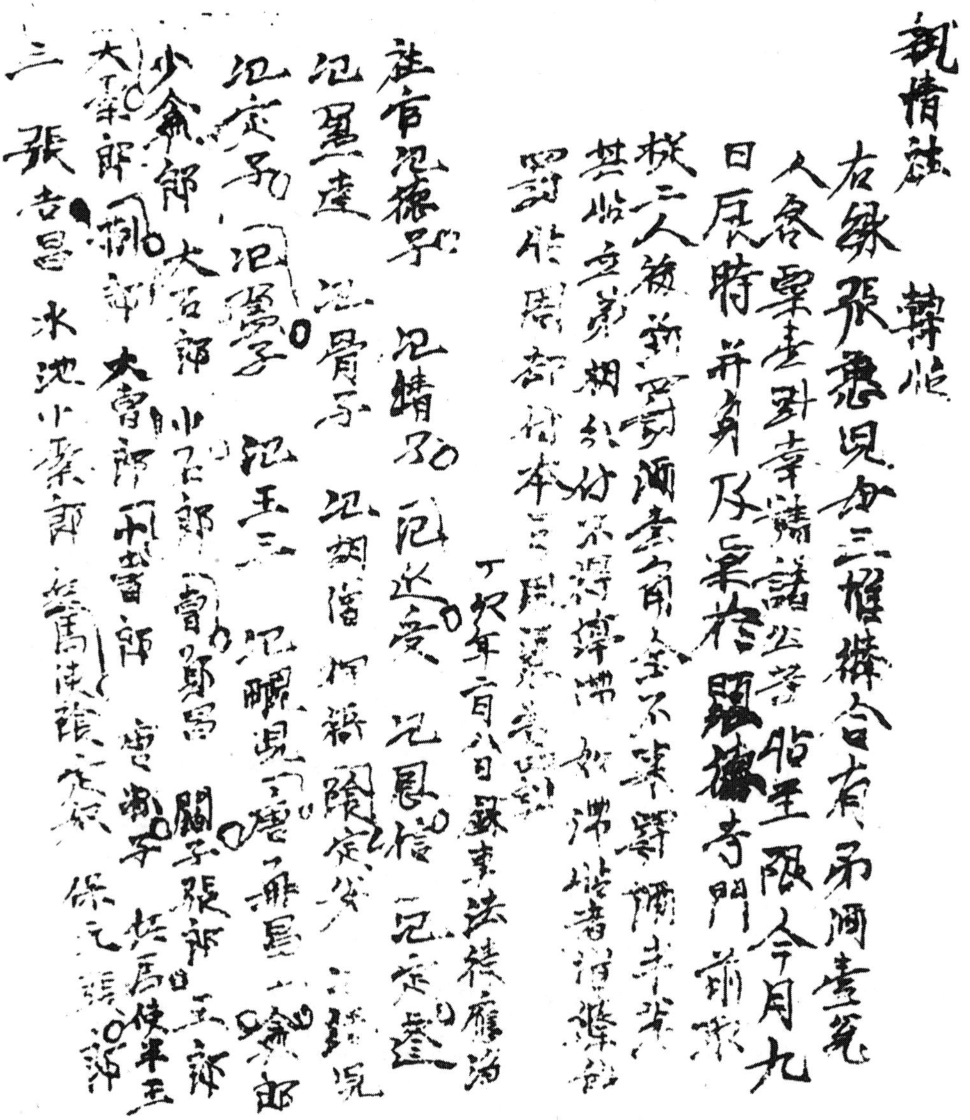

圖二　丁卯年（967）二月八日張憨兒母亡轉貼（S.5632）

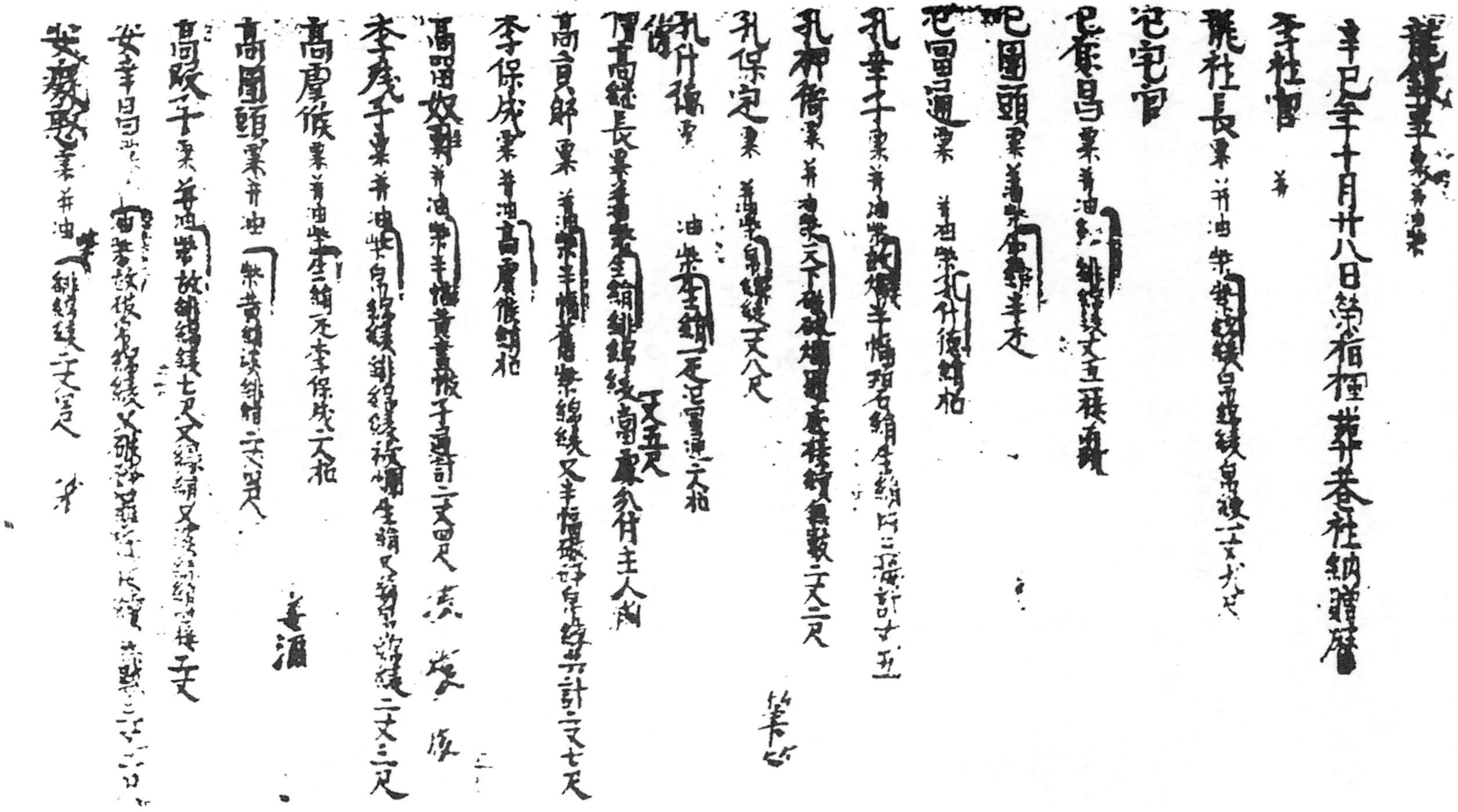

圖三　辛巳年（981）十月廿八日榮指揮葬巷社納贈曆（局部）（S.2472.V/4）

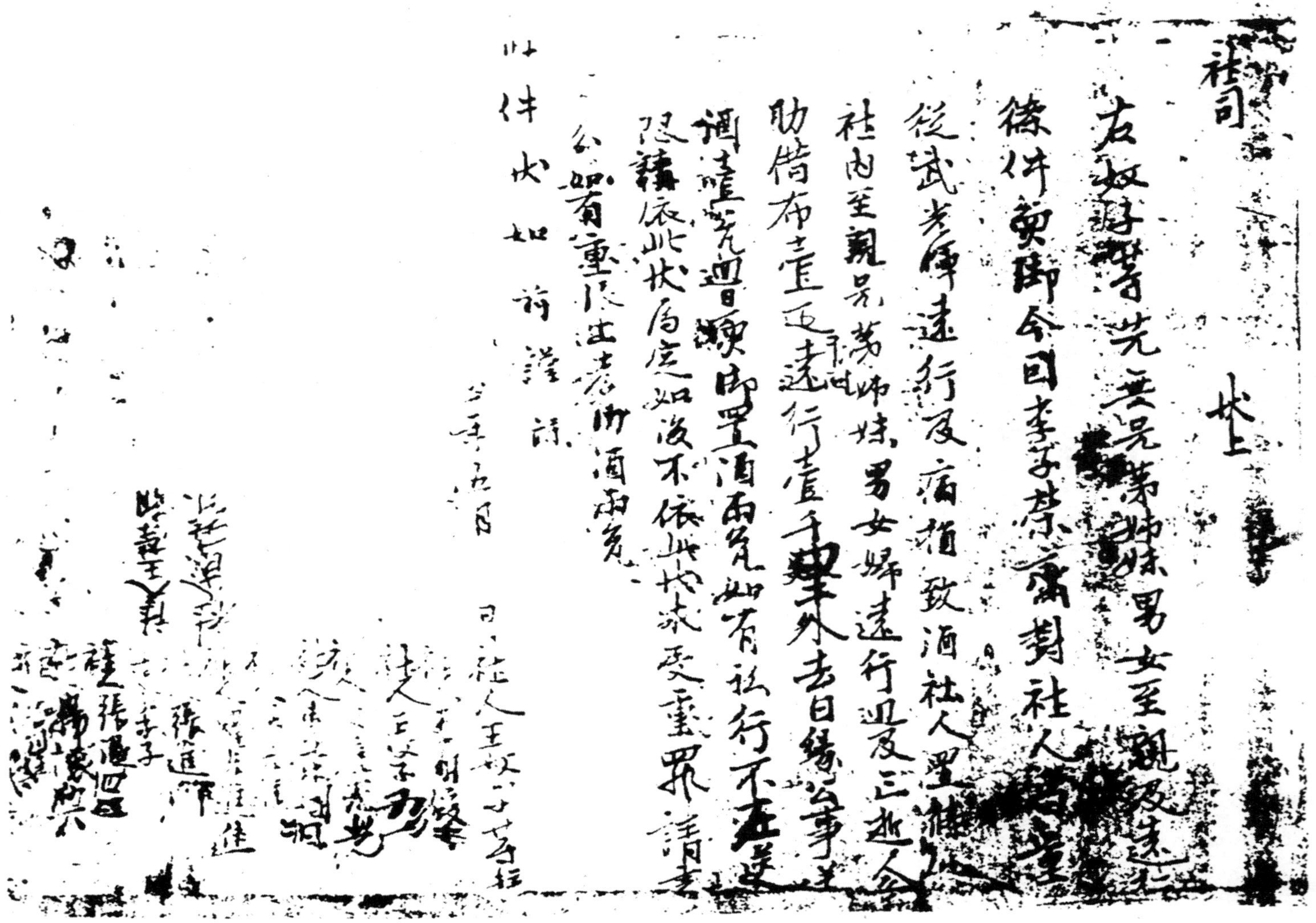

圖四　申年五月社人王奴子等狀（S.1475 V/3）

前言

寧可先生，原名黎先智，湖南瀏陽人，中國當代著名歷史學家。

黎先智先生於1928年12月5日生於上海。1932年至1934年，他隨父親至馬來西亞的港口城市巴生僑居，其間入讀巴生中華女校。1935年回國後，先後在南京的三條巷小學（1935）、山西路小學（1935）和鼓樓小學（1935—1937）就讀。抗戰爆發後，他在顛沛流離中完成小學和中學的學業。先後就讀於長沙楚怡小學（1937）、長沙黄花市小學（1937）、長沙沙坪縣立第四高級小學（1938）、貴陽正誼小學（1939春）、貴陽尚節堂小學（1939年秋）、貴陽中央大學實驗中學（1939—1941）、洛陽私立明德中學（1941）、省立洛陽中學（1942—1943）和重慶私立南開中學（1943—1946）。1946年考入北大史學系的先修班，次年正式就讀於該系。1948年11月從北平進入解放區，接受中共華北局城市工作部城市幹部培訓班的培訓，因革命工作需要，改名寧可。北平和平解放後，於1949年2月5日進城，任北平市人民政府第三區公所科長。1950年改任北京市人民政府第三區文教科副科長。1952年調任北京市教育局《教師月報》編輯和中學組組長。1953年進入教師進修學院任教學研究員。1954年

9月受命參與籌建北京師範學院歷史科，以後長期在北京師範學院（1992年更名爲首都師範大學）工作，歷任講師、副教授、教授、博士生導師，并曾兼任校圖書館副主任、歷史系副系主任、系總支第一副書記、代理系主任、《北京師範學院學報》副總編輯等黨政領導工作。主要學術兼職有北京市史學會副會長，中國史學會理事，中國敦煌吐魯番學會副會長兼秘書長，北京大學、蘭州大學等高校的兼職教授。2014年2月18日逝世於北京，享年86歲。

寧可先生天資聰穎，自幼酷愛讀書。他興趣廣泛，博聞强記，有着淵博的知識積纍。在大學期間，他開始接觸馬克思主義。進入史學研究領域以後，他研讀過大量的馬克思主義經典作家的著作。如馬克思《資本論》第一卷，他就分别研讀過侯外廬與王思華、王亞南與郭大力、郭沫若等三種不同的譯本。長期的閱讀和思考使他具有了深厚的理論素養。馬克思主義的基本原理和方法，也成爲他認識歷史問題、解析歷史現象的最重要的科學理論。他對馬克思主義理論的運用，從來不是僅僅停留在徵引經典作家論述的層面，而是主張融會貫通，即在真正透徹理解馬克思主義唯物論和辯證法的前提下，運用馬克思主義的歷史觀、認識論和方法論，對中國歷史問題進行深入的具體分析與詮釋，力圖從理論的視角把握歷史現象和本質，以宏觀的視野分析歷史事物的因果關係。這使得他的研究成果往往具有很彊的理論性和思辨性，這一特色貫穿於他在史學理論、中國古代經濟史和文化史、敦煌學和隋唐五代史等諸多領域長期的歷史研究實踐中。以下試從幾個方面對寧可先生論著的理論性和思辨性略作説明。

第一，他多次直接參與了史學界很多重要熱點理論問題的討論，都提出了獨到的看法，有些最後成爲學界的共識。

早在二十世紀五六十年代，他參與了中國史學界關於農民戰争和歷史主義與階級觀點等相關問題的討論，發表了多篇重要論文。他先後就農民戰争是否可能建立『農民政權』、農民戰争是否帶有『皇權主義』的性質、農民戰争的自發性與覺悟性、農民戰争的歷史作用，以及該如何恰當地理解和評價地主階級對農民的『讓步政策』等存在不同認識的熱點問題發表了自己的看法。他的意見，有理論依據，又有事實佐證，高屋建瓴，客觀而允當，以極大的説服力平息了學術界有關以上問題的争論。六十年代，他參與了歷史主義與階級觀點的討論，針對當時史學界和理論界對馬克思主義階級觀點的理解存在片面性和絶對性的情況，他指出歷史主義與階級觀點這兩個概念的側重點是不同的。歷史主義側重的是從發展的角度看問題，階級觀點則側重根據階級劃分和階級鬥争的規律對所研究的對象作出科學的解釋。二者的統一是有條件的。歷史主義和階級觀點是從不同角度認識統一的歷史過程的兩個原則或方法。他的這些看法作爲當時有代表性的觀點，得到史學界和理論界的高度關注和認可。改革開放以後，針對學術界對歷史科學理論認識存在的分歧，他提出應把歷史科學理論與歷史理論區分開來。這一觀點廓清了史學理論學科建設中的根本性概念問題，已成爲史學界的共識。

寧可先生還在一些重要理論問題上發表了對以後研究具有指導性的論述。例如有關地理環境對人類社會發展的作用問題，不僅是人類社會歷史發展究竟由哪些因素決定的理論問題，也對當代中國的經濟、政治、軍事乃至文化的發展和決策具有重要意義。寧可先生認爲應該辯證地認識地理環境對人類社會發展的作用，指出地理環境是社會物質生活和社會發展的經常的必要的條件之一，但它不是起決定作用的條件，起決定作用的是生産方式。地理環境決定論和否定地理環境對社會發展的作用等認識都是片面的。他對這一理論問題的思考，始於將地理環境決定論作爲資産階級理論批判的二十世紀五十年代，前後歷經三十年、五易其稿才拿出來發表。顯示了他對一個學術問題嚴謹的思索和執着的追求。他還對二十世紀八九十年代以來社會上流行的『文化熱』提出自己的看法，認爲種種『文化決定論』、『文化至上論』等都是非科學的，都忽視了社會政治、經濟因素與文化之間的相互作用，不值得提倡。在當時的社會環境下，提出這樣的看法也是需要學術的勇氣的。

第二，在具體研究工作中，寧可先生也注意利用唯物辯證法觀察具體歷史現象。注重史實之間的相互聯系及深層關系，注重闡釋歷史發展的特點。如關於中國封建社會經濟結構以及體制特徵的問題，他認爲人們常説中國封建經濟是一種農業經濟、自然經濟，這話不錯，但不完整。因爲很早就有了社會分工，主要是農業和手工業的分工，這是封建經濟的兩大部門。這兩大部門的産品要交换，這種交换終歸會發展到以商品交换爲其重要的形式，這就有了第三個部門——商業，而且越來越重要。所以，中國歷史上的封建經濟并非是一個絶對封閉静止的系統，而是具有相當的開放性和活動性，商品經濟就是促成封建經濟系統開放性和活動性的因素。又如關於中國封建經濟結構的諸要素的運轉，寧可先生做出了『小循環』和『大循環』的理論概括。從農村開始，農産品大部分自行消費，然後再進行再生産，這是一個小循環。其剩余産品和一部分必要産品循兩條路綫運行，一條是經過封建國家賦役而注入其他地區和部門，這是非商品性的活動，或基本上是非商品性的活動；另一條是經過市場，進入城市手工業領域，然後再回到市場，而又再進入農村，最終完成消費，這是一個大循環。小循環以中國的氣候及農作物生長周期即一年爲運轉周期。小循環的損耗是小的，效率是高的，但經濟效益却不算高。至於那個大循環，運轉周期難以一年爲率，循環過程很緩慢，損耗也不小，經濟效益也不算高，但還是有的。再如對所謂『李約瑟難題』的解釋，即中國封建社會原先比較先進，近代爲什麼會落後於西方？阻力是什麼？學術界提出了諸多原因加以解釋，或執其一端，或綜合言之。寧可先生認爲，從中國特殊的國情出發來探尋中國封建社會原先發展後來停滯的原因，固然應該考慮到各種因素的交互作用，但尤其應該注重内部因素的作用，特别是更具決定性意義的經濟因素的作用，長時性而非一時性（如政策）因素的作用。以上幾個問題的論述，都是綜合考慮了與之相關的各種因素，從各種因素的相互聯繫、互動中，辯證地分析問題。對問題的分析，則是由此及彼，由表及裏，層層深入，直至問題的核心。

第三，寧可先生的具體研究，從不滿足於對歷史事物表象的考察，往往具有貫通的特徵，力圖對中國歷史的發展具有貫通性認識。如對中國古代『社邑』的研究，所涉及的材料上至先秦，下迄明清，不僅幾乎窮盡了傳世文獻中的相關記載，而且還充分利用了石刻材料和敦煌資料，展示了中國古代民間團體發生、發展和演變的軌迹，爲我們觀察中國古代基層民衆的活動和民間組織提供了重要窗口。又如他對中國古代人口的考察。考察的時段也是自戰國至明清，並總結出古代人口的發展規律是臺階式的躍遷。戰國中期的人口大約爲二千五百萬到三千萬，這是第一級臺階；從漢到唐，人口似乎没有超過六七千萬，這是第二級臺階；從北宋後期起，人口大約增長到一億左右，這是第三級臺階；從清代乾隆初年開始，短短100年間人口從一億多猛增到四億，這是第四級臺階。這樣的研究成果，不僅對認識整個中國古代歷史具有重要價值，對當今社會制定人口發展政策也有借鑒意義。再如對中國王朝興亡周期率的探討，所涉及時段也是從秦到清十幾個王朝。他總結出歷史上新王朝取代舊王朝有三種途徑：一是戰爭；二是用非暴力的手段，即所謂『禪讓』；三是北方遊牧民族借機起兵南下，征服半個乃至全部中國。總結兩千年王朝興亡，寧可先生總結了三點經驗教訓：一、中國是農業社會，農業是基礎，農民占全國人口的絶大多數，一個統治者如何對待農民，成爲一個王朝成敗的關鍵。二、專制主義中央集權國家各級官僚機構和各級官吏的吏治問題非常重要，歷來的統治者都非常重視。王朝興起時往往重視整飭吏治，而一個王朝之所以衰亡，重要的原因是吏治的腐敗。三、歷代王朝興亡，乍看起來似周而復始的循環，但并非單純的回歸，像螺旋形一樣，在循環之中不斷上升，不斷發展。到宋以後，發展勢頭受到阻礙，以致19世紀中期以後，歐洲資本主義勢力侵入，中國成爲半封建半殖民地社會。以上所列舉的問題，都是上下數千年，縱横越萬里，從長時段的具體歷史進程中，揭示其發展變化的特點和規律，發前人所未發。

寧可先生的論著思路縝密，論證周到，表述清晰，結論自然令人心悦誠服。由於具有深厚的理論素養和敏鋭的學術眼光，他的學術研究往往具有前瞻性和引領性。如他對漢代農業生産數字的研究、對中國古代人口的研究，以及對漢唐社邑的研究，都是開風氣之先，啓發後繼者繼續從事相關課題的研究。他的研究成果同時受到國際學術界的重視，其學術觀點經常被當作具有代表性的看法介紹到國外。他是當之無愧的當代史學大家！

寧可先生熱愛教學工作，常以『教書匠』自稱。他自26歲開始給學生上課，陸續開設過《中國通史》（先秦到宋遼夏金元）、《隋唐五代史》、《中國歷史要籍介紹及選讀》、《隋唐五代社會經濟史》、《資本論選讀》、《中國古代社會經濟史專題》、《歷史科學概論》等課程。直到70多歲時，還堅持給研究生上課，每次上課前都要在頭天下午或晚上把第二天要講的内容再過一遍才放心。他從1981年開始招收碩士研究生，先後指導了40多名博士、碩士研究生和博士後研究人員，爲史學界培養了一大批專門人才。他的學生分别在不同的學術領域作出了重要貢獻，其中很多人成爲各領域的學術中堅。他是一位杰出的教育工作者。

以上介紹表明，寧可先生的學術論著在當時曾是一個時代具有代表性的成果，現在已經成爲當代史學遺産的重要組成部分。他的一系列精辟觀點，至今仍閃耀着理論的光輝和智慧的火花，具有『卓然不可磨滅』的品質。爲了進一步總結、研究、發揚寧可先生留給我們的珍貴史學遺産，人民出版社擬出版 10 卷本的《寧可文集》，即：一、《寧可史學論集》；二、《寧可史學論集續編》；三、《史學理論研討講義》；四、《中國封建社會的歷史道路》；五、《敦煌社邑文書輯校》；六、《敦煌的歷史和文化》；七、《流年碎憶》；八、《地理環境與歷史發展》；九、《散論》；十、《講義》。本次出版按照第一卷、第二卷……的順序依次排列，共計十卷，其中一至七卷爲已刊論著，八至十卷爲未刊稿。

《寧可文集》的編輯工作，總的原則是盡可能保持寧可先生著述的原貌，以求全面真實地反映寧可先生的學術成就。其中第一至七卷，以前均曾由國家級出版社正式出版過，内容多數經過寧可先生審定。所以，此次編輯以上七卷，原則上不做改動，僅糾正個別文字錯誤，並以『編者補注』形式，完善文稿中不規範、不完整的注釋内容。第八至十卷爲首次出版，編者根據需要做了必要的技術處理。

爲保證出版質量，編委會組織人力對文集的全部引文都做了核對。其中馬恩列斯等經典著作的引文，雖然近年已有新的譯本，但考慮到作者的解釋和論證都是以老版本爲依據的，如果根據新的版本修改引文，會造成解釋和論證與引文不協調。所以，此次核對馬恩列斯等經典著作的引文，我們仍以寧可先生當時所用的老版本爲依據。關於古籍引文的核對，儘量使用標點本和新的整理本，但不使用寧可先生去世以後的新版本。

《寧可文集》的編輯出版，自始至終得到了首都師範大學歷史學院和人民出版社的支持。首都師範大學歷史學院院長劉屹教授、人民出版社魯靜編審、劉松弢副編審都給予了大力支持，歷史學院校友郭嶺松編審則承擔了繁雜的編輯工作。謹此一并致以誠摯的感謝！

《寧可文集》編輯委員會

郝春文執筆

2022年6月2日

目錄

122 壬申年（九七三）十二月廿一日常年建福轉帖抄　斯二八九四背/2　二六〇

123 壬申年（九七三）十二月廿二日常年建福轉帖抄　斯二八九四背/2　二六二

124 壬申年（九七三）十二月廿二日常年建福轉帖抄　伯三三七二背　二六四

125 壬申年（九七三）十二月廿八日常年建福轉帖抄　斯二八九四背/4　二六七

126 壬申年（九七三）十二月卅日常年建福轉帖抄　斯二八九四背/2　二六九

127 某年正月設齋轉帖　十世紀後半葉　伯二八二五背　二七一

128 年支建福轉帖抄　斯三四五背/1　二七三

129 某年正月九日設齋轉帖　斯六一七四　二七四

130 常年設供轉帖抄　斯六五八三背/1　二七六

139 公元九二〇年（？）少事商量轉帖抄　斯六六一四背/1-2　二八九
140 壬午年（九二二）十一月二日少事商量轉帖抄　伯三六九二背　二九一
141 甲申年（九二四？）十一月廿日少事商量轉帖抄　斯二一四背/2　二九三
142 公元九二四年（？）少事商量轉帖抄　斯二一四背/1　二九五
143 公元九四〇年前後少事商量轉帖抄　伯三六九八背　二九六
144 要種商量轉帖抄　十世紀上半葉　伯二七三八背　二九七
145 庚辰年（九八〇）正月十四日少事商量轉帖抄　斯五六三一　二九八
146 丁亥年（九八七？）五月五日少事商量轉帖抄　伯三六一六背　三〇〇
147 某月八日少事商量轉帖抄　斯一〇五六四　三〇二
148 某年五月七日少事商量轉帖　伯六〇二四　三〇四

157 某年正月七日社司轉帖　吐蕃時期　伯五〇一六　三一八

158 社司轉帖　吐蕃時期　伯四八二一　三二〇

159 公元八四八年後社司轉帖　斯五八三一　三二一

160 公元八九〇年前後（？）社司轉帖抄　伯三六六六背　三二三

161 某年十月八日社司轉帖　九世紀後半葉至十世紀初葉　斯七〇五　加斯七〇五背/1　三二四

162 貞明八年（九二二）九月廿七日社司轉帖　伯四七二〇　三二七

163 丙申年（九三六）四月廿六日社司轉帖　伯二六八〇背　三二九

164 丙辰年（九五六）六月十日社司轉帖　斯八五一六　三三〇

165 某年七月廿三日社司轉帖　十世紀中葉　伯二六八〇背　三三二

166 戊午年（九五八）社司轉帖　伯五〇三二　三三四

179 社司轉帖抄 斯一〇五六一 三五二

180 社司轉帖 斯九四六二背 三五三

181 社司轉帖 斯一〇四七六 三五四

182 社司轉帖 斯一一四四四 三五五

183 社司轉帖 斯九八五八A 三五五

184 社司轉帖 斯九八七七B 三五七

185 轉帖 斯九九五三背 三五八

186 社司轉帖（？） 斯一〇〇〇二 三五八

187 社司轉帖 斯一一三三四 三五九

188 社司轉帖 斯九四一八 三六〇

189 事由不明轉帖抄 伯二五九八背（斯一九二〇背/1、斯七八二、伯二五四五背、

（一）身故納贈曆　四〇四

214 社戶王張六身亡納贈曆　吐蕃時期　伯五〇〇三背　四〇四

215 大中六年（八五二）後納贈曆　斯六二三五　四〇六

216 甲申年（九二五）十二月十七日王萬定男身亡納贈曆　斯五五〇九　四〇八

217 乙未年（九三五）二月十八日程虞候家榮葬名目　伯三四一六$_{1}$　四一〇

218 公元九三五年前後納贈曆　伯三四一六$_{2}$　加伯三五五五$^{B}_{11}$　四一三

219 己酉年（九四九）正月廿九日孔清兒身故納贈曆　伯二八四二$_{2}$　四一七

220 辛酉年（九六一）十一月廿日張友子新婦身故聚贈曆　斯四四七二背/1-3　四二〇

附錄 七五〇

二、涉及社邑的文書的有關部份

前言

社邑（社）是中國古代的一種基層社會組織。它源遠流長，從先秦直到近代，在社會生活中始終起着相當重要的作用㈠。但傳世文獻中有關這方面的記載較少，且很零散，使人們難以對這個問題進行深入的研究。敦煌遺書中所保存的近四百件社邑文書，爲研究者提供了豐富、具體的材料，人們不僅可以據此對唐五代宋初社邑（主要是私社）的具體情況進行深入、細緻的探索，還可以借助從這批文書的研究中獲得的認識對漢至唐及唐以後社邑發展的脈絡做進一步考察。因此，自敦煌遺書發現以後數十年來，社邑文書不斷引起中外研究者的注意。

一

那波利貞是整理和研究社邑文書的開拓者。早在一九三一至一九三三年，他作爲日本文部省在外研究員，在西歐留學期間，就在法國巴黎和英國倫敦抄錄、拍攝了大量被伯希和劫走的敦煌遺書和一些被斯坦因劫走的敦煌遺書，其中社邑文書佔了很大的比重。一九三三年那波利貞回國以後，長期致力於對其所抄錄、拍攝的敦煌寫本的研究，於一九三八年發表了《關於唐代的社邑》一文〔二〕，這是國內外最早利用敦煌遺書研究中國古代社邑的文章。一九三九年，那波利貞又發表了《關於按照佛教信仰組織起來的中、晚唐五代時期的社邑》一文〔三〕。這兩篇長文對中國古代社邑乃至整個唐代社會生活史的研究產生了深遠影響。首先，在這兩篇著名論文中刊布了大量敦煌遺書，僅有關社邑的文書即達六十四種。其中包括社條、社司轉帖、社曆、社文、社狀牒等，其內容涉及到了目前所知的有關社邑的各類文書。使海內外學者得以對這類當時被稱為「雜文書」的內容及其價值開始有所瞭解。其次，那波利貞並沒有局限於對某一篇文書的個案研究，而是力圖將這一類文書和文獻中的記載結合起來，據以探索中國古代社邑發展趨勢和變化規律。指出在中、晚唐時期存在着以佛教信仰為中心，由在家的佛教信徒組成的佛教社團、由百姓自願結成的民間互助團體和既從事祭社、互助活動又從事佛教活動的民間團體等三種不同類型的社邑。並對這三種社邑的活動内容、運營情況進行了具體考察。那波利貞利用這種研究方法取得了高水平的研究成果。他的一些基本觀點，如對三種不同類型社邑的劃分，在今天看來仍爲不刊之論；他對佛教社團與寺院關係的論述也對以後的研究具有啟發性。

當然，那波利貞的研究也存在明顯的不足。首先，從文獻學角度對敦煌遺書的整理工作做得不够，在其刊佈的社邑文書中，在錄文、定性、定年方面都存在不少問題，這就使他的研究受到了限制。比如那波利貞作爲社邑支援寺院俗講證據的春秋座局席社司轉帖，其實是通知社人去參加一項與佛教無關的活動〔四〕。作者由於對這類文書缺乏過細的整理和研究，做出了錯誤的判斷。其次，那波利貞雖在文書與文獻的互證方面做了不少工作，但對文獻的發掘還很不够，這就使他的文章推論較多，有些不免偏頗甚至錯誤。比如他認爲作爲互助團體的社邑源於佛教社團，實際上，私社早在漢代即已出現，在魏晉南北朝時期得到發展，至唐代達到興盛階段〔五〕，它比佛教結社出現要早得多。又比如佛教結社的名稱自南北朝至唐五代時期有所變化，雖爲那波利貞所指出，但也未能利用文獻和石刻資料對這種現象出現的原因以及它所反映的問題作進一步考察(五)。

一九五六年，謝和耐發表了《中國五——十世紀的寺院經濟》，其中的一節對南北朝至唐五代時期的佛教結社作了考察，使用了一部份社邑文書。謝和耐對社邑的研究在某些方面比那波利貞有所前進，如他提出的傳統社邑在一定條件下可轉化爲佛教結社的觀點就極富啟發性，爲弄清楚從「邑」、「社」有別到「邑」、「社」不分的歷史現象提供了線索(七)。但就整體來看，謝和耐對社邑文書的研究沒有超過那波利貞。

一九五八年，日本得到了倫敦所藏敦煌遺書已整理完畢部分的全套縮微膠卷，利用這個條件，竺沙雅章對英藏敦煌遺書中的社邑文書作了進一步的整理和研究，並利用了那波利貞刊佈的藏於巴黎的社邑文書，於一九六四年發表了《敦煌出土「社」文書研究》(八)。這篇文章對作者搜集到的社司轉帖和社條分別進行了細緻的整理。在對文書的形態、性質、作用的探討以及文字的逐錄、年代的考證方面都比那波利貞前進了一大步。對那波利貞注意不多的作爲文樣、習字或原件抄件、草稿等社邑文書的性質、用途也作了論述，並與實用文書作了比較，在此基礎上，竺沙雅章對社邑的活動與組織情况重新作了探討，糾正了那波利貞的一些錯誤，提出並考察了那波利貞未曾涉及的一些問題，如對社邑喪葬互助、社邑成員的負擔等問題的具體探索。但由於他没有把社邑文書放在整個古代社邑發展史這樣一個大背景下來考察，又不同意那波利貞有關社邑分類的正確觀點，所以他的研究在對社邑的總體把握上仍没有超過那波利貞。

一九八〇年，日本學者編撰的《講座敦煌》二《敦煌的歷史》出版，在由土肥義和撰寫的第五章第五節中，對敦煌遺書和莫高窟題記、發願文中有關歸義軍時期的社邑修窟、建窟、造龕、修佛堂、塑像等情况進行了考察。在同年晚些時候出版的《講座敦煌》三《敦煌的社會》一書第三章中，由長澤和俊撰寫的第三節也談到了敦煌平民與社的關係，但只是依據那波利貞、竺沙雅章（主要是後者）的研究成果對社邑的組織、活動等作了簡單的介紹。

可見，至八十年代初，學術界對敦煌寫本社邑文書的整理、刊佈和研究雖然已做過不少工作，但並没有對這批文書進行系統、全面的整理，多數文書的年代有待確定，録文有待整理和刊布，不少文書的性質有待探明。對資料的搜集和整理已成為對這一課題做進一步研究的首要工作和當務之急。而且，這時的學術界對敦煌遺書的整理（包括社邑文書）已取得不少經驗，巴黎所藏敦煌遺書的全套縮微膠卷國內不少單位均已購到，從事上述工作的條件已大體具備。所以，我們於一九八三年在中國敦煌吐魯番學會「敦煌古文獻編輯委員會」的領導下，承擔了對敦煌寫本社邑文書進行搜集、整理和錄校的任務。

在我們從事搜集、整理工作的十年間，郝鋒、李德龍、胡同慶、劉永華等都曾對社邑文書作過不同程度的研究，先後發表過有關這一課題的論文。特別是一九八六年由唐耕耦、陸宏基編撰的《敦煌社會經濟文獻真蹟釋錄》第一輯問世，這是一部帶有影印原件和釋文的資料集。該輯第五部分是社邑文書，其中收錄立社條件十六件，請求入社退社狀八件，社司狀牒及處分八件，各種轉帖八十七件，納贈曆十三件，收支帳與憑據七件，共計一百四十九件。這在當時是國內外對社邑文書的一次最大規模和最細緻的整理工作，其釋文比那波利貞、竺沙雅章的迻錄更接近文書原貌。但遺憾的是，該書所收的社文書尚非全部，不足我們所搜集到的社邑文書的二分之一。對已收入的部分，應該說明的情況未作說明（受其體例所限），多數年代未作考訂，在釋文方面也存在一些問題。所以，時至今日，整理出一部包括目前所能見到的全部社邑文書，其中有比較準確的錄文、有對文書的必要說明和對文書年代的考訂的資料集還是十分必要的。

二

到目前為止，我們共搜集到敦煌寫本社邑文書三百九十六件，其中包括複本或內容相同的本子五十三件。為了節省篇幅，這些複本或內容相同的本子我們只用作參校，未重出錄文。故本書實收三百四十三件。加上附收的兩件吐魯番地區出土的社條，共計三百四十五件。需要說明的是，我們所搜集到的仍不是敦煌寫本社邑文書的全部，受客觀條件限制，我們未能全部收錄俄羅斯聯邦聖彼得堡收藏的敦煌遺書中的社邑文書，僅收錄了其中的四件社司轉帖，其它只好俟來日補收。此外，我們統計的數字也只能是約數。這是因為敦煌寫本的情況十分複雜，要想對各類文書的數字做出精確統計實非易事。以社邑文書而言，常會遇到在一件文書前後有隨手抄寫該件的一兩行或幾個字。出現上述情況，有些是書寫文書前書手練筆，有些是習書者塗鴉，凡此種種，我們都未將其作一件處理，只在説明中注明。但如在没有社邑文書的號中發現上述情况，因無處説明，只能將其作爲一件社邑文書。

這三百九十六件社邑文書，從性質上可分爲實用文書和非實用文書兩大類。非實用文書包括文樣、稿和抄。文樣是起草社邑文書的藍本，從本書中所收的社邑文書文樣來看，文樣雖與實用文書不完全相同，但包含了該類文書的基本内容，故對研究社邑亦有重要參考價值。稿是實用文書的草稿，與實用文書最爲接近，其價值應與實用文書相同。抄的情况比較複雜，有的係學郎或其它人依據實用文書抄録，有的係各種身份不同的人（包括學郎）隨手書寫。前者抄録的目的是學習文書的寫法，故多抄録了文書的主要部份，但往往省畧了實用文書的人名和一些抄録者認爲不重要的内容；後者一般只書一兩行。就抄寫質量來説，「抄」往往錯漏較多。但「抄」所依據的是實用文書，即使隨手書寫的「抄」，雖不一定是依據某件實用文書抄録，但也是社會現實的反映，對於我們研究當時的社會，當然也有參考價值。在社文中，有一種社齋文，既可看作實用文書，又具有文樣的某些特性。我們姑將其稱爲社齋文文本。這種社齋文文本是依據社齋文文樣寫成的，僧人可以拿着它到某個社邑舉辦的齋會上去念誦。就這一點來看，應該説它具備實用文書的性質。但這種社齋文文本往往不是爲某個特定的社邑起草的，文中在説明齋會主辦者時，通常並不寫明某個具體社邑的名稱，而只云「社邑」、「社子某公」或「三長邑義」，説明它適用於一類甚至一切社邑所設的齋會。僧人拿着它既可以到甲社所設的齋會上去念誦，也可以到乙社所設的齋會上去念誦，就這個意義上來説，它又具有文樣的某些特點。

如果以内容劃分，社邑文書又可分爲「社條」、「社司轉帖」、「社曆」、「社文」、「社狀、牒」等五大類。

社條又稱「條」、「條件」、「條流」、「約」、「憑」等，是社邑組織和活動的規約。我們共搜集到敦煌寫本社條二十件，除去複本兩件，實收十八件，附收吐魯番地區出土的社條二件。這十八件社條可確定爲實用文書的有十件，另有文樣六件、抄一件、學郎模倣成人結社習俗寫的結會記一件。從這些社條來看，唐後期五代宋初敦煌的私社在立社之初一般要依據社條文樣制定該社所遵奉的社條。如斯五二七「顯德六年正月三日女人社社條」的主要內容與斯六五三七背/7-8「上祖社條」文樣基本相同，顯然是依據這個文樣草成。當然，實用社條並不是完全照抄社條文樣，通常是根據該社活動內容的需要抄錄某個社條文樣的一部分，並按具體情況作一些變動，故實用社條往往比社條文樣簡略。社條文樣沒有社邑成員名單，實用社條一般要在社條正文後（有些是在社條正文前）列上參加該社的成員名單，有些在社人姓名下還有本人的簽押。也有的社是在開展一段活動以後再制定社條，如伯三九八九「景福三年五月十日敦煌某社社條」即載明在立條之前已從事「追凶逐吉」的喪葬互助活動。

各社所立社條詳略不同，一般首部為總則，述結社目的、立條緣由，然後規定組織、活動內容、罰則等具體條款。一些社將立社之初制定的社條稱為「大條」或「祖條」，大條或祖條平時要「封印」保存，若不遇到眾社人難以決斷的大事，不能隨便開封。本書中所收斯八一六〇「親情社社條」就是一件當時被「封印」的社條，該件在展開前是被捲成一卷封粘起來的，在封口處寫着社條的名稱和「封印」者錄事王慶住等社邑首領的題名。既然大條或祖條平時不能開封，社邑在活動中遇到「不在開條之限」的事又不能無所遵循，於是只得在大條或祖條之外另制補充社約。本書中所收斯六〇〇五「某社補充社約」就是這方面的實例。斯八一六〇「親情社條」背面也寫有有關社人營葬方面的補充規定。還有一些社邑在經過一個時期以後要重新制定一次社條，這往往是因戰亂造成社邑活動停頓，或社邑成員有較大變動（死亡、離散、新入社、退社等），或隨着時間推移而原社條已顯得不夠完備以致不能適應實際情況。本書中所收伯三五四四「大中九年社長王武等再立條件」、斯五二七「顯德六年正月三日女人社社條」均屬上述情況。斯二〇四一「大中年間儒風坊西巷社社條」則記錄了這個社邑從吐蕃統治敦煌時期至歸義軍初期幾次修改補充最初制定的社條的情況。此外，有的社邑還在活動中根據實際需要在社條之外另制補充規定，以補原立社條的不足。如斯二四七二背/5-6「辛巳年十月廿八日榮指揮使葬巷社納贈曆」後就有經社人商量後做出的關於納贈方面的規定，斯一四七五背/2-3「申年五月社人王奴子等狀」則是社人在參加齋會時制定的關於鎮脚的「條件」。凡此種種，均説明社條對社邑來説是非常重要的，它對研究社邑的組成、組織和活動情況都具有重要價值。

社司轉帖是社邑通知社人參加活動的通知單。我們共搜集到這類文書二百一十八件，其中包括複本或内容相同者二十五件，實收一百九十三件。這一百九十三件多數係抄件，相當數量原未抄完，實用者僅六十多件。社司轉帖一般要寫明因何事、帶何物、在何時、到何地去取齊，遲到、不到者以及遞帖延誤者的罰則，發帖的時日和發帖者的職務、姓名等。多數實用社司轉帖在帖文後（有的在帖文前）要列上被通知者的姓名。被通知者接到轉帖後，在自己的姓名右下角寫上「知」字（少數）或在姓名右側用筆加一墨點（多數）等表示已知的記號，再轉給下一個人。如此接力式下傳，直至最後一個人，再轉回到發帖者手中。有的實用社司轉帖在社人姓名旁還有社司的勘驗符號。如斯五六三二「丁卯年二月八日張憨兒母亡轉帖」，一些社人姓名右上角有一勾劃，右側另有一圓圈、一墨點。疑墨點為社人自己所標，表示已知；圓圈和勾劃為社司所加，表示到場及納物與否。

按事由劃分，社司轉帖可以分爲身亡轉帖，春座、秋座、座社等局席轉帖，建福、設齋、設供等轉帖，少事商量轉帖，再限納物，餪脚、筵設等轉帖，事由不明轉帖，渠社、渠人轉帖及有關渠人文書。其中身亡轉帖三十三件，複本兩件，實收三十一件。喪葬互助活動是唐後期五代宋初敦煌社邑最重要的活動〔九〕，通知社人參加此項活動的轉帖，就數量而言，保存下來的並不算多，但多爲實用轉帖。春座、秋座、座社等局席轉帖計七十件，複本九件，實收六十一件。這類轉帖是通知社人參加春秋二社等會聚、飲宴活動〔一〇〕。春秋二社是一項傳統活動，由來已久。這類轉帖保存下來的較多，表明此項活動在人們的觀念中影響較深。但這類轉帖多爲不完整的抄件，説明它也許在實際生活中不如喪葬互助活動重要。建福、設齋、設供等轉帖是通知社人參加齋會、設供及其它與佛事、寺院有關的活動。這類轉帖有二十四件，複本一件，實收二十三件。少事商量轉帖是通知社人聚會議事，計有十五件。再限納物、餪脚、筵設等轉帖僅有六件，其實這六件事由並不相同，再限納物是再次通知社人限期納物，餪脚轉帖是通知社人參加餪脚活動，筵設轉帖是通知社人參加宴會。因其件數均少，不足單列一類，故暫歸爲一類。事由不明轉帖是因殘缺致失事由，或係抄件，未書事由，無法歸入以上各類，只得單列一類。這類轉帖有四十八件，內容相同者十三件，實收三十五件。社司轉帖的最後一類是渠社、渠人轉帖及有關渠人文書，計二十二件。敦煌遺書中的渠人是唐後期五代宋初敦煌地區承擔「渠河口作」力役的百姓，其職責是防水、平水、修理渠堰、橋樑等，渠人轉帖就是通知渠人去從事上述活動，而渠社轉帖則是通知其成員參加喪葬互助和春秋座局席等活動。因渠社是渠人的組織，故上述兩類不同性質活動的組織者都是渠社(三)。據此，我們把表面上與社邑無關的渠人轉帖和渠社轉帖歸爲一類，但爲便於研究者參考，在這一類中還收錄了兩件有關渠人的文書。

社司轉帖在各類社邑文書中數量最多，份量也最重。從表面上看，這批文書格式相同，內容雷同，似乎價值不大。但不同事由社司轉帖的數量多寡在一定程度上可反映社邑各種活動的頻度和重要程度；不同的時間、地點以及不同的人名也都包含着不同的學術信息。這些都是我們對社邑進行深入研究、細緻探討所必需的。基於這樣的認識，我們將所能見到的社司轉帖，不管其抄錄是否完整全部予以收錄，只將內容全同者用作參校本。

社曆是社邑的收支記錄，共計四十三件，絕大多數是實用文書（僅有抄件二件）。社曆中最重要的是身故納贈曆，有二十九件。身故納贈曆是社邑成員或其親屬亡故時社人依據社條規定或社司臨時決定向社司繳納物品的記錄。其中備載社人所納物品的名稱和數量（餅、粟、油、柴等如按規定繳納則不書數量），多數在社人所納織物記錄的右上角有社司所作的勘驗符號，有的在最後還有將社人所納物品支付給凶家的記錄。這些材料對探索社邑的喪葬互助活動具有十分重要的意義。需要說明的是，斯三九七八「丙子年七月一日司空遷化納贈曆」與本書中所收其它社司納贈曆不同，該社社人納贈物品並非由於本社成員或親屬死亡，而是敦煌地區統治者死亡後由官府通令一般的社邑營辦齋會或祭奠儀式的一種攤派。另有幾件納贈曆首尾殘缺，從殘存的內容雖可判定為納贈曆，但不能確定是否社司納贈曆，為便於參考，也一併收入。身故納贈曆之外，較為重要的是社司便物曆，共有九件。這九件中有六件可以確定是社人向社司借貸麵、油、粟、麥、黃麻等物品，為研究敦煌私社的公共積累「義聚」

提供了重要資料(三)。此外，還有社人納色物曆抄一件，社司罰物曆一件，社司破曆兩件和一件不能確定事主的麥粟算會。

社文共有九十三件，其中複本二十五件，實收六十八件。這類文書可分爲「社日相迎書」、「請賓頭盧波羅墮上座疏」、「社齋文」、「社邑印沙佛文」、「社邑燃燈文」、「社司功德記」、「社祭文」、「祭社文」等八種。社日相迎書是在春秋二社社日時邀請社人參加聚會的通知書文樣。本書中收錄的兩件社日相迎書分別保存在河西節度使掌書記試太常寺協律張敖所撰之「新定吉凶書儀上下兩卷」和「新集諸家九族尊卑書儀一卷」中。請賓頭盧波羅墮上座疏是社邑在舉行設供活動前書寫的疏文，以祈該羅漢駕臨。

比較複雜的是社齋文、社邑印沙佛文和社邑燃燈文，它們分別是社邑舉辦齋會、印沙佛和燃燈活動時念誦的文字。這幾種社文有文樣和文本之分。文樣均保存在「齋儀」中，齋儀與書儀一樣，是供起草齋文的人參考的文樣。它們大多是以書的形式出現的，一般包括序、目錄和正文三部分，上述三種社文的文樣均是某部齋儀的一部分。它不能直接拿到社邑所設齋會等活動中去念誦。

據文樣寫成的社齋文、社邑印沙佛文、社邑燃燈文文本，由於其已具有實用性，故可獨立成篇，也可由數篇、十幾篇乃至數十篇組成齋文文本集。本書中所收的上述三種社文文本多數保存在齋文文本集中，有的僅存單篇或一兩篇。

瞭解齋儀中的齋文文樣與齋文文本的區別對於區分社文文樣與文本具有重要意義，所以有必要在這裏將二者的區別略作介紹。

第一，齋儀是一部書。它的正文部分雖然也分若干子目，但子目中的每一篇都是整體的一部分。與文本相比，子目每篇的内容也不完備，須經過加工、改造、添加内容才能獨立成文，方可拿到齋會上念誦。而齋文文本每篇都是獨立的文章，它們雖然常由數篇以上組成齋文文本集，但各篇之間無須相互依存。

第二，齋儀的子目一般只以事由爲題，如「社邑、課邑、燃燈、祈雨、皇王」等；而文本的標題在事由下一般要加一「文」字，如「社齋文、燃燈文、四門轉經文、入宅文、臨壙文」等。

第三，齋文文本在每篇開頭一定有一段引語，頌揚佛的功德，說明某公或某團體設齋、所設爲何齋等。但齋儀子目中的每篇齋文文樣一般没有上述内容，而是開篇就叙述設齋者的身份或設齋緣由。如本書中所收伯二〇五八背「邑文」文本就比其所依據的伯三六七八背「齋儀」中的「社邑」文樣多五行引語。其實齋儀子目中的每篇文樣並非沒有引語，只是其引語放在全書的開頭，起草齋文文本的人自可參看。作爲一部書，沒有必要也不應該在每個子目的開頭把通用的引語都抄寫一遍。齋文文本因隨時有可能被拿到齋會上去念誦，故每篇都要把引語寫好，各篇引語内容重復也不要緊，因每篇所適用的齋會不同。

第四，齋儀子目中的齋文文樣每篇中間都有一處或幾處書有「云云」，而齋文文本除結尾外，中間一般沒有「云云」，它需要把齋儀中的「云云」換成具體内容。如上引伯三六七八背「齋儀」中的「社邑」文樣第五行有「解十纏而資十力云云」，據此文樣草成的伯二〇五八背「邑文」就將以上「資十力」後的「云云」换成了「以此設齋功德，迴向福因；盡用莊嚴」，這就把齋儀因避免重復而省畧的地方補足了。

第五，在結尾部分，齋儀子目中的各篇一般只籠統地寫幾句祈福語言，而文本不但祈福語言詳細、具體，分出不同層次，最後一般還有「齋登佛果」，

「摩訶般若，利樂無邊」，「大衆虔誠，一切普誦」等套語。

當然，上述區别是指一般情况，由於敦煌寫本的情况十分複雜，齋儀中的各篇文樣與齋文文本不可能都備具上列各點。因此，在具體判斷某件社文是文樣還是文本時，須參照以上各點綜合考察，才有可能獲得符合實際的結果。

一種齋儀的文樣，可以衍生出幾種文本。如本書中所收的伯三五四五、伯三七六五、斯五五七三、斯六九二三背等號中的社齋文文本的主要部分大體相同，只是引語和結尾或有不同。這幾種文本很可能就是出自一個齋儀中的「社邑」文樣。由於這些文本的完成不是出自一個僧人之手（他們所在的門派、寺院可能也不一樣），故那些在齋儀基礎上增加的内容也就不會完全一樣了。當然，齋儀也並非只有一種，不同齋儀中保存的「社邑」文樣，本書就收錄了八種，由於還有不少社齋文文本所依據的文樣没有找到，因而這八種並非社文文樣的全部。

齋儀和齋文文本還有中原本和敦煌地方本之分。無論齋儀還是齋文文本，最早大約都是由中原流傳去的。這些文書在敦煌流行一個時期以後，便出現了具有敦煌地方特色的齋儀和齋文文本。如伯三一二二「三長邑義設齋文」文本中有「惟合邑諸公等，並是流沙望族，玉塞英猶」，這顯然是一個只能在敦煌地區行用的文本。這些具有地方特色的齋儀和文本都是在中原流傳去的本子基礎上改寫而成的，如伯三三六二背齋儀中的「邑文」文樣大部分與伯三六七八背齋儀中的「社邑」完全相同，但在尾部增加了「並是流沙士子，塞下英豪」等一段內容〔三〕。

本書中所收的一些社齋文文樣和社齋文、社邑印沙佛文、社邑燃燈文等文本有複本，有的複本多達三個。但社齋文文樣的複本並不意味着它們所在的齋儀也是複本；同樣，上述幾種社文文本的複本也不意味着它們所在的齋文文本集是複本。據我們考察，內容完全相同的齋儀或齋文文本集極少。

社文的第六種是社司功德記，記述社邑素佛畫、修塔、修建洞窟、修建蘭若、造佛像等佛事功德。這類功德記都是稿或抄件，因為在實際生活中，修窟功德記都書於窟壁，而修建寺、塔功德記則刊刻在寺、塔的碑上。社祭文是社邑用傳統方式祭祀亡故社人或親屬時念誦的文字，祭社文僅一件，保存在斯一七二五背中。該卷内容分爲兩部分：第一部分爲祭諸神文，包括「釋奠文」、「祭社文」、「祭雨師文」、「祭風伯文」等；第二部分是向有司申報上述幾項祭祀所需人、物的牒文。祭社文與「通典」卷一二一「開元禮纂類」十六「諸州祭社稷」所載祝文畧同，很可能是沙州祭春秋二社時行用的文書。

社狀、牒共有二十二件，複本一件，實收二十一件，是社邑處理投社、退社及其它事務時使用的文書。投社狀是社邑成立以後，又有欲加入者向社司遞交的入社申請；退社狀則是社邑成員向社司遞交的退社申請。爲保持社邑的穩定，各社社條一般都對社人退社規定了較爲嚴厲的罰則。故退社的現象較爲少見，我們見到的退社狀僅有一件。社狀、牒類所收的最後五件文書有四件比較特殊：其一是伯三八九九背「開元十四年二至四月沙州勾徵開元九年懸泉府馬社錢案卷」，這件文書實爲官府文書，但因涉及馬社，馬社爲唐代官社的一種，且其中有符、有牒、有判，故暫將其附於社狀牒之後。其二是伯二九四二「沙州祭社廣破用判」，該件是河西節度使判文集中的一通，因其内容涉及沙州官府祭社，且原判當係針對有關狀牒，故亦附於社狀、牒後。其三是伯三三七九

「顯德五年二月社錄事都頭陰保山等團保牒」，上鈐「瓜沙等州觀察使新印」，亦是官社文書，與一般社狀、牒不同。最後是伯三六三六$_{2}$「丁酉年五月廿五日社戶吳懷實託兄王七承當社事憑據」，此件不是狀、牒，帶有契據性質，因未見與其相類的社邑文書，亦暫附於社狀、牒之後。

從以上簡要介紹不難看出，敦煌寫本社邑文書的絕大多數是私社文書，涉及官社的僅有幾件，反映了唐五代宋初敦煌地區私社的興盛。

三

這批社邑文書原有年號紀年者僅二十一件，其中最早的是開元十四年（七二六），最晚的是太平興國七年（九八二）。有干支紀年的八十五件，用地支紀年的六件。沒有紀年的文書占總數的三分之二以上。那些用干支或地支紀年的文書，其絕對年代或相對年代也都需經過考證才能具體落實。但前賢在這方面做的工作不多，因而對敦煌寫本社邑文書進行排年就成爲此次整理的一項重要工作。本書共考出一百九十七件社邑文書的絕對年代或相對年代，其中包括對一些前人推測和確定的年代提供或補充證據。加上原有明確紀年的和原已考出年代的文書，共計二百二十九件。二百二十九件中，在吐蕃統治敦煌（七八六）以前的有九件㈣，吐蕃統治敦煌時期（七八六至八四八）十八件，歸義軍張氏時期（八四八至九一四？）三十六件，歸義軍曹氏時期（九一四？至一〇〇二）一百五十四件㈤，歸義軍時期十一件，唐後期五代宋初一件，絕大多數是歸義軍時期的文書，歸義軍時期又以曹氏時期最多。依據這個統計數字，似乎可以說那些未能確定年代的社邑文書的時代大致可框定在唐後期五代宋初，多數應在歸義軍時期。

在從事排年工作過程中，我們力求慎重。因爲在社條、社司轉帖和社曆上多有社人名單，故我們較多地採用了用人名確定年代的方法。但這一方法並不完全可靠，因爲敦煌遺書中有異時同名或同時同名的例子。爲穩妥起見，我們堅持俗人須兩人以上、僧人法名須三人以上同見於它卷，方將其作爲確定年代的證據，若僅據俗人一人、僧人兩人以下考出的年代，均在所考出的年代下加「？」，以示未敢確定。有些文書雖懷疑其在某時，但若無實證，則付闕如，留待考證。

對文樣、文本來說，其年代有創作年代和流行年代之分，這部分文書少數既考出了創作年代，又考出了流行年代，多數僅考出了流行年代；對「抄」來說，又有原件的時代和抄寫時代之分，依不同情況，有的考出了原件的時代，有的只能考出抄寫的年代。這些都在各件的說明中有所交代。

敦煌寫本文書的排年工作是一項重要的工作，它不僅可以提高文書的利用價值，爲一般研究者使用文書提供方便，而且一類文書的排年工作還有助於與其相關文書年代的確定。就社邑文書的排年而言，很多文書年代的確定都是借助於歸義軍史、敦煌佛教史的研究成果，而我們的排年成果，也可爲許多重要文書年代的確定提供線索。

但是，社邑文書的排年工作並沒有最後完成，雖然比較重要的文書年代都已考出，但仍有一百六十多件文書的年代未能確定。就方法而言，雖盡力採用各種有效的定年方法，但受學力和客觀條件限制，有些方法基本未用，諸如利用書法、紙張的區別以確定文書年代等。這些都有待進一步努力。

四

敦煌寫本社邑文書的學術價值是多方面的，它不僅為研究中國古代社邑提供了大量生動而具體的材料。其內容還涉及到中古時期的政治、軍事、經濟、文化等諸多領域：如伯三八九九背「開元十四年二至四月沙州勾徵開元九年懸泉府馬社錢案卷」，其內容就涉及唐代馬社、勾徵、折衝府、州府（折衝府）縣的關係等諸問題；又如許多社文書的人名見於其它官私文書之中。由此可見，這批文書對研究唐後期五代宋初敦煌地區的政治、經濟乃至整個社會的全貌都有重要參考價值。

本書的整理工作歷經十年之久，因時作時輟，前後照顧容或不周；錄文、校記、說明雖幾經反覆，且英藏、北圖藏和法藏部分查閱過原卷，其中仍難免存在不當甚至錯誤；近人的有關研究成果，見聞所及，酌情參考，但由於涉獵不廣，參考或有未及，歡迎讀者批評指正。在本書的整理過程中，李德龍曾參加部分材料搜集工作，做過部分身故納贈曆的初步錄文；宋家鈺、張弓曾協助查閱三十多件英藏和法藏文書的原卷；沙知、榮新江也曾協助查閱過數件法藏文書的原件；沙知還向我們提供了俄羅斯聯邦聖彼得堡所藏敦煌遺書中的三件社司轉帖和上海博物館所藏敦煌遺書中的一件渠人轉帖的錄文；英國國家圖書館、英國國家博物館、英國前印度事務部圖書館、法國國立圖書館和北京圖書館善本特藏部都曾為查閱原卷提供過方便。謹此誌謝。

一九九三年五月

注釋

〔一〕、〔五〕　參看寧可《述「社邑」》。

〔二〕　史林　第二十三卷第二、三、四，一九三八年四至十月。

〔三〕《史林》第二十四卷第三、四，一九三九年七至十月。

〔四〕、〔一〇〕　參看郝春文《敦煌遺書中的「春秋座局席」考》。

〔六〕、〔七〕 參看郝春文《東晉南北朝時期的佛教結社》。

〔八〕《東方學報》京都三五。

〔九〕 參看寧可、郝春文《敦煌社邑的喪葬互助》。

〔一一〕 參看郝春文《敦煌的渠人與渠社》。

〔一二〕 參看郝春文《敦煌私社的「義聚」》。

〔一三〕 參看郝春文《敦煌寫本齋文及其樣式的分類與定名》。

〔一四〕 關於吐蕃占領敦煌的時間，學術界有不同的說法，此從陳國燦說。

〔一五〕 曹氏歸義軍政權亡於公元一〇〇二年以後，但現在學界公認敦煌遺書中最晚的有紀年的文書在公元一〇〇二年。經考證出的年代也未有晚於此年者，故對敦煌遺書的時代而言，曹氏歸義軍時期的下限在公元一〇〇二年。

凡例

一、本書收錄敦煌寫本社邑文書，爲便於研究者參考，亦收入個別吐魯番出土的社邑文書。附錄中收錄敦煌遺書中與社邑有關的文書和一些較長文書中有關社邑的部分。

二、錄文依文書的性質分類編排。同類文書有紀年者按年代先後順序排列；雖無明確紀年，但可考出其年代者，置於相應年代之間；年代不詳者，則置於最後。各類文書的文樣置於該類文書之後。

三、每件文書均包括標題、錄文兩項内容。如有必要，在錄文之後加説明和校記。

四、本書中所收文書的標題係編者在原題基礎上依據其性質、内容擬定。沒有原題的文書，由編者擬名。

五、每件文書的標題下標其出處和原編號。出處使用通用的畧寫中文詞和縮寫英文詞，即：

「斯」：倫敦英國國家圖書館藏敦煌遺書斯坦因（Stein）編號

「伯」：巴黎法國國立圖書館藏敦煌遺書伯希和（Pelliot）編號

「北圖」：北京圖書館藏敦煌遺書編號

「Дх」：俄羅斯聯邦科學院東方研究所聖彼得堡分所藏敦煌遺書編號

「Ch BM」：倫敦英國國家博物館藏敦煌絹紙畫寫本等編號

「Ch IOL」：倫敦英國前印度事務部圖書館藏敦煌遺書編號

六、原寫本斷裂，凡能直接綴合者，即行綴合，但在文書標題下和各片片首標明出處和原編號；不能直接綴合，但據書法、紙張及內容等判斷爲同一件者，亦將其置於同一標題之下，並在標題下和每片之首分標其出處和編號。

七、本書所收文書的錄文一律用通行繁體字按原卷原式逐錄，原文一行排不下時，移行時低二格逐錄。確有必要改動原卷書寫格式的，在校記中加以說明。

八、錄文多數是據原卷之縮微膠片或已刊圖版逐錄，其中「斯」、「Ch BM」、

「Ch 101」、「北圖」及「伯」的少量與原件核對過。遂錄中適當吸收前人的研究成果。如認爲已發表的錄文中有誤，則逕行改正，一般不出校。個別文書見不到原卷和圖版，係據已刊錄文轉錄。

九、同一文書有兩種以上寫本者，選一內容完整、文字清晰的作爲底本，以其它寫本爲參校本；有傳世本者，則以寫本爲底本，以傳世本爲參校本；如各本內容出入較大，則一併收入。

十、底本與參校本內容有出入，凡底本之文字文義可通者，均以底本爲準，而將參校本中的異文附於校記。若底本有誤，則保留原文，在錯誤文字下用（）注出正字；如底本有脫文，可據它本和上下文義補足，但需將所補之字置於〔〕內；改、補理由均見校記。

十一、原寫本殘缺，依殘缺位置用（前缺）、（中缺）、（後缺）表示。因寫本殘缺造成缺字者，用□表示，一個□表示一個字；不能確知缺幾個字者，上缺用▭表示，中缺用▭表示，下缺用▭表示。

十二、原寫本未書完或未書全者，用（以下原缺文）表示。

十三、凡缺字可據別本或上下文義補足時，將所補之字置於［］內，並在校記中說明理由；原文字蹟殘損模糊，但據殘筆畫和上下文可確知為某字者，逕補；無法擬補者從缺字例；殘存一半者照描，殘損部分以▯ □表示；字蹟清楚但不識者照描，在該字之下用(?)注出；如推測為某字，即在（）內注出，並加？號。

十四、原寫本中的俗體、異體字一般逕改為通行繁體字。有些俗、異體字如需保留，用（）將正字注於該字之下。

十五、原寫本中的筆誤和筆畫增減，逕行改正；出入較大者保留，用（）在該字之下注出正字，並在校記中說明。

十六、原寫本中同音假借字照錄，但用（）在該字之下注出本字。

十七、原寫本有倒、廢字符號者，逕改；有重疊符號者，直接補足重疊文字，均不出校；有塗改、修改符號者，只錄修改後的文字，不能斷定哪幾個字是修改後應保留的，兩存之；有塗抹符號者，能確定確為作廢者，不錄，不能確定已圈抹的文字，則照錄；原寫在行外的補字，逕行補入行內；不能確定補於何處者，仍照原樣錄於夾行中；均在校記中說明。

十八、原寫本中的衍文，均保留原狀，但在其下用（ ）注明某字或某字至某字衍，一般不作說明。

十九、社邑文書中若間雜有添加的文字，與該文書無關的不錄，但在校記中加以說明。

二十、本書錄文的斷句一般只用「、」、「，」、「。」、「：」幾種標點。

一、社條

——大中九年（八五五）九月廿九日社長王武等再立條件（伯三五四四）

社長王武、社官張海清、錄事唐神奴等為城煌（隍）賊亂，破散田苗，社邑難營，不能行下。今大中九年九月廿九日就張祿子家，再立條件為馮（憑）〔一〕。燉煌一群（郡）〔二〕，禮義之鄉，一為　聖主皇帝，二為建窟之因，三為先亡父母追凶就吉，共結量（良）緣，用為後儉（驗）〔三〕。

一、社內每年三齋二社，每齋人各助麥一斗，每社各麥壹㪷、粟壹㪷，其社官錄（事）〔四〕行下文帖，其物違時，罰酒一角。其齋正月、五月、九月；其社二月、八月。其齋社違月，罰麥壹碩，決杖卅，行香不到，罰麥一斗。

一、社內三大（馱）〔五〕者，有死亡，贈肆尺祭盤一，布貳丈，借色布兩疋半。其贈物及欠少一色，罰酒半甕。

（後缺）

說　明

本件是歸義軍建立初期，人們在經歷了「賊亂」以後，為恢復社的活動而重新製定的社條。社條又稱「條」、「條件」、「條流」、「約」、「憑」等，是社邑組織和活動的規約。從敦煌遺書中的材料來看，幾乎每個社邑都有自己的社條，但各社的社條詳畧不同。一般是首部爲總則，述結社目的、立條緣由，然後規定組織、活動内容、罰則等具體條款，最後列社人名單，有時社人名下還有簽押。本件因尾部殘缺，失部分條目和社人名單。

校記

〔一〕馮，當作「憑」，據文義改。

〔二〕群，當作「郡」，據文義改。

〔三〕儉，當作「驗」，據文義改。

〔四〕事，據文義補。

〔五〕大，據斯六〇〇五「某社補充社約」，疑當作「䭾」。

2 大中年間（八四七至八六〇）儒風坊西巷社社條

（斯二〇四一）

大中□十七日儒風坊西巷村鄰等，就馬興晟家衆集再商量。一一且（具）〔三〕名如後：

梁闍梨々	王景巽	瞿神慶	
僧勝惠幢	張曹二々	張老老々	
瞿明明々	汜堅堅々	馬興晟々	馬曹仵
汜英達	王安胡	僧神潔	馬苟子
宋苟子	王堅堅々	汜骨崙々	張子温々
張文諳	張懷潤	張懷義	張壽々
張嚩伽	憂婆姨情追如	索友友々	索神神々
張履屯	李佛奴	張小興	張友信

後入社人：

		張安屯	
張善善	樂寶巖		郭小通

後入七人〔三〕，若身東西不在，口承人：張履屯、馬苟子、郭小通。

一、若右贈孝家，各助麻壹兩，如有故違者，罰油壹勝。

（中空一行）

（中空約六行）

右上件村隣等衆就翟英玉家結義相和〔三〕，脤（賑）濟急難，用防凶變。已後或有詬歌難盡，滿説異論，不存尊卑，科税之艱，並須齊赴。巳年二月十二日爲定，不許改張〔五〕。

罰酒壹瓮，決（杖）〔六〕十下，殯（擯）〔七〕出。晟〔八〕馬清王温　翟玉〔九〕

一所置義聚，備凝（擬）凶禍，相共助誠（成），益期脤（賑）〔一〇〕濟急難。

一所置贈孝家，助衆壹斗，餅貳拾翻須白淨壹尺捌寸，如分寸不等，罰麥壹漢斗，人各貳拾翻。

一所有科税，期集所斂物，不依期限齊納者，罰油壹勝，用貯社。

一或孝家營葬，臨事主人須投狀，衆共助誠（成），各助布壹疋，不納者罰油壹勝。

一所遭事一遍了者，便須承月直，須行文帖，曉告諸家。或文帖至，見當家十歲已上夫妻子弟等，並承文帖，如不收，罰油壹勝。

一所有急難，各助柴壹束，如不納，罰油壹勝。

丙寅年三月四日上件巷社因張曹二家衆集商量，從今已後，社内十歲已上有凶禍大喪者，准條贈，不限付名三大（馱）〔三〕。每家三贈了，須智（置）一延（筵），酒一食，然後依前例，終如（而）復始。

說明

本件係由四部份組成。第一至十四行爲第一部分，第十五至十八行爲第二部分。第十九至二十九行為第三部分，第三十至三十三行為第四部分。其中一、三、四部分筆體不同，二、三部分有近似之處，書寫時期各不一樣。竺沙雅章對之作過研究，此處大體沿用其說。這個社條最早的是書於吐蕃時期的第三部分，當初應有社條的總則和社人名單，但已不存。隨着時間的推移，此社的社人發生了變化，原定的社條也感到不够完備，於是在巳年（吐蕃時期）二月十二日，社人們聚集在翟英玉家，對原來的社條作了補充。這就是本件的第二部分。同時，他們還將當時在社的社人名字署上。至吐蕃時期末的丙寅年三月四日（第四部分中的張曹二，大中年間第一部分也有，從時間上推算，這個丙寅年只能是公元八四六年），社人們聚集在張曹二家中再一次對社條作了修訂，這就是本件的第四部分。到了大中年間，歸義軍政權取代了吐蕃的統治，此時社邑成員又發生了很大變化，故社人們又一次聚集在馬興晟家，重新列出了社人名單，並對社條的內容再次作了補充。這就是本件的第一部分。以上四部分合在一起，就是大中年間儒風坊西巷社所遵行的社條。這件由不同時期的四部分組成的社條展示了這個社在幾十年間發展變化的軌蹟，反映出社邑可根據情况的變化不斷補充、修訂結社之初所立的社條，說明全體社人都須遵守的社條對私社具有十分重要的意義。

校記

（一）且，當作「具」，據文義改。

（二）從第十一、十二行所列後入社人名單看，僅有四人，加上被塗掉的「趙皮奴、武諠」二人，也只有六人。

（三）紙縫背面此處有押縫側書「聰俊」二字。

（四）賑，當作「賬」，據文義改。

（五）自「科稅之艱」至「不許改張」一段，據文義應移至「用防凶變」之後。

（六）杖，據文義補。

（七）殯，當作「擯」，據文義改。

（八）紙縫背面此處有倒書「良友」二字。

（九）翟玉即「翟英玉」之省稱。

（一〇）脹，當作「賬」，據文義改。

（一一）大，據斯六〇〇五「某社補充社約」，疑當作「馱」。

3 景福三年（八九四）五月十日敦煌某社偏條（伯三九八九）

景福三年甲寅歲五月十日，燉煌義族後代兒郎，雖（須）擇良賢，人以類聚，結交朋友，追凶逐吉。未及政（正）條，今且執（制）編（偏）條。已後街懼（衢）〔二〕相見，恐失禮度，或則各自家內有其衰禍，義濟急難。若有凶禍之時，便取主人指撝，不間（問）〔三〕車轝，便雖（須）營辦，色物臨事商量。立條後，各自識大敬小，切雖（須）存禮，不得緩慢。如有醉亂拔拳充（衝）突，三官及衆社，臨事重有決罰。立此條後，於（如）鄉城恪（格）〔三〕令，便雖（須）追逐行下。恐衆不知，故立此條，用爲憑記。

衆請社長翟文慶文〔四〕　衆請社官梁海潤〔五〕

請錄事氾彦宗彦宗〔六〕　梁加進（押）

索康三（押）　陳江慶（押）

高什德什德〔七〕　張善緣張〔八〕

梁義深義深〔九〕　梁海俊海〔一〇〕

索澤子（押）　渾盈子（押）

盧忠達（押）

說明

本件是景福三年敦煌地區的翟文慶等十三人立的社條。從内容看，這些人在結社立條之前已從事「追凶逐吉」的喪葬互助活動，製定社條、推選社長、社官、錄事等首領是把這一活動制度化。

校記

〔一〕懼，當作「衢」，據文義改。

〔二〕閗，當作「鬪」，據文義改。

〔三〕恪，當作「格」，據文義改。

〔四〕翟文慶之下「文」字，係本人簽名。

〔五〕衆請社官梁海潤，係將原紙剪下重寫另紙貼上去的，筆體亦與其它人名不同。可能是社人們先推選另外一人為社官，後來因故又換成了梁海潤。梁海潤名下也不像其它社人名下那樣有本人簽名或簽押。

（六）汜彥宗之下的「彥宗」二字，係本人簽名。

（七）高什德之下的「什德」二字，係本人簽名。

（八）張善緣之下的「張」字係本人所簽。

（九）梁義深之下的「義深」二字，係本人簽名。

（一〇）梁海俊之下的「海」字係本人簽名。

4　公元九四〇年前後（？）親情社社條　（斯八一六〇）

蓋聞員清廓落，刊星辰與二義（儀）〔二〕；方濁下載岳河，而生方類中；乃義（儀）〔三〕軒降世，置社為先，弟互適奉尊卑。自後承傳軌則，不備千今（金）。況斯社公並是名（鳴）沙重望，西賽（塞）良家，或文包九流之才，武窮七德之美，遂使互懷募（慕）善，周結良緣。

且爲連辟（壁）之交，義後（厚）斷今（金）之志。故云父母生身，朋友長志。道

清添（忝）爲契，結義等今（金）蘭，不及之（知）闌，畧爲記耳。

一，凡爲合社者，或有追贈死亡，各家中同居合活，不諫（揀）

□姪男女十歲與（已）上，總以贈例，各遂淨粟一斗。

□外甥索少弘　錄事王慶住

（後缺）（以下爲紙背）

社家親情社□□社□錄事王慶住

（中空一行）

各自齊得兩贈了者，弟（第）三贈便有上三馱，好酒壹角，親情

破除。其勾當虞候王□□

說明

本件正面是敦煌某親情社在立社時製定的社條。在當初應是被捲成一捲封粘起來。據本書所收斯六〇〇五「某社補充社約」，有些社將立社之初製定的社條封印保存，若非遇到衆社人難以決斷的大事，不能隨便開封。本件為我們瞭解上述情況提供了實證。卷背的第一行文字實際上是寫在捲起來的紙捲的封口處，紙捲展開後這一行也就被從中間分開了。這一行文字的內容因被分為兩半再加字跡模糊已很難辨認，但仍可看出它是社條的名稱和「封印」者錄事王慶住等社邑首領的題名。依據斯六〇〇五「某社補充社約」，社邑若遇到「不在開條之限」的一些事情，可以在社條之外另立規約。而本件背面的第二至三行就是對社條中有關社人營葬規定的補充，它和斯六〇〇五「某社補充社約」具有相同的性質，只因其文字不多，故被書寫在已被封存起來的社條的紙捲上，沒有像斯六〇〇五「某社補充社約」那樣單獨備案。

本件失紀年，「錄事王慶住」見於伯三〇六七「某寺什物歷」，該件中出現的僧俗人名還有「劉僧正、惠弁、石中井、徐法律、法律惠興、索僧正、小索僧正、寺主定昌、善清、員戒」。其中「寺主定昌、善清、法律惠興」又見於伯三二九〇「己亥年十二月二日某寺算會分付黄麻憑」。該件中還有「徐僧正」，當即上件中之「徐法律」。唐耕耦將上述「己亥」定在公元九九九年，理由是同卷相連有「至道元年（九九五）受田籍」。經查，「算會分付黄麻憑」書寫在前，且都有師、寺主、僧正簽押，爲實用文書。「至道元年受田籍」書寫在後，係抄件。該號背面有「至道二年改補官牒」。這說明此紙最先用於書寫「算會分付黄麻憑」，其時間應在至道元年以前，不可能是至道元年以後的己亥年。至道元年以前的己亥年是天福四年（九三九），該年十二月二日於公元已進入九四〇年。上引「某寺什物歷」的時間應與其相近。據山崎宏考證，敦煌僧官的升遷次序是由法律升至僧政，也就是僧政高於法律。「某寺什物歷」中之徐法律在「算會分付黄麻憑」中已遷爲僧正，說明其時間在公元九四〇年前。如果「某寺什物歷」中之王慶住與本件中之録事王慶住爲同一人，本件之年代當在公元九四〇年前後。

校記

（一）義，當爲「儀」，據文義改。
（二）義，當爲「義」，據文義改。

5 甲辰年（九四四）五月廿一日窟頭修佛堂社再請三官憑約

（伯四九六〇）

甲辰年五月廿一日，窟頭修佛堂社，先秋教化得麥拾伍碩叁斗，內濤兩碩伍斗碹，乾麥壹碩伍斗碹。又教化得麻伍拾束。又和得布文柒。又和得羅鞋壹兩，准布壹疋，在惠法未入。又赤土貳拾併（餅）（三）。

太傅及私施計得細色叁量。已上物色等伏緣録事不聽社官件件衆社不合，功德難辦，今再請慶慶爲社官，法勝爲社長，慶戒爲録事。自請三官已後，其社衆並於三人所出條式，專情而行，不得違背，或有不稟社禮，□□上下者，當便三人商量罰目，罰醲膩一筵，不得違越者。

説明

本件先列修佛堂社通過各種途徑所得物品的數目，後記因原録事與社官不和導致社内意見不一，社邑的活動難以進行，故對三官作了改選，並規定此後社眾都要服從三官「所出條式」。可見本件雖與一般社條不同，但亦畧具社邑規約性質。本件用干支紀年，其時在歸義軍時期。在敦煌遺書中，歸義軍時期有兩個甲辰年，即中和四年（八八四）和天福九年（九四四）。本件中有「太傅」一詞，而中和四年執掌歸義軍政權的張淮深一生未獲「太傅」稱號。天福九年時的歸義軍節度使曹元深，則確曾在天福八年被後晉詔贈「太傅」。（見《舊五代史》卷八十一「晉少帝紀」）斯四五三七背「天福九年正月釋門僧政善光牒」中有「伏望太傅鴻造，特賜去往之由」，表明元深在天福九年初已開始使用後晉封贈的官號（參看榮新江《沙州歸義軍歷任節度使稱號研究》，載中國敦煌吐魯番學會編《敦煌吐魯番學研究論文集》）。雖然曹元深在天福九年三月九日去世，但至公元九四九年其弟曹元忠稱太傅之前，人們仍稱已故的曹元深為「太傅」。準此，本件的月份雖在曹元深去世以後，但其中的太傅仍指曹元深，故本件中的甲辰當為天福九年。另，土肥義和據本件中的社長為龍興寺僧法勝，亦證其時在天福九年。

校記

（一）併，當作「餅」，據文義改。

6　敦煌某社偏案　十世紀上半葉　斯六〇〇五

伏以社内先初合義之時，已立明條，封印訖。今緣或有後入社者，又未入名，兼録三馱名目。若件件開先條流，實則不便。若不抄録者，伏恐陋（漏）失，互相泥寞。遂衆商量，勒此偏案。應若三馱滿者，再上局畢，便任各自取意入名。若三馱滿，未上局者，不得請贈。餘有格律，並在大條内。若社人忽有無端是非行事者，衆斷不得，即須開條。若小段事，不在開條之限。故立此約，烈（列）名如後。

社長	阿兄	姪男
社老善慈	阿兄通俟	通俟阿嫂
文智員友身請贈	阿兄文進	文進阿嫂
武懷俊阿姑請一贈了		
録事	阿耶	阿娘
光善姪女一贈 阿姑一贈	阿娘	妹師
滿海母請一贈	阿娘	阿兄
靈應	阿兄	阿嫂
寶護父請一贈 身請一贈	阿婆三馱了	阿耶
紹法母請一贈	阿娘	妹□
□	阿□	

（後缺）

說明

本件是社人們在社條之外製定的關於社內事務的補充規定。從本件看，有些社將立社之初製定的社條稱爲「大條」，也有可能稱爲「祖條」（見斯六五三七背/7-8「社條」）。大條或祖條平時應「封印」，若不遇到衆社人難以決斷的大事，不能隨便開封。本書中所收斯八一六〇「親情社社條」，便是一件在當時被「封印」的社條，在封口處寫着社條的名稱和「封印」者録事王慶住等社邑首領的題名。

既然大條平時不能開封，社邑在平時活動中遇到「不在開條之限」的一些事情，又不能無所遵循，於是在大條之外另外製定「偏案」，這就是本件的由來。

從本件的内容來看，這是個立有「三馱名目」的社。「立三馱名目」是敦煌地區一些社邑採用的一種喪葬互助的辦法。其做法是社人入社或入社後的一定場合，提出立三馱名目，登記在案，一次或分批繳納「三馱」（糧食之類），並請上馱局席，即可正式取得喪亡時請贈的資格，稱爲「舉名請贈」。社人每户一次可請「三贈」，即同時有三人取得請贈資格。取得請贈資格的社人死亡時，社衆贈物比其他未立三馱名目的人豐厚，葬儀亦較隆重。本件後列名的社人現存十一人，連家屬近三十人，每一社人名下的家屬不超過二人，這自然不是社人家屬的全部，而是立三馱名目的社人和準備舉名請贈的家屬的名單。名單中的員友、武懷俊夾寫在文智與録事之間，字體亦小，若非因漏寫而添入，就是後來新增加的請求立三馱名目的社人。社人名下「身請一贈」、「母請一贈」等記載，是已履行完納「三馱」、請上馱局席等手續後獲得請贈資格的登録。武懷俊名下「阿姑請一贈上了」，係注明請了上馱局席。寶護名下注「父請一贈、身請一贈」，其下又有「阿婆三馱了」，似指阿婆已納三馱，而未請上馱局席。

本件尾部殘缺，不知有無紀年。斯二六一四背「沙州諸寺僧尼名簿」第二十四行有「靈應」，是乾元寺沙彌；第七十二行有「善慈」，是三界寺新沙彌。「名簿」中的善慈和靈應應該是本件中的社老善慈和社人靈應。故本件和「名簿」的年代相去不遠。斯二六一四背「沙州諸寺僧尼名簿」的時代在九世紀末十世紀初年（參看伯三三九一背「丁酉年正月春秋局席轉帖稿」說明）。但善慈和靈應在「名簿」中一爲新沙彌，一爲沙彌，一般說來年歲不會太大。而在本件中，善慈是社老，年紀已很大，故本件的年代比「名簿」要晚，但也不會超過十世紀中葉。

7 顯德六年（九五九）正月三日女人社社條　（斯五二七）

顯德六年己未歲正月三日女人社因滋（茲）㈠新歲初來，各發好意，再立條件。蓋聞至城（誠）立社，有條有格。夫邑儀（義）㈡者，父母生其身，朋友長其值（志），遇危則相状（扶）㊂，難則相救。與朋友交，言如（而）信。結交朋友，世語相續，大者若姊，小者若妹，讓語（義）先登。立條件與（已）後，山河為誓，中（終）不相違。

一、社内榮凶逐吉，親痛之名，便於社格。人各油壹合，白麪壹斤，粟壹㪷。便須驅驅，濟造食飯及酒者。若本身死亡者，仰衆社蓋白氈拽便送，贈例同前一般。其主人看侍，不諫（揀）厚薄輕重，亦無罰責。

一、社内正月建福一日，人各税粟壹㪷，燈油壹盞，脱塔印砂。一則報君王恩泰，二乃以（與）父母作福。或有社内不諫（揀）大小，無格在席上[月宣]（喧）㊃拳，不聽上人言教者，便仰衆社就門罰醴膩一筵，衆社破用。若要出社之者，各人快（決）㊄杖叁棒，後罰醴膩局席一筵，的無免者。社人名目詣實如後：

社官尼功德進（押）

社長侯富子（押）

録事印定磨柴家娘（押）

社老女子（押）

社人張家富子（押）

社人渦子

社人李延德（押）

社人吳富子（押）

社人段子（押）

社人富勝（押）

社人意定（押）

社人善富（押）

社人燒阿朶（押）

社人富連（押）

社人住連（押）

右通前件條流，一一丁寧，如水如魚，

不得道說事（是）非，更不於（如）願者，山河

為誓，日月證知。恐人無信，故勒此條，
用後記耳。

說明

本件是社衆在顯德六年（公元九五九）正月重新製定的社條。從本件及伯三五四四「大中九年社長王安午等再立條件」可知，有些社經過一段時期重新製定一次社條。這是由於戰亂使社的活動停頓了一段時間，或社人有較大變動（死亡、離散、新入社和退社）的緣故。

校記

（一）滋，當作「茲」，據文義改。
（二）儀，當作「義」，據其它社文書及文義改。
（三）扶，據文義當即「扶」。
（四）膧，據文義當即「喧」。
（五）快，當作「决」，據文義改。

8 戊辰年（九六八？）正月廿四日秥坊巷女人社社條

（伯三四八九）

戊辰年正月廿四日秥㈠坊巷女人團座商儀（議）㈡立條。合社商量爲定。各自榮生死者，納麪壹㪷，須得齊同，不得怠慢，或若怠慢者，捉二人後到，罰壹角；全不來者，罰半瓮。衆團破除。一、或有大人顛言到（倒）儀，罰醴膩（一）㈢筵，小人不聽上人，罰羯羊壹口，酒壹瓮。一、或有凶事榮親者，告保（報）〔四〕録事，行文放帖，各自兢兢，一一指實，記録人名目：

録事孔闍梨　虞候安闍梨　社人連真　社人恩子　社人福子

社人吴家女　社人連保　社人富連　社人勝子　社人員泰

社人子富　社人員意

右入社條件，在後不承文帖及出社者，罰醲膩（一）〔五〕筵。

説明

本件用干支紀年，其時當在歸義軍時期。但戊辰究屬何年，尚難確定。唯一的綫索是斯五二七「顯德六年正月三日女人社社條」中也有「社人富連」，如果這兩個富連是同一人，則本件中的戊辰就應是接近顯德六年己未歲（九五九）的乾德六年（九六八），但此係孤證，難做定論。

校記

（一）社，那波利貞釋作「雇」，王重民錄作「旌」，從原卷字形看，與王獻之等所書「社」字畧同。

（二）儀，當作「議」，據文義改。

（三）一，據文義補。

（四）保，當作「報」，據文義改。

（五）一，據文義補。

9 庚午年（九七〇）正月廿五日社長王安午等一十六人修窟憑

（斯三五四〇）

庚午年正月廿五日立憑：比丘福惠、社長王安午、將頭羅乾祐、鄉官

李延會、李富進、安永長、押衙張富弘、閻願成、
陳千實
張佛奴、崔田奴、馬文斌、孔彥長、都头羅祐員、
羅祐清、賈永存等壹拾陸人發心於宕泉
修窟一所。並乃各從心意，不是科牽。所要
色目材梁，隨辦而出。或若天地傾動，此願
不移。祇二帝以同盟，請四王而作證。衆内
請鄉官李延會爲録事，放帖行文以爲綱首，
押衙閻願成爲虞候，祇奉録事條式。比至修窟
罷日，斯憑爲驗。
又比丘願澄充爲祇食納力，又胡住兒亦隨氣力
所辦應逐。

說明

本件是人們為結社修窟而製定的。翟理斯據社人馬文斌又見於斯二九七三「開寶三年（九七○）節度押衙知司書手馬文斌牒」將本件的「庚午」定在公元九七○年。土肥義和指出「比丘福惠」是金光明寺僧，並據之亦將本件年代定在九七○年。此處還可以為上述定年提供一條材料。本件所列的社人有「張佛奴」，伯四九八七「戊子年七月安三阿父身亡轉帖」中亦有「佛奴」一名。可以確定這個「佛奴」姓張，該件的戊子年則是公元九八八年（詳見「戊子年七月安三阿父身亡轉帖」說明）。如果這個「張佛奴」與本件中的「張佛奴」為同一人，本件中的庚午應是距九八八年最近的庚午，即開寶三年（九七○）。當然，「佛奴」在當時屬常見之名，敦煌地區姓張的又多，不同時期甚至同一時期出現兩個「張佛奴」都有可能，雖然不能據之作為定年的主要證據，但仍可參證。

10 開寶五年（九七二）正月廿日辛延晟曹願長結會記

（斯二八九四背/3）

開寶伍（五）年癸酉正月廿日淨土寺學士郎辛延晟曹願長二人等同心一會，更不番悔記。願長記。

說明

本件原為倒書，自左向右逆寫。結會即結社，此會僅二人，實為結義憑約。但唐宋間私社時人往往視為結義組織。唯此憑約無結會緣由及活動內容的具體規定，似係學郎模倣成人結社習俗之作。

本件紀年為開寶五年，干支應為壬申，但本件干支紀年書為癸酉。一般說來，干支紀年記錯的可能較小，但本件開寶五年的「五」又誤寫成了「悟」，筆劃遠多於「六」，很難說是書寫者將「六」寫成了「悟」。再加上本件前後各有三件社司轉帖，紀年均在「壬申」，另有曹願長等書二行，紀年亦爲「壬申」，本件似亦應在壬申（開寶五年），而癸酉乃書寫者錯誤。

一一 庚辰年（九八一）十二月四日四人合社憑約抄（伯三六九一背）

庚辰年十二月四日，四人合爲一社，其同心合意（以下原缺文）

説明

本件僅此一行，原爲倒書，似抄或稿。本件前有「太平興國叁」一行，則本件當爲距太平興國三年最近的庚辰，即太平興國五年。太平興國五年十二月四日於公元已進入九八一年。

12 太平興國七年（九八二）二月立社條一道　（伯四五二五11）

（社）(二)條一道

竊以閻浮衆凡上生，要此福因。或則浮生躭福，或則胎生罪重，各各有殊。今則一十九人發弘後（厚）願，歲末就此聖巖，燃燈齋食，捨施功德，各人麻壹㪷，先須秋間齊遂，押磑轉轉主人。又有新年建福一日，人各鑪餅一雙，粟一斗，然（燃）燈壹盞，團座設食。或若社衆等盡是凡夫種子，生死各續，掩就黃泉，須則一朝死亡之間，便須心生親恨，號叩大哭。或若榮葬之日，不得一推一後，須要榮（營）勿（物）。臨去之日，盡須齊會，攀棺擎上此車，合有弔酒壹瓮，隨車澆酹，就此墳墓，一齊號叩。若是生死及建福、然（燃）燈齋會之日，或有後到者，罰酒半瓮；全不來，罰酒壹瓮。一十九人等並是高門貴子，文武超昇。今則入鑾，便須尊貴大小存立去胄。或若團座之日，若有小輩啾唧，不聽大小者，仍罰膿膩一筵，衆社破除，的無容免。昨者一十九人發弘誓，立此條件。後有人若是忽努（怒）(三)，不

聽大小、先説出社者，願　賢聖證知，勒此文憑，用爲他年
驗約。」　太平興國七年二月　日立。

説明

本件雖無社人名單，但有參加結社的人數和立條日期，正文後又有終止符號，可能爲實用文書。

校記

（一）社，據文義補。
（二）努，當作「怒」，據文義改。

13 敦煌郡等某乙社條壹道㈡（文樣）

（斯五六二九（同號内有複本一件））

燉煌郡等某乙社條壹道：

竊以人居在世，須憑朋友立身；貴賤壹般，亦資社邑訓誨。某乙等宿因葉（業）寡，方乃不得自由，衆意商量，然可書條。況一家之内，各各總是弟兄，便合識（識）㈢大敬少，互相愍重。今欲結此勝社，逐吉追凶，應有所勒條格，同心壹齊稟奉。一、春秋二社，每件局席，人各油麥粟，主人逐次流行。一、若社人本身及妻二人身亡者，熷（贈）〔三〕例人麥粟及色物，准數近（盡）要使用。及至葬送，亦須痛烈，便供親兄弟一般輕（經）〔四〕舉，不許僧（憎）〔五〕嫌㜸污，若有不親近擎舉者，其人罰醴醎壹筵。其社人及父母亡没者，弔酒壹瓮，人各粟壹㪷。此外更許例（？）行。一、自合社已後，若有不聽無量，衛底（詆）三官。罰羊壹口，酒壹瓮，合社破用。一、若有不藥（樂）（六）社事，罰麥伍馱，舉社人數，每人決丈（杖）五棒。上件人立條端直，行乃衆僉，三官權知勾當。自後若社人不聽三官條式者，痛丈（杖）十七。

某年　月　日

說　明

本件非實用文書，乃是時人結社立條時參考的文樣抄件。從第一行「燉煌郡等某乙社條壹道」來看，本件當創作於敦煌置郡時期。

關於唐代敦煌置郡的年代，《舊唐書》卷四十《地理志》三沙州條云「天寶元年，改爲敦煌郡。乾元元年，復爲沙州」。唐代改州爲郡的年代，各書的記載與上引材料相同，但何時再度改郡爲州，則頗多歧異。《册府元龜》卷六七一「牧守部·總序」云「至德元年，改郡爲州」。《資治通鑑》卷二百二十載肅宗至德二載十二月戊午赦云「近所改郡名、官名，一依故事」（《舊唐書》卷十《肅宗本紀》、《新唐書》卷六《肅宗本紀》所記畧同）。《資治通鑑》等諸書，所據爲肅宗赦文，較爲可信，《册府元龜》未説明其所依據的材料，疑有誤。但上引《資治通鑑》等書的記載與《舊唐書·地理志》所記改郡爲州的年代仍相差一年。《通鑑考異》認爲雖然改郡爲州的文告發於至德二載十二月，但「比頒下四方，已涉明年矣」，故「諸地理書皆云某郡乾元元年後爲某州」，此從其說。天寶元年是公元七四二年，乾元元年是公元七五八年，本件當創作於這十幾年間。

當然，本件流行的時間並不限於上述這十幾年。從其內容來看，它很可能在吐蕃統治時期或歸義軍時期被修改過。如第二十九至三十行中有「若有不樂社事，罰麥伍馱」。隋唐的「馱」有兩種，一是漢名，一爲吐蕃量制，敦煌遺書中的馱通爲蕃馱。吐蕃統治敦煌時期，官方出納、計量糧食，有時用馱，有時用漢制的碩石等，民間也是如此，有的文書則馱碩兼用。吐蕃統治結束後的歸義軍時期，不少民間文書習慣上仍以馱爲計量單位（參看寧可、郝春文《敦煌社邑的喪葬互助》）。本件中出現了吐蕃統治敦煌以後才有可能出現的蕃馱，當係在吐蕃或歸義軍時期經過修改所致。

值得注意的是，本件在同一紙上抄寫了兩次，第二件只抄了九行，兩件筆體不同，兩件之間夾有三行其它文字，其中一行爲「丙辰年十一月」，上有塗抹痕蹟。這一行與第二件筆體相同。敦煌在吐蕃、歸義軍時期習用干支紀年，但吐蕃時期更多的是用地支紀年，干支紀年比較少見。根據這些蹟象，推測本卷中的第一件抄於吐蕃時期，抄寫者對原件作了修改，將漢制的計量單位換成了蕃馱，第二件則抄於歸義軍時期，留下了歸義軍時期常用的干支紀年。故本件應是創作於天寶、至德年間，流行於吐蕃、歸義軍時期的社條文樣。

校記

〔一〕本件係在同一紙上抄了兩次（第二件未抄完），文字全同，此不重出録文。

〔二〕職，當作「識」，據文義改。

〔三〕熷，當作「贈」，據文義改。

〔四〕輕，疑當作「經」，據文義改。

〔五〕僧，疑當作「憎」，據文義改。

〔六〕藥，當作「樂」，據文義改。

14 某甲等謹立社條（文樣）（斯六五三七背/6-7（伯三七三〇背））

某甲等謹立社條：竊以燉煌勝境，地傑（傑）(一)人奇，每習儒風，皆存禮故（教）(二)。談量幸解言話（語）(三)美辭，自不能實，須憑衆賴。所以共諸無（英）(四)流，結爲壹會。先且欽崇禮曲（典）(五)，後乃逐告（吉）(六)追凶，春秋二社舊窺（規）(七)，建福三齋本分，應有條流，勒截（載）(八)俱（具）件，壹（壹）別漂（標）(九)。各取衆人意壞（懷）(一〇)，

嚴切丁寧，別列事段。一、凡爲邑義，先須逐告（吉）(一一)追凶。諸家若有喪亡，便須匍匐成以立（豎）(一二)，要車齊心成車(一三)，要轝(一四)亦乃一般。忽若錄事帖行，不揀三更夜半，若有前劫（却）(一五)後到，罰責致重不輕。更有事改（段）(一六)幾般，一取衆人亭（停）隱（穩）(一七)。凡爲立社，切要分（久）(一八)居。

本身若去(一九)亡，便須子孫丞（承）受，不得妄說辭理。恪（格）(二〇)例合追遊，直至絶嗣無人，不許遺他枝春（眷）(二一)。更有諸家

橫遭厄難，亦須衆力助之，不得慢（漫）説異言，伏
已便（須）[三二]濟接。若有立莊造舍，男女婚姻，人事少多，亦
乃莫絶。立條已後，一取三官裁之，不許衆社紊亂。
條凶榜（？）上下有此之輩[三三]，汥（決）丈（杖）十七[三四]，醲膩[三五]壹筵。人家
若有葬[三六]亡，巡行各使三件，更要偏（遍）[三七]贈，便須[三八]上
馱局席。逐年正月，印沙佛一日，香花佛食，齋主
供備。上件條流，衆意勒定，更無改易。謹具
社人名目，用為後憑驗。　正月廿五日淨土寺僧
僧（僧字衍）惠信書耳。

説　明

本件有兩個寫本，一在斯六五三七背/6-7，一在伯三七三〇背。據竺沙雅章

考證，伯三七三〇背「某甲等謹立社條」（文樣）寫於歸義軍初期，斯六五三七背/6-7「某甲等謹立社條」（文樣）是「諸雜要緣字」中三件社條文樣之一，係歸義軍曹氏時期淨土寺僧惠信所書。則本件大致流行於歸義軍時期。茲以斯六五三七背/6-7為底本，用伯三七三〇背參校，稱其為甲本。

校記

（一）桀，當作「傑」，據文義改。

（二）故，當作「教」，據甲本改。

（三）詁，似當作「語」，據甲本改。

（四）無，當作「英」，據甲本改。

（五）曲，當作「典」，據甲本改。

（六）告，當作「吉」，據甲本改。

（七）窺，當作「規」，據甲本改。

（八）截，當作「載」，據文義改。

（九）壹，據文義補；漂，甲本作「慓」，當作「標」，據文義改。

（一〇）壞，當作「懷」，據甲本改。

（一一）告，當作「吉」，據甲本改。

（一二）以立，甲本作「竪」，似當作「竪」。本號中「拾伍人結社社條」第二十六至二十七行中有「社衆值難逢災，亦要衆竪」，可爲佐證。

（一三）成車，甲本作「榮造」。

（一四）攀，甲本作「昇」。

（一五）劫，當作「却」，據文義改。

（一六）改，當作「段」，據甲文改。

（一七）亭隱，當作「停穩」，據甲本改。

（一八）分，當作「久」，據甲本改。

（一九）去，甲本作「云」。

（二〇）恪，當作「格」，據甲本改。
（二一）遺，甲本作「遣」。春，當作「舂」，據甲本改。
（二二）須，據甲本補。
（二三）此句不可解，甲本作「不許紊亂條光，上下有此之輩」，如其中「光」字為「流」字之誤，則文通意順。
（二四）十七，甲本作「七下」。
（二五）醲⿰酉貳，甲本作「膿膩」。
（二六）葬，甲本作「喪」。
（二七）偏，似當作「遍」，據文義改。
（二八）須，甲本作「有」。

15　社　條（文樣）　（斯五五二〇）

社條本　社子並是異性（姓）宗枝，捨俗枝縕，以爲法乳，今乃時登末代，值遇危難，准章呈（程）須更改易。佛法儀誡，誓無有虧，世上人情，隨心機變，憎和共住，判養同均。若不結義爲因，易（焉）(一)能存其禮樂？所以孝從下起，恩乃上流，[衆]意商儀（議）(二)，遞相追凶逐吉，各取意美睦，立條列之於後：

[結](三)義已後，但有社内人身遷故，贈送營辦葬義（儀）(四)車轝，（一）(五)仰社人助成，不德（得）臨事疏遺，勿合乖嘆，仍須社衆改[ ]送至墓所，人各借布一疋，色物一疋。准例，欠小（少）(六)一尺，罰麥[ ][ ]。一、結義已後，須存義讓，大者如兄，小者如弟。若無禮[ ]，臨事看過愆輕重，罰醴膩一延（筵）。

社内各取至親父娘兄弟一人輕（經）(七)吊例，人各粟五升，借色物一疋，看臨事文帖爲定。若不順從上越者，罰解齋一筵。

說明

斯五五二〇僅此單件，係社條樣文，無題記紀年。但其背面有文字一行，文云「新授歸義軍節度沙瓜等州觀察處置管內營田押蕃落等使金紫光祿大夫（後原缺文）」。歸義軍節度使有如上結銜始自曹議金，是時歸義軍所領之地只有瓜沙二州。而本件中又有「時登末代，值遇危難」之語。歸義軍自張淮深至曹議金時，不但外部接連受到少數族政權的攻擊，內部也經歷三次政權更迭。社條中的「危難」或者指的就是這一時期歸義軍政權內外交困的政治、軍事形勢。如果以上推測不誤，本社條大致創作於歸義軍曹氏時期或稍前，即唐末到五代初期。

校記

（一）易，當作「爲」，據文義改。
（二）儀，當作「議」，據文義改。
（三）結，據文義補。
（四）義，疑當作「儀」，據文義改。
（五）一，據文義補。
（六）小，當作「少」，據文義改。
（七）輕，疑當作「經」，據文義改。

16 拾伍人結社社條（文樣）（斯六五三七背/3-5）

竊聞燉煌勝境，憑三寶以爲基；風化人倫，藉明賢而共佐。居（君？）白（臣？）道合，四海來賓，五穀豐登，堅牢之本。人民安泰，恩義大行。家家不失於尊卑，坊巷禮傳於孝宜（義），恐時僥伐（代）之（之字衍）㈠薄，人情以（與）往日不同，互生分（紛）然，後怕各生己見。所以某乙等壹拾伍人，從前結契，心意一般。大者同父母之情，長時供奉；少者一如赤子，必不改彰（張）。雖則如此，難保終身。蓋酒𦢊（臠）肉，時長不當。飢荒儉世，濟危救死。益死榮生，割己從他，不生吝惜。所以上下商量，人心莫逐時改轉。因茲衆意一般，乃立文案，結為邑義，世代追崇。件段條流，一一别識。一、且三人成衆，赤（亦）㈡要一人為尊，義邑之中，切藉三官鈐鍩。老者請為社長，須制不律之徒；次者充為社官，但是事當其理；更棟（揀）無（英）㈢明後（厚）德，智有先誠，切齒嚴凝，請為錄事。凡為事理，一定至終，只取三官獲裁，不許衆社紊亂。一、况沙州是神鄉勝境，先以崇善為基。初若不歸福門，憑何得為堅久。三長之日，合意同歡，稅聚頭麵淨油，供養僧佛，後乃衆社請齋，一日果中，得百年餘糧。一、春秋二社舊規，逐根原赤（亦）㈣須飲讌，所要食味多少，計飯料各自稅之。五音八樂進行，切須不失禮度。一取錄事觀察，不得昏亂事（是）非。稍有倚醉胷（凶）麁，來晨直須重罰。一、且稟四大，生死常流，若不逐告（吉）㈤追凶，社更何處助佐。諸家若有凶禍，皆須匍匐向之。要車齊心成車，要轝赤（亦）㈥須遞轝。色物贈例，勒截（載）㈦分明。奉帖如（而）行。不令欠少。榮凶食飯，衆意商量，不許專擅改移，一切從頭勒定。一、凡論邑義，濟苦救貧。社衆值難逢災，赤（亦）㈧要衆豎。忽有諠衆投告，說苦道貧，便須割己從他，赤（亦）㈨令滿他心願。若有立莊修舍，要衆共成。各各一心，闕者帖助。更有榮就，男女人事，合行事不在三官之中，衆社思寸（忖）。若有東西出使，遠近一般，去送來迎，各自總有。上件事段，今已標題，輕重之間，大家斯鄙（酌）〔一〇〕。一、凡爲邑義，雖有尊卑，局席齋延（筵），切憑禮法。飲酒醉亂，胷（凶）悖麁豪，不守嚴條，非理作鬧，大者罰醲膩一席，少者決丈（杖）十三。忽有拗戾無端，便任逐出社内。一、立其條案，世代不移。本身若也盡終，便須男女丞（承）受。一准先例，更不改彰（張）。至有閑門無人，不許恼（遺）〔一一〕他枝眷。應有追凶格律，若立三馱名目，舉名請贈。若丞（承）葬，得者合行，亦須勒上馱局席。上件條流，社内本式，一一衆停穩，然乃勒條，更無容易。恐後妄生毀柢（詆）。故立明文，劫石爲期，用流（留）（後）〔一二〕驗。

説　明

本件在斯六五三七號背面，是社邑條規的文樣。本卷正面是「金剛暎」卷中，首尾均缺，約存七百行。背面為「諸雜要緣字」，前缺，文中題「正月廿五日淨土寺僧惠信書耳」，「諸雜要緣字壹本」。其後是「太子修道讚文」及雜曲子二十首。最後是鄭餘慶撰「大唐新定吉凶書儀」。「諸雜要緣字」中有放妻書、放良書、遺書、兄弟分書等文樣，其中包括三件社條文樣，本件是其中之一。竺沙雅章據「諸雜要緣字」內保存的一件「家僮再宜放良書」文樣中，有「恭勤孝順，長報曹主恩」，考出這一本「諸雜要緣字」（包括三個社條）流行於歸義軍曹氏時期，其時限在公元九一四年至十一世紀初，而書寫者則是淨土寺僧惠信。

校記

（一）伐，當作「代」；之字衍，當刪。伯三九七三背「兄弟分書」中有「蓋爲代澆時澆（僥），人心淺促」，可爲佐證。

（二）赤，當作（亦），據文義改。

（三）無，據文義當作「英」。同號中患信書寫的另一件社條中有「所以英諸無流，結爲一會」。敦煌遺書中的「英」字寫法有時近於「無」，據此，很可能是患信把「英」字誤抄成了「無」字。

（四）赤，當作「亦」，據文義改。

（五）告，當作「吉」，據文義改。

（六）赤，當作「亦」，據文義改。

（七）截，當作「載」，據文義改。

（八）赤，當作「亦」，據文義改。

（九）赤，當作「亦」，據文義改。

（一〇）部，疑當作「酌」，據文義改。

（一一）⿰忄出，據同號中本社條之後的另一社條第十一行，當作「遺」。

（一二）後，據文義補。

17 上祖社條（文様）　（斯六五三七背/1-8）

上祖條：至城（誠）立社，有條有格。夫邑義者，父母生其身，朋友長其值（志）。危則相扶，難則相久（救）(二)。與朋友交，言如（而）信。結交朋友，世語相續。大者如兄，少者若第（弟），讓議（義）先燈（登）。其社稷壞，乾坤至在，不許散敗。立條與件，山何（河）罰誓，中（終）不相違。一、社内有當家凶禍，追胷（凶）(三)逐吉，便事親痛之名。傳親外喜，一於社格，人各贈例麥粟等。若本身死者，仰衆社蓋白氈拽便送，贈例同前壹般。其主人看侍厚薄，不諫（揀）輕重，亦無罰青（責）(三)。若三馱，傳親外喜迴壹贈。若兩馱者，各出餬餅卅敗（枚）(四)，酒壹甕，仰衆社破用。

一、凡有七月十五日造于蘭盤兼及春秋二局，各納油麵，仰緣（錄）㈤事於時出帖納物。若主人不於時限日出者，一切罰麥三斗，更無容免者。一、社內不諫（揀）大少，無格席上喧拳，不聽上下，衆社各決丈（杖）卅棒，更罰濃（醲）膩一筵，衆社破用。其身賓（擯）㈥出社外，更無容始（免）㈦者。一、社有嚴條，官有政格。立此條流，如水如魚，不得道東說西。後更不於願者，山何（河）為誓，日月證知，三世莫見佛面，用為後驗。

說明

本件在斯六五三七號背面，與斯六五三七背/3-5「拾伍人結社社條」、斯六五三七背/6-7「某甲等謹立社條」同在「諸雜要緣字一本」之內，只是從筆體和對一些字的習慣寫法（如「吉」不寫為「告」，「亦」不寫為「赤」等）來看，它不是僧惠信所書。其流行時代亦應在歸義軍曹氏時期。見「拾伍人結社社條」說明。

斯五二七「顯德六年正月三日女人社社條」是一件實用社條，其總則的文字與本件基本相同，後面的具體規定文字有的與本件也相同。這說明社人立社時往往是找一件流行的社條文樣作藍本，再據具體情況作一些變動。所以社條文樣雖不是實用件，但對瞭解社邑的情況與實用件具有同樣的價值，甚至更具普遍意義。

校記

〔一〕久，當作「救」，據斯五二七「顯德六年正月三日女人社社條」改。
〔二〕胷，當作「凶」，據本號內其它兩個社條改。
〔三〕青，當作「責」，據文義改。

（四）敗，當作「枚」，據文義改。

（五）緣，當作「錄」，據本號內其它兩個社條和文義改。

（六）賓，當作「擯」，據文義改。

（七）始，當作「免」，據文義改。

18 社條（文樣）（伯三五三六背）

夫立義社，以忠孝爲先，六量（？）和會，然可書條。君子先恩而後易，小人先易後難，決定之言，誰聽百訓。古人有三州父子，五郡兄弟，長幼已有□流，尊卑須之（知）範軌。龍沙古制，則有社邑之名，邊地土豐，鄉閭最切，追凶逐吉，自有常規，輕重科丞，從來舊典。今已品蔭，悉是高門君子，為結交情，栁新社則，乃具條分明。義須禮儀，長幼有差，仍犯二條，實主掌書行。

說明

本件是唐後期五代宋初流行於敦煌的社條文樣。其前是宋開寶十年（太平興國二年）丁丑放妻書（文樣），其後是丙子年便物曆，這幾個抄件筆體相同，係一人所書，則本件的書寫時間在宋太平興國二年。參照其它社條文樣，書寫者可能只抄錄了社條起始的總則部分。

19 衆阿婆等社條　唐（顯慶三年以前）

（67 TAM 74：1/7，1/8，1/10，1/11）

婆名
阿婆弟（第）一：□
阿婆弟（第）二：□
阿婆弟（第）三
婆弟（第）四
阿婆弟（第）五 - - ㇀
阿婆弟（第）六 - - -
阿婆弟（第）七 - - -
阿婆弟（第）八 - - -
[阿]婆弟（第）九 - - -
[婆]弟（第）十
[婆]弟（第）十一 - - -

第（第）十二　□　□

阿婆□十三□　□　□

阿婆弟（第）十四　□　□

□住兒　阿婆弟（第）十五　□　□

□猫猫　阿婆弟（第）十六　□

阿婆弟（第）十七　□

□漢得阿婆弟（第）十八　□

□獼舉阿婆弟（第）十九

□守懷阿婆弟（第）廿

□□暉阿婆弟（第）廿一

□□歡阿婆弟（第）廿二

阿婆弟（第）廿三

□豊仁阿婆弟（第）廿四

□□□阿□第（第）廿五一一一

□□舉阿[婆][弟]（第）廿六

……月別齋日共衆人齋……

合衆阿婆等至[五][月]内，各出大麥[貳]……

[至]十月内，各與秋[貳][斗]（㪷）……

衆阿婆等中有身亡[者]……

麥壹斗（㪷），出餅五個。[衆]人中廿（？）……

在外衆人[食]□□衆人中有[人]……

違（？）教者，別[銀]錢壹文入衆[人]……

說　明

本件出於吐魯番阿斯塔那第七十四號墓，錄文據《吐魯番出土文書》第六冊。據整理者介紹，該墓出有「唐顯慶三年殘墓誌」。所出文書均為唐代，有紀年者僅一件，亦爲顯慶三年。據此，本件的年代當在唐顯慶三年或以前。

本件《吐魯番出土文書》編者定名爲「唐衆阿婆作齋轉帖」。從其内容看，與本書收錄的敦煌遺書社條相似，故改擬爲「衆阿婆等社條」（可參看郭鋒《吐魯番文書「唐衆阿婆作齋社約」與唐代西州的民間結社活動》，載《西域研究》一九九一年第三期）。本件文書先列衆阿婆名，名後的序號疑是「月别齋日」時衆阿婆輪流爲齋主的次第，其下的「-」是畫指印，後面是設齋時和喪葬互助時衆阿婆應出糧、餅數量的規定及違反規定的罰則。因敦煌遺書中尚未見到唐前期的私社文書，故本條不僅對考察唐代西州民間結社具有重要意義，對於瞭解唐前期私社情況及北朝至唐代私社的發展演變也具有重要價值。

20 丁丑年九月七日石作衛芬倍社再立條章

（「吐魯番考古記」圖版五〇）

一、去丁丑年九月七日石作衛芬倍社，周而復始，時敬教難，再立條章。三人作社，已向尊（？）社邑同麗（？）不得卷（善）㈡果。□□□者，罰好布壹段，社家仕（使）㈢用。

□社官　胡毀耶　宋社官三十月倍

十一㈢月曹社官馮平直　宋副使　十二月王榮祿

□三老　郭都使　來年正月安平直　劉孝□

□老　二月趙滿奴　朱晟子　□小君　三月□

□　麴憲子　尹國慶　四月梁都蘭□　楊□□

□□君　五月安國義　何主　石願德　六月石進

□□□□　楊胡　七月何□

（後缺）

說明

本件錄自《吐魯番考古記》。據黃文弼介紹，此件係受贈於鮑爾漢，原出於吐峪溝。從其內容來看，是社人製定的有關輪流作社（即「坐社」、「座社」）的條規。參照敦煌遺書中的材料，「作社」是社邑舉行的宴樂活動。所謂「三人作社」，是規定每次宴樂活動有三人負責有關的勞務。本件中列有社人承擔上述勞務的名單，每月三人一番，多數社人姓名右側有本人畫指印。本件用干支紀年，但有關出土地點的詳細情況不明，其具體時代難以確定。

校記

（一）卷，當作「善」，據文義改。
（二）仕，當作「使」，據文義改。

〔三〕十一，據文義補。

二、社司轉帖

(一)身亡轉帖

21 某年九月四日社户王張六身亡轉帖　　吐蕃時期

(伯五〇〇三)

社司　　轉帖

社户王張六身亡

索百卅條分付袁善(二)

右件社户，今月四日申時身亡，葬宜五日殯送。

為緣日速，准條合有弔贈。借布人各一疋，領巾三

條，祭盤麥各三升半，贈麵各三升半，其布麥

麵等，並限明日寅時於官樓蘭若齊集。

取三人後到，准條科罰。其帖獲時遞相分付，如停帖不行，准前。帖周却付本司。

九月四日酉時錄事安顯。

官汜塊知

長王超知

張璀知　張國清　安自清知　馬太清不知　孟全太知　袁善奴知

安國寧知　李常悅　翟常奴知　石都都　王全剛知　趙太平不知　何養

陳盧颯　陰興國知　洛骨崙知　田光德　徐清不知　李再清知

十一月七日納局席麪麥不到人：孟全太、石都都、田光德，後到人：馬（太）〔三〕清、趙太平、徐清。後集□□□

納麥不到人：孟全太、王全剛、李再清、張天養。　納布不到人：洛骨崙、張天養、□□□王全剛。

陳盧颯處存粟三斗五斤。

□為合入緤布壹疋、緣清字。丈入緤細布貳丈伍尺分付承保（押）

說明

轉帖是唐宋間敦煌習見的類似通知單的文書，適用於成員居住分散的組織和團體。它一般寫明因何事、帶何物、在甚麼時間、到甚麼地點去聚集，遲到者、不到者以及遞帖延誤者的罰則，發帖的時日和發帖者的職務、姓名。後面列上被通知者的姓名。被通知者接到轉帖後，在自己的姓名右下角寫上「知」字或在姓名右側用筆加一墨點等表示已知的記號，再轉給下一個人。如此接力式下傳，直至最後一個人，再轉回到發帖者手中。敦煌地區的私社亦屬成員居住分散的團體，故在通知其成員參加活動時，也使用轉帖。名為「社司轉帖」。

「身亡社司轉帖」是通知社人參加助葬活動的轉帖。

本件無紀年。社人「張國清」見於斯四一九二背「未年四月五日便麥契」，該件之年代在吐蕃統治敦煌時期。社長「王超」見於Ch.IOL.八二背「某月十三日設供轉帖」，該件年代亦在吐蕃佔領敦煌時期（參看該件説明）。則本件年代亦當在吐蕃時期。又，本件之書寫格式，如只書月、日，不書紀年，社長、社官之名各佔一列等，亦與一些吐蕃時期的轉帖相同（參看斯五七八八、Ch.IOL.八二背中吐蕃時期轉帖），也説明它們很可能屬於同一時期。本件後附有十一月七日納局席麵麥不到人、後到人與納麥、納布不到人的情況，以備社司據社條處罰。最後還附有社人所納物品分付給何人的記録。本件背面是社人納色物曆，記録了社人接到本帖後的納物情況。伯五〇一六中保存了本社的一件殘轉帖。

校記

（一）索百卅條分付袁善，不屬轉帖本文，原係淡墨書寫，似是社司將營葬所需物品分付給某社人的記錄。

（二）太，據第十二行補。

22 乾寧三年（八九七）閏二月九日社人李再興身亡轉帖抄（一）

（伯三〇七〇背）（本號內有複本二件）

社司　轉帖

右緣年支（二）李再興身亡，合有曾（贈）送。人各色（物）兩疋（三），粟（二）斗（四）。幸清（請）支（諸）（五）公等帖至，限今月十（日）未（辰）時（蘭）（若）（門）（前）取齊（六），捉二人後到，罰酒一角；全不（來）（七）者，罰酒（半）（八）瓮。其（帖）（九）速遞相分付，不得停滯。如滯（帖）（一〇）者，准條（科）（一一）罰。帖周却付本司，用（憑）〔二〕告罰。

丙辰年閏（二）月（九）（日）錄事龍帖〔三〕。

社長李奴、社官王、宋擖槌、安三郎、張堅兒、高通子、程方夏、羅漢（？）歸、彭安三、米和兒、李再集、氾碩〔四〕

說明

本帖非原件，乃習字者之抄錄，故後列的社人名旁没有表示已知的符號。抄錄者水平不高，錯漏甚多，並將同一轉帖連抄三次，每次所抄内容基本相同，但年月日有出入。第一件是「閏三月九日錄事龍帖」，第二件是「丙辰年閏月錄事龍帖」，第三件是「乾寧三年丙辰閏二月錄事龍」。乾寧三年的干支是丙辰，閏月也正在二月，故第二件和第三件的紀年實際上是一致的，只是第二件紀年只書干支，未書年號，又在「月」字之上漏寫了「二」字。第一件雖將「閏二月」誤書成「閏三月」，但月下的「九日」並不錯，因帖言「限今月十日辰時蘭若門前取齊」，前一日的九日行帖正符合社司轉帖的慣例。故將本帖的時間定在乾寧三年閏二月九日。

校記

（一）本帖係同一人連抄三遍，現第一件前缺，第三件原未書社人姓名，只有第二件比較完整。今以第二件為底本，用其它兩件參校，稱第一件為甲本，第三件為乙本。

（二）年支，據其它身亡社司轉帖例應無，似抄錄者與春秋座局席等社司轉帖體例相混而誤加。

（三）物，據甲乙二本補。「兩」，甲本作「一」。

（四）二，據甲本補。「粟二斗」，甲本作「餅（？）二」，乙本作「餅三十」。

（五）支，甲本作「諸」，是。

（六）日，據乙本補；「未」當作「辰」，據甲乙本改；「蘭若門前」，據甲乙二本補；「若」，甲乙本寫作「合」。

（七）來，據甲乙二本補。

（八）半，據甲本補。

（九）帖，各本均無此字，據其它社司轉帖例補。

（一〇）帖，各本均無此字，據其它社司轉帖例補。

（一一）科，據乙本補。

（一二）憑，各本均無此字，據其它社司轉帖例補。

（一三）二，據乙本補；九日，據甲本補。

（一四）氾碩下還有「宋攜樝」三字，因前已有此名，故未錄。另，甲本中所列社人姓名與本帖不盡相同，甲本中沒有「程方夏、羅漢（？）歸、李再集、氾碩」等四人，卻多出了「王買買、唐維（？）、張茍茍、彭德、尹安七、張友信、李文興」等七人。

23 社人程平水妻亡轉帖抄　乾寧年間（？）　（伯三二一一背）

社司轉帖　右緣程平水妻亡，准例合有
贈送，人各色物一疋，餅廿，□
柴一束，粟一斗。幸請諸公等，帖至，限
今月（以下原缺文）

說明

本件非實用文書，乃習字者隨手所抄，原未書完。本件前有「千字文一卷」，末題「乾寧三年歲丙辰二月十九日學士郎氾賢信書記之也」，筆體與本帖畧同，本件後又有雜寫「維大唐乾（寧）二年乙卯歲三月十六日靈圖」等。據此，本件當抄於乾寧年間，其所據之原件亦當在乾寧年間或乾寧以前不久。

24 癸亥年（九〇三？）八月十日張賢者阿婆身故轉帖

（斯六九八一）

親情社　轉帖

右緣張賢者阿婆故，准例合有弔酒壹甕，人各粟一斗。幸請諸公等，帖（至）〔二〕，限今月十一日辰時於普光寺門取齊。如有後到，罰酒壹角；全不來者，罰酒半甕。其帖立遞相分付，不得亭（停）滯，如滯帖者，准條科罰。帖周却赴本司，（用）〔三〕憑告罰。

癸亥年八月十日錄事□帖

令狐義全　平富德　平押牙　平福通　令狐什德

左不勿　陰殘子　善郎　索郎　宋郎

程郎　武家親家翁　劉郎　陰郎　梁郎

（後缺）

說明

本件紀年爲「癸亥」，社人「張賢者」見於伯二〇四九背「同光三年（九二五）正月沙州淨土寺直歲保護手下諸色入破曆算會牒」，如果這兩個張賢者爲同一人，本件之癸亥當爲距九二五年較近的天復三年（九〇三）。

校記

〔一〕至，據其它社司轉帖例補。

〔二〕用，據其它社司轉帖例補。

25 乙酉年（九二五？）十一月廿六日康郎悉婦身故轉帖

（伯三一六四）

親情社　轉帖

右緣康郎悉婦身故，准例合有弔酒

壹瓮，人各粟壹斛。帖至，限今月廿七日卯時

並身及粟於土〔三〕門前取齊，捉二人後到，

罰酒壹角；全不來，罰酒半瓮。其帖速遞

相分付，不得停滯，如滯（帖）〔者〕，（准）（條）（科）（罰）〔者〕，帖

周却付本

司，用憑告罰。

乙酉年十一月廿六日錄事帖。

樊判官　員昌　定昌　押牙繼千　趙存慶　趙都

頭　趙押牙　氾通（？）子　氾再住　氾再員　范郎　張

押牙　程長丞　王郎　索郎　劉萬住　檔子張郎

杜郎　董郎　鄧郎　定友　氾郎　陰郎　□□□

繼全　長意阿娘　苟兒

說明

本件紀年爲「乙酉」，所列社人名有「氾通子」，而伯三四九〇中有「天

成三年（九二八）九月十七日氾通子繪觀世音菩薩並侍從題記」，如果這兩個氾通子爲同一人，本件之「乙酉」當爲距天成三年較近的同光三年（九二五）。

校記

（一）土，淨土寺之簡稱。

（二）帖，據文義及其它社司轉帖例補。

（三）准條科罰，據文義及其它社司轉帖例補。

26 公元九二五年前後社人張員通妻亡轉帖抄　（斯五一三九背／4）

親情社　轉帖　右緣張員通

妻亡，准條合有弔酒壹瓮，人各粟一斗。帖至，限今月十五日齋時鍾（鐘）聲於玄（？）寶蘭若内取齋。如有後到者，罰酒壹角；全不來者，酒半瓮。其帖立遞相分（付）〔二〕，不得停賜（滯）〔三〕。（以下原缺文）

知客張郎　文德張郎　王郎　李郎　楊郎　翟郎　康郎　張富定

説　明

本帖非原件，乃後人所抄録，依據其它同類社司轉帖，本帖帖文並未抄完。本帖無紀年，但「張知客（即知客張郎）」，又見於伯二〇四九背「後唐同光二年（九二五）正月沙州淨土寺直歲保護手下諸色入破曆算會牒」，如果這兩個張知客爲同一人，本件的年代當在公元九二五年前後。本號内還有一「春座局席轉帖抄」，一「涼州節度使押衙劉少晏狀抄」，筆體均與本件同。「春座局席轉帖抄」中之「保會、寶達」見於伯二〇四九背「後唐長興二年（九三一）正月沙州淨土寺直歲願達手下諸色入破曆算會牒」（唯「寶達」作「保達」），這個「保達」還見於上引「同光三年入破曆算會牒」。「劉少晏狀」的年代亦在同光三年（參見本號内「春座局席轉帖抄」說明）。這些均可作爲本件上述定年的佐證。

校記

〔一〕付，據文義和其它社司轉帖例補。

〔二〕賜，當作「滯」，據文義及其它社司轉帖例改。

27 甲辰年（九四四）八月九日郭保員弟身亡轉帖　（伯二八四二）

社[一]司　轉帖

右緣郭保員弟身亡，准條合有贈

送。人各鮮淨色物三丈，麥一斗，粟一斗，餅

廿。帖至，限今日巳時於録事家送

納。捉二人後到，罰酒一角；全不來，罰酒

半瓮。其帖速遞相分付，不得亭（停）滯；如滯

帖者，准條科罰。帖周却付本司，用憑告罰。

甲辰年八月九日録事高帖

社官石全[二]　武社●長足　羅流子足　羅英達欠并（餅）　高山●山足

吴加盈足　王清子足　石義深足　王骨子足　游留住欠□

樊粉●槌足　孔清兒欠并（餅）　王（再）[三]慶欠并（餅）

欠色物人羅流子欠二丈八尺，石義深

全□，王骨子欠八尺，游流住欠九尺。王再（慶）[四]

新婦全欠滂（？）用，罰酒一瓮。武社長男德友買算入，人罰酒半瓮。

説　明

本件紀年爲「甲辰」，社人「王骨子」見於伯三三七二背「壬申年十二月廿二日常年建福轉帖抄」（該件之年代已考出在公元九七三年，參看該件説明）和伯二〇三二背「乙巳年淨土寺諸色入破曆算會牒稿」（此件唐耕耦已考出在公元九四五年），則本件之甲辰當爲距九四五年較近的天福九年（九四四）。另，本號中另一殘片是「己酉年正月廿九日孔清兒身故納贈曆」。這個社曆中所存的社人名與本帖大體相同，三官也相同，説明兩件是同一個社的文書。但在本帖中孔清兒尚存，而在社曆中其人已故，説明本帖的時間在社曆之前五年。

校記

（一）社，據文義及其它社司轉帖例補。
（二）社人名下的「全」、「足」、「欠餅」等字皆用淡墨，係登記社人所納物品時所作的標記。
（三）再，原卷此字已殘，據伯二八四二₂「己酉年正月廿九日孔清兒身故納贈曆」補。
（四）慶，原卷此字已不清，據伯二八四二₂「己酉年正月廿九日孔清兒身故納贈曆」補。

28 某年六月索押牙妻身亡轉帖 十世紀上半葉 伯五〇三二

社司轉帖

右緣索押牙妻身亡，合有贈送。人各粟壹㪷，餅廿，柴一束，綾絹色物二丈。幸請諸公等，帖至，限今月月中一日卯時於凶家取齊。捉二人後到，罰酒壹角；全不來，罰酒半瓮。其帖立弟（遞）相分付，不得亭（停）滯；如滯帖者，准條科罰。帖周却付本司，用憑告罰。

六月日錄事鄧像通　帖。

鄧富延　鄧富遷　鄧奐堆　鄧再盈　五姊阿婆
陰章兒　陰紹清　陰興子　陰義清　宋圍成　陰願盈
陰安住　李住德　李再昇　李子昇　李弘住　陰家推推
索義弘　索闍梨　社官陰都知　押牙賣（實）〔二〕昌子
張子盈　押牙陰再昌　押牙陰再富　宋萬岳　何友成
張安寧　趙富通　趙富辯　石住奴　孟博士　兵馬
使孟順通　高倉曹　陰善友　閻瘦子　陰懷定
賣（實）〔三〕闍梨　陰員定

說明

本件無紀年，但「錄事鄧像通」和社人「索義弘」又見於伯三三九一背「丁酉年（九三七）正月春秋局席轉帖稿」，則本件的時間當距九三七年不遠，故據之將本件的時間定在十世紀上半葉。（參見上引「春秋局席轉帖稿」的說明）

校記

〔一〕賣，疑當作「賈」。

〔二〕賣，疑當作「賈」。

29 社人張康三身亡轉帖抄　　　十世紀上半葉（？）

（北圖殷字四一號背）

右緣社内張康三身亡，准條合贈送，人各綾絹

先（鮮）淨色物半疋，粟一斗，餅廿。帖至，限今月八日辰

時於佛堂内送納，如有後（到）（二），罰酒（以下原缺文）

說　明

本帖係抄件，原未抄完，無紀年，其年代可能在十世紀上半葉，理由見同號「春座局席轉帖抄」說明。

校　記

〔一〕到，據文義及其它社司轉帖例補。

30 丁巳年（九五七）裴富定婦亡轉帖

〔伯三五五五B5＋伯三二八八4〕

社司

轉（帖）〔二〕

右緣裴富定婦（亡）〔三〕，（准）〔三〕例合有贈送，人各餠廿，升油柴粟。帖至，限今日午時於程兵馬使家送納。捉二人後到，罰酒一角；全不來，罰酒半瓮。其帖立遞相分（付）〔四〕，不得亭（停）滯；如滯帖者，准條科罰。帖周却赴（付）本司，用憑吉（告）〔五〕罰。

丁巳年□月一日兵馬使張錄事董文定（帖）（六）

□社長祝　張再成　董□

［張］（七）青兒　敢羅醜奴　（伯三二八八4）敢羅住子　張□

□王清忽　曹義信　張安定　楊富郎

□通　景什德　程兵馬使　王押牙

說明

本件已斷為三片，自第一行至第七行為第一片，第八行至第九行中間為第二片，第九行下半部分以後為第三片。前二片均在伯三五五五B5號，後一片在伯三二八八4號。三片紙張、筆體相同，且第二片上之「敢羅醜奴」一部份殘筆劃斷在第三片上，二者相對，恰成完璧。又，斯八五一六「丙辰年六月十日社司轉帖」亦為此社轉帖，帖中錄事、社長均與本社相同，社人姓名亦與拼合後的本件畧同。

本件紀年爲「丁巳」，帖中之「張安定」見於Дх一四一〇「庚戌年閏四月佛堂頭壘蘭牆轉帖」（此件已考出在公元九五〇年，參看該件説明）和斯四六六〇「戊子年六月廿六日安定阿姊師身亡轉帖」（此件已考出在公元九八八年，參看該件説明）。又，「張再成」見於伯四九九一「壬申年六月廿四日李達兄弟身亡轉帖」，該件之年代已考出在公元九七二年（參看該件説明）。據此，本件之丁巳應是顯德四年（九五七）。上述「丙辰年六月十日社司轉帖」中的「丙辰」，當係相距本件年代最近的顯德三年（九五六）。

校記

（一）帖，據其它社司轉帖例補。

（二）亡，據文義及其它社司轉帖例補。

〔三〕准，據文義及其它社司轉帖例補。
〔四〕付，據文義及其它社司轉帖例補。
〔五〕吉，當作「告」，據文義及其它社司轉帖例改。
〔六〕月，據文義補；帖，據其它社司轉帖例補。
〔七〕張，據斯八五一六「丙辰年六月十日社司轉帖」補。

31 戊午年（九五八？）四月廿四日傅郎母亡轉帖　（伯三七〇七）

親情　社　轉帖
右緣傅郎母亡，准例合有弔酒。人
各衆壹㪷。帖至，限今月廿五日
卯時於孔闍梨蘭喏（若）取齊。足（捉）〔一〕二人
後到，罰酒壹角；全不來，罰酒半

貸・帖周却付本司，用憑告罰・
戊午年四月廿四日社官李帖・
孔闍梨• 小孔闍梨• 戒松闍梨•
錄事孔將頭• 梁友子• 兵馬使梁友信•
孔海通• 宋郎• 孔萬通 孔善盈
令狐郎• 孔阿朶• 李郎• 杜郎•
將郎• 姚郎• 虞候•孔延昌
大令狐郎男 月直賞子懷意

說　明

本件紀年為「戊午」，「孔延昌」見於伯五〇三二「戊午年六月六日渠社轉帖」（該件之年代已考出在公元九五八年，參看該件說明），如果這兩個孔延昌爲同一人，本件之戊午年亦當在九五八年。

校記

〔一〕足，當作「捉」，據文義及其它社司轉帖改。

32 戊午年（九五八？）六月十八日溫押牙阿嫂身故轉帖

（伯五〇三二）

社司〔一〕轉帖

右緣溫押牙阿嫂身故，合有弔酒，人各粟一斗。幸

請諸公等，帖至，限今日脚下於新蘭若取齊。捉

二人後到，罰酒壹角；全不來者，罰酒半瓮。其帖速遞相分付，不得停滯；如滯帖者，准（條）〔三〕科罰。帖周却付本司，用憑告罰。

戊午年六月十八日錄事　帖。

康遂子●　康友子●　陰友通●　辛善住●　賈宅官●　高賢住●

張八子●　宋押牙●　屈黑頭●　屈南山　陰流信●　安拙單●　安懷盈〔三〕

□定奴●　石住通●　石醜子●　石遷子●　龍佛奴●　鄧員通●　麴阿朵〔四〕

張保盈　石慶奴●　雙佛住●　張再員　張萬事盈●

說明

本件紀年為「戊午」，社人「辛善住」又見於伯三八八九「社人賀保新身故轉帖」，該件中的「張員宗」則見於伯二〇四九背「後唐長興二年（九三一）正月沙州淨土寺直歲願達手下諸色入破曆算會牒」，如果上述辛善住、張員宗均爲同一人，則本件中的戊午當爲距長興二年較近的顯德五年（九五八），但這只是一種推測。

校記

〔一〕社司，據文義及其它社司轉帖例補。
〔二〕條，據文義及其它社司轉帖例補。
〔三〕盈，據本卷同社另一殘轉帖所列人名補。
〔四〕朶，據本卷同社另一殘轉帖所列人名補。

33 社人賀保新父身故轉帖　十世紀中葉　（伯三八八九）

社司　轉帖

右緣賀保新父身故，准例合有贈
送。人各先（鮮）淨楪（緤）褐色物三仗（丈），柴粟併（餅）油。
幸請諸公等，帖至，限今月二十四日卯時於蘭若內
取齊。捉二人後到，罰酒壹角；
全不來，罰半瓮。其帖各自是（示）名遞過者。

社官申•　社長王•　虞後（候）安•　張千子•　陳胡兒•
□押衙•　尹再慶•　尹押衙•　尹彥郎•　尹彥進•
□闍梨•　尹萬定•　田友子　張萬子•　王保德•　賀陰子•
□□通　荊苟奴•　尹懷滿•　黃員兒•　安善住•
□□□　石流信•　馬流流•　馬流信•　姚延郎•　曹阿•
□　延　曹章三•　賀再慶•　賀海清•　王友員•
□□苟　辛善住•　辛再昌•　穆押衙•　張骨子•

陰保住　張瘦兒　鄧昌友　張俾歸　張慶住　王昌

壺（？）　賀憨奴　張清奴　石進子　賀押衙　張康

七　康定奴　史慶子　張員宗

說　明

本件無紀年，但「張瘦兒、張慶住」見於伯三二三一「壬申（九七二）癸酉（九七三）年平康鄉官齋籍」，本件之年代當與其相近。又，「張員宗」見於伯二〇四九背「後唐長興二年（九三一）正月沙州淨土寺直歲願達手下諸色入破曆算會牒」，如果這兩個張員宗為同一人，本件之年代當在上述兩件文書之間，即十世紀中葉。

34 辛酉年（九六一）四月廿四日安醜定妻亡轉帖

（北圖周字六六號）

社司　　轉帖

右緣安醜定妻亡，准條合有贈送。人各麥一斗，粟一斗，餅廿，褐布色勿（物）兩疋。幸請諸公等，帖至，限今月廿五日卯時並身及勿（物）於顯德寺門前取齊。捉二人後到者，罰酒一角；全不來者，罰酒半〔瓮〕(二)。其帖立弟（遞）相分付，不得停滯，如滯帖者，准條科罰。帖周却付本司，用憑告罰。

辛酉年四月廿四日錄事趙再住　帖。

社長●杜　朱席●錄　張慶住　康來兒　張家進　翟富通

張住子　劉願昌　朱進通　氾昌子　吳住通　白昌住　陳

□□　張獵兒　安醜●定　王保通

説明

本件紀年爲「辛酉」，「張慶住」見於伯三二三一"「壬申年（九七三）平康鄉官齋籍」。又據土肥義和考證「顯德寺」是在顯德年間（公元九五四至九六〇年）由法門寺更名而來。據此，本件之辛酉只能是建隆二年（九六一）。

校記

〔一〕飠弍，據文義及其它社司轉帖例補。

35 壬戌年十月十七日南街都頭榮親轉帖　　公元九〇二或九六二年

（斯六九八一）

兄弟　轉帖

右緣南街都頭榮親，人各牀溥氊褥盤椀酒等

准於舊例。帖至，限今月十八日卯時於主人家

並身取齊。如有後到，罰酒壹角；全不來

者，罰酒半瓮。其帖速遞相分付，不得亭（停）滯；

如滯帖者，准條科罰。帖周却赴本司，用憑

告罰。

壬戌年十月十七日錄事津　帖。

社官闍梨　小闍梨　大押衙　鷹坊　流信　富德

□押衙　□章□支　□畐□　□章□　□□

（後缺）

説　明

本件與其它身亡社司轉帖不同，没有某某社人或家屬身亡一語，却云「南街都頭榮親」。但本書中所收伯三四八九「戊辰年正月廿四日女人社社條」中有「或有凶事榮親者，告保（報）録事，行文放帖」，此處將凶事與榮親并列，姑據以將本件附録於此，以供參考。本帖用干支紀年，當屬歸義軍時期，在敦煌遺書中，歸義軍時期有兩個壬戌年，即天復二年（九〇二）、建隆三年（九六二），則本帖的時代當爲二者之一。

36　丁卯年（九六七）二月八日張憨兒母亡轉帖(一)　（斯五六三二）

親情社　轉帖

右緣張憨兒母亡，惟（准）(三)條合有弔酒壹甕，人各粟壹㪷。幸請諸公等，帖至，限今月九日辰時並身及粟於顯德寺門前取（齊）〔三〕。捉二人後到，罰酒壹角；全不來，罰酒半瓮。其帖立弟（遞）相分付，不得停滯；如滯帖者，惟（准）〔四〕條科罰。帖周却付本司，用憑告罰。

丁卯年二月八日錄事法律應淨（帖）〔五〕。

社官氾德子　氾清子　氾延受　氾恩信　氾定遷

氾盈達　氾骨子　氾胡僧　押衙陰定安　氾清兒

氾定子　氾盈子　氾王三　氾醜兒　唐再昌　令狐郎

少令狐郎　大石郎　小石郎　曹願昌　閻子張郎　王郎

大索郎　荆郎　大曹郎　小曹郎　唐粉子　兵馬使半王

三張吉昌　水池小索郎　兵馬使陰定奴　保元張郎

説　明

本件題爲「丁卯年」，陳國燦已考出此丁卯爲乾德五年（九六七）。「汜盈達」見於伯二〇三二背「乙巳年淨土寺諸色入破曆算會牒稿」。此件，唐耕耦已考出在公元九四五年。如果這兩個汜盈達爲同一人，亦證本件之「丁卯」在距九四五年較近的九六七年。又，本帖中一些社人名旁有三個標記，一圓圈、一墨點、一勾劃。疑墨點爲社人自己所標，表示已知；圓圈及勾劃可能表示到場及納物與否。

校　記

〔一〕本件已從中間橫斷爲二，録文時作了拼合。

〔二〕惟，當作「准」，據文義及其它社司轉帖例改。

〔三〕齋，據文義及其它社司轉帖例補。

〔四〕惟，當作「准」，據文義及其它社司轉帖例改。

〔五〕帖，據其它社司轉帖例補。

37 公元九六七年後（？）張吉昌身亡轉帖抄（斯三〇一一背/5）

社司　　轉帖

右緣張吉昌身亡，准例合有贈送，人各餅卅飜

（以下原缺文）

說　明

本帖係抄件，原未抄完，無紀年。「張吉昌」見於斯五六三二「丁卯年二月八日張憨兒母亡轉帖」，該件之年代已考出在公元九六七年。如果這兩個張吉昌爲同一人，本件之年代當與其相距不遠。該件是通知張吉昌參加助葬活動，本件是張吉昌身亡，本件之年代當在該件之後，即九六七年後。

38 壬申年（九七二）六月廿四日李達兄弟身亡轉帖 （伯四九九一）

社司　轉[帖]（一）

右緣李達（？）兄弟身亡，准條合有贈[送]（二）□

油粟，先（鮮）淨褐緤色物叁仗（丈）。幸請諸公等，帖至，限□

日辰時於蘭若内送納。捉二人後到，罰酒壹角；（全）（三）

不來，罰酒半瓮。其帖立遞相分付，不得停滞；（如）（滞）（四）

帖者，准條科罰。帖周却赴（付）本司，用憑告罰。

壬申年六月廿四日錄事押牙王帖·

社官李僧正　李社長　張員恩　氾幸通　王富慶　王願進

張清山　張富進　張富恩　張富奴　張憨兒　張保千　張立光（？）

張不籍　張再成　鄧萬通　鄧憨兒　王定子　曹和通　曹安定

曹定富　曹闍梨　李住奴　李富通　李殘兒　李廣候　李德友

陰章六　陰海定月直　陰住子　陰願保　李富郎　王衍子　李粉堆　李不勿

說　明

本件用干支紀年。帖中之「張憨兒」分別見於斯五六三二「丁卯年二月八日張憨兒母亡轉帖」、斯一一三五三「某年八月十六日社司轉帖」和伯三二三一「甲戌年（九七四）五月廿九日平康鄉官齋籍」。第一件的「丁卯」是乾德五年（九六七），第二件的相對年代在十世紀後半葉（分別參看這兩件文書的說明〕·雖然「憨兒」一名爲當時習見，但三件中的「張憨兒」都與本件的「張憨兒」同名却不同人的可能性不大。只要其中有一人與本件的「張憨兒」是同一人，本件的「壬申」就只能是距其較近的開寶五年（九七二）。

校記

〔一〕帖，據文義及其它社司轉帖例補。
〔二〕送，據文義及其它社司轉帖例補。
〔三〕全　據文義及其它社司轉帖例補。
〔四〕如滯，據文義及其它社司轉帖例補。

39 壬申年（九七二）七月廿九日社人□晟新婦身故轉帖

（斯六〇〇三）

（社）（司）〔一〕　轉帖

□晟新婦身故，准條合有贈送。人各油一合，□

□先（鮮）淨褐布色物一疋。帖至〔二〕，限〔三〕今月卅日辰時於月

□佛奴家送納。捉二（人）（後）（到）〔四〕，罰〔五〕酒一角；全不來，罰

酒半

（瓮）〔六〕。（其）帖立遞相分（付）〔七〕，不得停滯；如滯帖者，准條科罰。

帖

（周）〔八〕卻付本司，用憑告罰。

壬申年七月廿九日錄事龍鄉官　帖。

□張都頭　龍（廣）候　張保住　令狐粉堆　令狐住延　令狐長友　令狐住德

□馬闍利（梨）〔九〕　馬保昇　馬松慶　馬富丕　馬員松　龍再昇　龍保實

□龍富清　田義信　田樂榮　田義弘　田阿朵子　田醜子

□清　趙章三　張阿婆子　張富昌　吳保通　吳富忍

□氾善奴　氾平水　張進成　閻善清　閻王久

□龍保達　龍忍通　張緊兒　索安定　羅延德

□氾生　令狐保富

說明

本件紀年為「壬申」，社人「張保住、張富昌」見於伯三二三一「甲戌年（九七四）五月廿九日平康鄉官齋籍」，則本件之「壬申」當為距九七四年較近的開寶五年（九七二）。

校記

〔一〕社司，據文義及其它社司轉帖例補。
〔二〕帖至，據文義及其它社司轉帖例補。
〔三〕限，據文義及其它社司轉帖例補。
〔四〕人後到，據文義及其它社司轉帖例補。
〔五〕罰，據文義及其它社司轉帖例補。
〔六〕貪，據文義及其它社司轉帖例補。
〔七〕付，據文義及其它社司轉帖例補。
〔八〕周，據文義及其它社司轉帖例補。
〔九〕利，當作「梨」，據文義改。

40 壬申年（九七三）十二月廿一日裴留奴妻亡轉帖抄
（斯二八九四背/3）

親情社　轉帖

右緣裴留奴妻亡，合右（有）[三]贈送。人各麵壹斤，油壹合，粟壹㪷，柴一束，鮮淨綾絹色物叁丈。幸請諸公等，帖至，限今月廿二日卯時於官樓門前取齊。捉二人後到，罰酒壹角；全不來，罰酒半瓮。其帖速弟（遞）相分付，不得停滯，如滯帖者，准條科罰。帖周却付本司，用憑告罰。

壬申年十二月廿一日錄事帖。

說　明

本帖係抄件，紀年爲「壬申」，其絶對年代是公元九七三年，理由見本號內「壬申年十二月廿二日常年建福轉帖抄」說明。

校記

（一）右，當作「有」，據文義及其它社司轉帖改。

41 壬申年（九七三）十二月氾再昌妻亡轉帖抄（斯二八九四背/4）

親情社　轉帖

右緣氾再昌妻亡，合有贈送。人各麵壹斤，油一合，粟壹㪷，柴一束，鮮淨綾絹色物叁丈。幸請諸公等，帖至，限今月廿九日卯時於官樓門前取齊。捉二人後到，罰酒壹角；

全不來者，罰酒半瓮。其帖速遞相分付，不得停滯；如滯帖者，准條科罰。帖周却付本司，用憑告罰。

壬申年十二月錄事帖。

說　明

本帖係抄件，紀年爲「壬申」，其絶對年代爲公元九七三年，理由見本號内「壬申年十二月廿二日常年建福轉帖抄」説明。本件中的「氾再昌」見於該件，則兩件有可能是一社之物。

42 丙戌年九月十九日劉員定妻身故轉帖　（斯一四三九A）

親情社轉帖

右緣劉員定妻身故，准條合有弔酒

壹甕，人各粟一斗。幸請諸公等，帖至，限

今月廿日卯時於並身衣（及）(二)物報恩寺

門前取齊。捉二人後到，罰酒一角；全不來

者，罰酒半甕。其帖速遞相分付，不得

停滯；如滯帖者，准條科罰。帖周却赴（付）本

司，用憑告罰。

丙戌年九月十九日錄事高帖。

社官劉闍梨　社長鄧闍梨　樊押衙　何郎　董

知馬官　陰郎　水郎　郭押牙　曹郎　氾郎

唐郎　董郎月直　宋祿子　圓具　成子　劉圓會

説　明

本件録文係沙知提供，轉録時個别文字據文意作了校正。本件紀年爲「丙戌」，又有「知馬官」一職，當屬歸義軍時期。歸義軍時期計有三個丙戌年，即咸通七年（八六六）、同光四年（九二六）和雍熙三年（九八六）。本件當在三者之一。

校　記

〔一〕衣，當作「及」，據其它身亡轉帖例改。

43 戊子年（九八八）六月廿六日安定阿姊師身亡轉帖

（斯四六六〇）

兄弟社轉帖

右緣安定阿姊師身亡，准例合有贈送。人各
粟一斗。幸請諸公等，帖至，限今日脚下於燉
煌蘭喏（若）門前取齊。捉二人後到，罰酒一角；
全不來者，罰酒半瓮。其帖各自示名
遞過，不得停流（留）者。

戊子年六月廿六日錄事和尚帖。

阿父全　富員全　長慶都頭全　憨鄉（？）全　緊子全　憨
奴全　兵馬使全　張設全　長員押牙全　永興（？）都頭全　緊奴全
員受　員長　員昌全　南山　忍宗　都知全　都
衙　慶長都頭全　善子押牙全　小都知　作防（坊）全　善子
都頭　保昇全　保定全　定奴全　福昌全　纏松全　富友全

再富全　顧千全　顧丑全　顧長　北保定　奴子
保弘•法律全　明•成　張都頭　再慶
（後缺）

說明

本件紀年為「戊子」。與其它「兄弟社轉帖」一樣，其主要成員有名無姓。內有「安定、南山、保定、定奴」四名，而斯一四一〇「庚戌年閏四月佛堂頭壘薗牆轉帖」（此件已考出在公元九五〇年，參看該件說明）中有「張安定」，伯四〇六三「丙寅年官健社春座局席轉帖」（此件已考出在公元九六六年，參看該件說明）中有「張南山」，伯三二三一"「癸酉年（九七三）九月卅日平康鄉官齋籍」中有「張保定」，伯五〇三二中的一組紀年為甲申年的文書（這是一組渠人文書，年代已考出在公元九八四年，參看伯四九八七「戊子年七月安三阿父身亡轉帖」說明）中有「張定奴」。上述四人不僅同名，又都姓張，似非巧合。合理的解釋是本件書寫姓氏的人均姓張，而四對同名者分別是同一人。如是，本件中的戊子當為距九八四、九七三、九六六年較近的端拱元年（九八八）。只有九五〇年距九八八年較遠，但九八八年安定阿姊已亡，安定當亦進入老年，其姓名在三十八年前出現，亦不為過。

44 戊子年（九八八）七月安三阿父身亡轉帖（伯四九八七）

兄弟　轉帖

右緣安三阿父身亡，准例合有贈送，人各
粟壹㪷，祭盤准舊例，並送葬。帖至，限今
日脚下於凶家取齊，如有後到，罰酒
壹角；全不來，罰酒半甕。其帖各自示名

遮過者。

戊子年七月　日錄事　帖。

法律　富千阿父　定長　衍羅　醜奴　再成

再德　勿成　定德　善慶　佛奴　押牙

醜憨　願昌　願德　流定　氾富達

說　明

本件紀年為「戊子」。「氾富達」見於伯五〇三二「甲申年二月廿日渠人轉帖」，該件中還有六人與本件中的無姓氏者同名，即「張願昌、張定德、張醜憨、張醜奴、張勿成、張再德」。伯五〇三二中保存的與上述渠人轉帖屬於同一渠社的還有七件，除一件紀年已失外，其餘紀年亦在「甲申」。在這幾件渠人轉帖所列的人名中，除上列同名者外，又有「張善慶、張願德、張再成、張押牙」等四人與本件之無姓者同名。顯然，本件中之無姓者均應姓「張」，而伯五〇三二中與本件同姓名或同名者應都是同一人。本件之年代也當與伯五〇三二中一組紀年為甲申的渠人轉帖相去不遠。這組文書的年代已考出在太平興國九年（九八四）（參看伯五〇三二「甲申年二月廿日渠人轉帖」說明），則本件之「戊子」當在距九八四年較近的端拱元年（九八八）。

至於本帖中姓張的社人為何畧姓而僅書其名，蓋因這個名為「兄弟社」的社邑以張姓為主，外姓甚少，張姓社人的姓，完全可以省畧。這也是「兄弟社」列名的慣例（見斯四六六〇、斯六九八一中的「兄弟社轉帖」）。

45 □未年五月六日□官母亡轉帖（斯七九三一）

社司〔一〕　轉帖

右緣〔二〕□官母亡，准條合有弔〔三〕酒一瓮，人各粟一斗，幸

請諸公(四)等，帖至，限今月七日辰時並身及粟於普

光寺門前取齊(五)。捉二人後到者，罰酒壹角；全不來者，罰酒

半貳(六)。其帖立(七)遞相分付，不得停滯。如滯帖者，

准條科罰(八)。帖周(九)却赴（付）本司，用憑告罰。

□未年五月六日

□通。應。□

□□□□

（後缺）

校記

（一）社司，據其它社司轉帖例補。

（二）右緣，據其它社司轉帖例補。

（三）合有弔，據其它社司轉帖例補。

（四）幸請諸公，據其它社司轉帖例補。

（五）光寺門前取齊，據文義和其它社司轉帖例補。

（六）半瓮，據其它社司轉帖例補。

（七）其帖立，據其它社司轉帖例補。

（八）准條科罰，據其它社司轉帖例補。

（九）帖周，據其它社司轉帖例補。

46 某年七月三日張昌進身亡轉帖（斯二二四二）

親情社　　轉帖

右緣張昌進身亡，准例合有弔酒壹瓮。人各粟壹斗，褐布色物二丈。帖至，立便於凶家取

齋。捉二人後到，罰酒一角；全不來，罰酒半
瓮。其帖立遞速分付，不得停滯；如滯
帖者，准條科罰。帖周却赴（付）本司，用憑告罰。
七月三日錄事令狐押牙帖。
大丈人● 再昌● 員松● 唐郎● 左押牙● 宋押牙
大康郎● 定達 索郎● 康郎男 孔郎●
曹郎● 左郎●月直 陰郎●

47 社人身亡轉帖（斯一〇一八四c十斯九九二九）

斯一〇一八四c

社司 轉帖（一）
□
准條合有憎（贈）（二）送。人各鮮□

□斗，柴一束。帖至，限今月□

□日□如有後内（納）〔三〕者，罰酒壹〔四〕

角；全不内（納）〔五〕者，罰酒半瓮，其帖立遞相分付，不〔六〕

得停滯；如滯帖者，准條科罰。帖周却赴本司〔七〕，

用憑告罰〔八〕。

斯九九二九

□月十六日録□

社官氾　社長張□□　社老翟員住□

陰阿朶　陰彦通　翟慶德□

（後缺）

説　明

本件爲通知社人參加營葬活動的轉帖，現已斷爲兩片，雖不能直接拼合，但從兩片的筆體和内容來看，當爲同一文書，試作拼接，以供參考。

校記

〔一〕社司轉帖，據其它社司轉帖例補。

〔二〕憎，當作「贈」，據文義及其它社司轉帖例改。

〔三〕内，據其它社司轉帖當作「到」，今據文義改作「納」。

〔四〕壹，據其它社司轉帖例補。

〔五〕内，據其它社司轉帖當作「來」，今據文義改作「納」。

〔六〕不，據其它社司轉帖例補。

〔七〕司，據其它社司轉帖例補。

〔八〕用憑告罰，據其它社司轉帖例補。

48 社人身亡轉帖（伯三八九七3）

（前缺）

□例合有弔酒，人各□

□今月四日辰時依日□

□後到者，罰酒壹角；□

□帖速遞相分付，不□

□門閤一筵。

□宋錄事（？）諮

□宋安寧□

（後缺）

49 社人王郎身亡轉帖抄（斯三七一四）

親情社轉帖　右緣王郎身故，准條合右（有）弔酒壹甕，人各粟壹㪷。幸請諸公等，帖至，限今月十日脚下並身及粟李家門内取齊。捉二人後（到）㈡，罰（酒）㈢壹角；全不來者，罰酒半（甕）㈢。其帖速遞相分付，不得停（以下原缺文）

李都頭　押衙呂會興　杜守　社長宋長子

王押衙　賀願昌　趙醜兒　賀友奴　安全子　劉富昌　員

薺住　張定子　鄧奴子　陰住昇　寧（？）願成　李子賀

王定興　安友儞勿㈣　安定昌

社司　轉帖

說　明

本件非原件，抄於一有格有黑欄的寫經紙尾上，該紙似是從寫經紙上裁下以供練字之用。抄手字寫得很差，既有缺漏，又未抄完，後面所列人名爲倒書，不能肯定兩部分原來是否一件。

校記

〔一〕到，據其它社司轉帖例補。

〔二〕酒，據其它社司轉帖例補。

〔三〕食，據其它社司轉帖例補。

〔四〕安友儞勿下有「安友羅羅」四字，未録。

50 社人索寶定身亡轉帖抄　（伯二八一七背）

社司　轉帖　索寶定〔一〕身亡，合有送□酒壹瓮，人人各粟一斗，土褐布色物壹疋，柴一束。幸請諸公等，帖限今月〔二〕卯時長太蘭若門前取齊。足（捉）〔三〕貳

（以下原缺文）

索員德　索保定　富定　康定昌　郭保興　郝獵丹

張醜奴　祝方定　景海子　張長有　李富全　鄧住

子　曹保通　曹友子　劉定昌

說　明

本帖係抄件，帖文原未抄完，中間亦有脱漏。後列人名和帖文之間原有四行便絹契，不能確定二者是否一件。

校記

（一）據其它身亡轉帖，「索實定」之上應有「右緣」二字。

（二）據其它社司轉帖，「月」當作「日」，或在「月」下書某日。

（三）足，當作「捉」，據其它社司轉帖例改。

51 社人張員住身故轉帖抄　（斯二〇七八背/1）

社司　轉帖　右緣張員住身故，准條合有弔酒

壹瓮，人各粟壹斗。幸請諸公等，帖至，限今月

（以下原缺文）

（二）春座、秋座、座社等局席轉帖

52 乙亥年（八五五？）九月十六日秋座局席轉帖　（伯三七六四）

社司　轉帖

右緣秋坐局席，次至張社官家。帖至，
限今月十七日辰時於報恩寺門
前取齊。捉二人後到，罰酒壹角；
全不來者，罰酒半瓮。其帖速
遞相分付，不得亭（停）滯，如滯帖者，
准條科罰，帖周却付本司，用憑
告罰。

乙亥年九月十六日錄事張[帖]（二）。

[社]（三）官張闍梨　周闍梨　孫闍梨　社長
張再晟　李處□　陰□□　□□□

□□□楊益　王醜奴　令狐員清
□□□□□札　席人張録子

説　明

本件是社司用於通知社人參加秋座局席活動的轉帖。秋座局席係社邑舉行的秋季祭社等會聚、飲宴活動。本件爲一整紙，後部殘破，背面無文字。本件紀年爲「乙亥年」，席人張録子又見於伯三五四四「大中九年（八五五）九月廿九日社長王武等再立條件」，大中九年的干支即爲乙亥。但該件的録事爲唐神奴，本件的録事則姓張；該件的社官爲張海清，本件的社官爲張闍梨。且兩件紀年，一用年號，一用干支，故尚難斷定這兩件爲一社之物。我們推測，上述現象有三種可能。一是這兩件是一社之物。本件在九月十六日，「再立條件」在九月廿九日，按照傳統，秋社活動應在八月，這個社的秋坐局席，推遲到了九月，已屬「違月」，故社人在十餘日後又集中到張錄子家「再立條件」，進行整頓，重新規定了齋、社違月的罰則。同時更換了錄事和社官（也有可能張海清就是張闍梨的俗名）。二是張錄子同時參加了兩個社。三是兩個張錄子不是一人，而屬異時（或同時）重名者。如果是前兩種情況，本件中的「乙亥」都應是大中九年，即八五五年。

校記

〔一〕帖，據文義及其它社司轉帖例補。

〔二〕社，據文義及其它社司轉帖例補。

53 己卯年（八五九？）二月十日春座局席轉帖抄（伯三二八六背）

轉司(一)　社司　轉帖

右緣年支春座局席，次至主人張醜子家(二)送納；捉二人後到，罰酒（一）(三)角；全不來者，罰酒半瓮。其帖速遞相分付，不得停滯，如滯帖者，准條科罰。帖周却赴（付）本司，用憑造（告）(四)罰。　己卯年二月十日錄事帖。

己卯年正月(五)

說明

本件係抄件，原題己卯年。帖中之「主人張醜子」又見於伯三三〇五背「咸通十年（八六九）正月廿一日少事商量轉帖」。如果這兩個張醜子爲同一人，則本件中的己卯當爲距咸通十年較近的大中十三年（八五九）。但因本件未抄社人名，故無法確定這兩件是否同一社之物，且醜子爲當時習見之名，不能排除同名異人的可能性。

校記

〔一〕「轉司」二字似抄時隨手寫上者。
〔二〕據其它春座局席轉帖例，「家」字下有脱文。
〔三〕一，據文義及其它社司轉帖例補。
〔四〕造，當作「告」，據文義及其它社司轉帖例改。
〔五〕乙卯年正月，似抄時隨手寫上者。

54 光啟二年（八八六）十月座社局席轉帖抄　（斯一四五三背/2）

社司　轉帖　右緣年支

座社局席，幸請諸公等，帖至，並限

今月十日於節如蘭若門前取（齊）〔一〕。如

右（若）〔二〕於時不到者，罰酒壹角；全不到者，罰

半瓮，其帖速遞相分付，不得停帶（滯）〔三〕，如帶（滯）〔四〕

帖者，准條科罰。帖周却付本司，用告（罰）〔五〕

光啟二年丙午歲十月錄（事）〔六〕張欺。

社官梁再晟　社長張弁弁　張犬兒　梁猶猶　鄧替果

王再晟　王和奴　王像奴　安伯忠　陳興晟〔七〕

說　明

本帖是社司通知社人參加座社活動的轉帖抄件。座社係社邑舉行的宴樂活動。

校記

〔一〕齊，據文義及其它社司轉帖例補。

〔二〕右，當作「若」，據文義改。

〔三〕帶，當作「滯」，據文義及其它社司轉帖例改。

〔四〕帶，當作「滯」，據文義及其它社司轉帖例改。

〔五〕罰，據文義及其它社司轉帖例補。

〔六〕事，據文義及其它社司轉帖例補。

〔七〕本件後有三行文字，第三行爲「右社司轉帖右」，係隨手所寫。

55 大順三年（八九二）十二月春坐局席轉帖（伯二六六七背）

社㈢司　轉帖

右緣年支春坐局席，次至□
社帖下家送納，人各麥□
生，其限今□
□斗，酒瓮
其不到□其帖速
相分付，不得停滯，如滯帖者，□
□本司□□□
□
大順三年十二月　杜㈢□

説明

本件是社司用於通知社人參加春坐局席活動的轉帖。春坐局席係社邑舉行的春季祭社等會聚、飲宴活動。本件題爲大順三年，但大順僅二年，大順三年即景福元年，出現上述現象似由書帖者不知中原王朝已於正月改元所致。大順三年跨公元八九二和八九三年，初一至初九，在八九二年，初十以後進入八九三年。但本件月下未書日期，姑置於八九二年。

校記

〔一〕社，據文義及其它社司轉帖例補。

〔二〕此行後還有一行，因墨蹟脱落，已辨認不出。

56 公元八九四年（？）年支□局席轉帖抄（斯三二九背/5）

社司　轉帖

右緣年支□局席(二)，幸請諸公等，帖至，限

今月十四日卯時（以下原缺文）

說　明

本帖係抄件，原未抄完，中間亦有脫漏。原爲自左向右逆寫，茲改爲自右向左書寫。本件無紀年，但斯三二九背各件均屬歸義軍時期所書。本件之前有紀年文字五行，即「景福二年（八九三）十一月二日學士安君」、「大順三載壬子歲（八九二）二月　日牒」（大順三載即景福元年）。「癸丑二年五月廿一日」（癸丑當爲景福二年即八九三年），「大中十二年（八五八）五月廿三日夜於王家色女壹頭」，「歲次甲寅六月廿四日立契」。最後一條雖無年號，

但其絕對年代當與前四條相去不會太遠，而景福二年之後的乾寧元年（八九四）的干支即爲甲寅，前列「甲寅」當在是年。這最後一條紀年文字不僅位置與本件相鄰，筆體也相似，本件抄寫時間或與其同時或稍後。

校記

〔一〕據其它春秋座局席社司轉帖，「局席」下有脱文。

57 公元八九五年前後（？）秋座局席轉帖抄　（伯五五四六背）

社司　轉帖　右緣年支秋座

局席〔二〕，幸〔請〕〔三〕諸公等，帖至，限今月九日戊時永安寺門前取齊。

（以下原缺文）

說明

本帖係抄件，原未抄完，無紀年。本件後倒寫題記「乾寧二年（八九五）歲次乙卯肆月五日汜賢信書記之也」。本件的抄寫年代或在此年代前後。

校記

（一）據其它秋座局席社司轉帖例，「局席」下有脫文。

（二）請，據文義及其它社司轉帖例補。

58 春座局席轉帖抄　九世紀後半葉　伯三三一九背

社司轉帖（正進依願　正進道清）右緣年（正進福延　正進保通）支春座（正進醜奴　正進醜如）局席（正進保昌　正進福子）

次至，人各（正進定哭　正進阿婆奴）麥壹斗（正進佛住　正進住兒）粟壹斗（正進勝住）

麵貳斤（正進張醜子　正進石定信）油半升（正進石千子　正進泊再昌）幸請諸（以下原缺文）

（中空三行）

石定信　右全　石醜子　石定奴　福延　福全　保昌

張醜子　李千子　李信定

說明

本帖係抄件，原未抄完，無紀年。帖中之張醜子又見於伯三三〇五背「咸通十年（八六九）正月廿一日社司少事商量轉帖」。雖然「醜子」爲當時習見之名，不能排除同名的可能，但本件最前有「大唐國人」四字，此四字當書於吐蕃統治敦煌時期或歸義軍初期，最晚也應在唐亡以前。因爲只有在上述時期敦煌人才有書寫自己是「大唐國人」的必要。所以，似可把本件的年代定在九世紀後半葉。

本件與其它社司轉帖形式不同，帖文中間每隔幾個字就插入一至兩個人名，人名之上均書有「正進」二字。這些插入的人名可能是分團負責操辦有關局席的勞務（參看《敦煌遺書中的「春秋座局席」考》）。「正進」二字之義，疑莫能明，俟考。帖文後之人名，與帖文原隔三行空白，其中石定信、福延、保昌、張醜子等與帖文中人名相同，當爲本件的社人名，兹照錄於帖文後。

又，本件前有兩行「春座局席轉帖抄」，均只抄起首部分，内容未超出本件範圍，故不另出錄文。

59 某年十月廿八日秋坐局席轉帖抄　　九世紀末

（斯三二九背/2）

社司　轉帖

右緣常年秋坐局席，（次）（至）(二) 張建子家。幸請諸公等，帖至，限今月廿九日卯時於靈圖寺門前取齊。捉二人後到，罰酒一角；全不來，罰酒半瓮。其帖速遞相分付，不（得）(三) 停滯；如滯帖者，准條科罰。帖周却付本司，用憑告罰。

十月廿八日錄事□頭（？）。

說　明

本帖係抄件，淡墨抄寫，無紀年。本件前有「景福二年（八九三）十一月二日學士安君」題記一行，後有一大順三載壬子歲（八九二）二月　日牒」一行。大順僅二年，大順三年即景福元年，改元時間在正月，此消息至二月尚未傳至敦煌。上述兩條紀年題記均用淡墨書寫，筆體亦與本帖相近，其年代當相近。據此，本件當抄於九世紀末。本件後有一「常年設齋轉帖抄」，一「年支局席轉帖抄」，年代亦當與本件相近。

校記

（一）次至，據文義及其它社司轉帖例補。

（二）得，據文義及其它社司轉帖例補。

60 丁酉年（九三七）正月春秋局席轉帖稿（伯三三九一背）

社司轉帖　右緣春秋局席，人各油麵斤麥粟。幸請諸公等，帖至，限今月廿日辰巳時於靈圖寺門前取齊。捉二人後到，罰酒壹角；全不來者，罰酒半瓮。其帖速遞相分附（付），不得停滯；如滯帖者，准條科罰。帖周却赴（付）本司，用憑告罰。

丁酉年正月日錄事某乙帖

陰僧政　馮老宿　曹老宿　氾上座　法詮

福證　雲被　法瓊　喜端　善住　惠朗

愊（福）（二）會　福善　應願　潤成　智力　定安　智行　智德　願行　沙彌法瑞（三）　保盈　法俊

法圓　義弘　慶達　價延實　李安住

趙再和　令狐富員　價憨奴　良賢　再集

留得　宗兒　灰奴　宋音三　鄧像通　閻安信

祐子　友慶　恩議　盧和信　史文威　米員
喜　孟恩子　阿採　范延昌　吳海深　唐員
醜　陳懷諫　索進清　張將頭　畫撾撻
就沈　羅佛利子

說明

本件之丁酉年，那波利貞定在乾符四年（八七七），但沒有提出有力的證據。經查，本件社人名中的二十幾個僧人、沙彌，其中多數曾在伯二二五〇背「沙州龍興等寺唱儭曆」中出現。茲將該曆所載開元寺僧及沙彌具列如下：「陰僧政、法律神心、法照、慶道、惠幽、法全、雲丕、福證、法瓊、喜端、善住、惠朗、福慶、福會、福善、法會、應願、閏成、法光、智力、智行、定安、智德、願行、沙彌保盈、法瑞、法達、法俊、法德、法真、法元、法圓、法定、法保、法詮、法證、法善、法清」。上述僧人及沙彌共三十八人中，與本件中同名者達二十一人，排名次序也相近，據此，本件中與上引名單中同名者均應爲開元寺僧，兩件文書的年代也應相距不遠。兩件中同名的沙彌身份完全一樣，更説明其時間應該相當接近。伯二二五〇背「沙州龍興等寺唱儭曆」，唐耕耦定在九二五至九三〇年，李正宇定在九二三至九二六年，均未説明根據。斯二六一四背「沙州諸寺僧尼名簿」中的一些僧名，在「沙州龍興等寺唱儭曆」中亦曾出現。如「忍德、善惠（在兩件中均屬龍興寺）、靈應、法定、惠光（在兩件中均屬乾元寺）、惠幽、法德（在兩件中均屬開元寺）、紹建」等。值得注意的是，上述諸人在「名簿」中除法德一人爲僧人外，其餘均爲沙彌；在「唱儭曆」中，這些沙彌都成了排名靠前的資深老僧，在「名簿」中和他們同在一寺的僧人、沙彌均已不存。這説明「名簿」在前，「唱儭曆」在後。只有法德特殊，在「名簿」中是僧人，在「唱儭曆」中反倒變成了沙彌，估計這兩個「法德」不是一人，當屬隔時同名者。上述兩件文書中記載的同一寺僧變化如此之大，説明其相隔時間較長。斯二六六九「沙州諸寺尼籍」記有二百六十五個尼的年齡，其中五十歲以上的四十六人，十七歲以下的二十二人，從十七歲活到五十歲需三十三年。如果假定上引「唱儭曆」中的僧人在「名簿」中是十七歲以下的沙彌，而在「唱儭曆」中已成了資深老僧，這兩件文書相隔的時間當有三、四十年。「名簿」的時代藤枝晃定在八九五年，孫修身定在五代時期，其下限最早為九一四年，最晚為九五〇年，但未確定文書的上限。其證明此文書年限所列舉的莫高窟題記及其它材料與「名簿」同名的五代時期的諸僧尼都已是僧官、大德，而這些人在「名簿」中都是一般僧尼（此點承榮新江見告），則「名簿」的年代自當在九一四或九五〇年之前。

本件的年代既和「唱儭曆」相近，而「唱儭曆」又和「名簿」相隔三、四十年，則本件的丁酉應當是天福二年（九三七）。由此可以推定，「名簿」的年代應在九世紀末至十世紀初。與藤枝晃推定的年代較合。

此外，伯五〇三二「某年六月索押牙妻身亡轉帖」中的錄事為「鄧像通」，社人中有「索義弘」，本件的社人名單則有鄧像通和義弘；前者當為同一人，「義弘」也有可能就是索義弘。上述現象有兩種可能，或者這兩件轉帖為一社之物，由於相隔時間較長，社邑成員發生了很大變化，老社人只剩下了鄧像通和義弘，鄧像通也被推選爲錄事；或者是鄧像通和義弘同時參加了兩個社。不管屬於哪種情況，這兩件文書相隔的時間都不會超過四十五年。則「索押牙妻身亡轉帖」當在九世紀末至十世紀上半葉。

校記

〔一〕楅，當作「福」，據伯二二五〇背「沙州龍興等寺唱儭曆」改。

〔二〕法瑞，原寫作「法遂」，後又將「瑞」寫於「遂」字旁，據伯二二五〇背「沙州龍興等寺唱儭曆」改。

61 某年四月十三日春座局席轉帖抄　　十世紀二十至三十年代

（斯五一三九背/3）

社司轉帖　　右緣常年春坐局席，人
各麵壹斤半，油一合，靜（淨）粟伍升。帖至，並限今月
十四日辰時於主人靈進保會家送納足。如有於
時不納者，罰麥三斗；全不納者，罰麥伍斗。其帖速
遞相分付，不得停滯；如滯帖者，准條科
罰。帖周却付本司，用憑告罰。　四月十三日上座
惠貞帖諮。　僧政　樂法律　都司法律
張法師　劉法律　郭老宿　龍法律　索
法律　闍上座　吳闍梨　張寺主　田禪師　信成(一)
靈進　善淨　寺主法政　保會　海住　願伴　寶達
沙彌善伴永保海清智恩慶之記。

說明

本件係抄件，無紀年，但社人「保會、寶達」見於伯二〇四九背「後唐長興二年（九三一）正月沙州淨土寺直歲願達手下諸色入破曆算會牒」，唯「寶達」為「保達」，但「寶、保」在當時人筆下常可互換使用。「保達」還見於伯二〇四九背「後唐同光三年（九二五）正月沙州淨土寺直歲保護手下諸色入破曆算會牒」。據此，本件當成於十世紀二十至三十年代。本號內還有一件「社人張員通妻亡轉帖抄」，筆體與本件相同，係同一人所抄。帖後所列人名有「知客張郎」，這位「張知客」也見於上引「同光三年入破曆算會牒」，此材料可作為本件上述定年的佐證，說明本件中的「保會、寶達」與伯二〇四九背「入破曆算會牒」中的「保會、保達」不是偶然的同名。

又，本號內還有一件「涼州節院使押衙劉少晏狀抄」，筆體與兩件社司轉帖同。狀末題「乙酉年六月」，多數學者推定此「乙酉」為同光三年，但也有人認為此「乙酉」為「己酉」之誤，並將其年代推定在文德二年（八八九）。

從本號内的兩件社司轉帖的年代來看，「劉少晏狀」，當在同光三年。

校　記

〔一〕此行與下行間夾有雜寫一行。

62 春座局席轉帖抄　　十世紀二十至三十年代（？）

（斯六二三六背/1（斯二五五））

社司　轉帖

右緣年支春座局席，次至於主人家。人各

麵壹斤，油壹合，粟壹㪷，（以下原缺文）

說明

本帖係抄件，原未抄完。在斯二五五所抄内容與斯六二三六背/1同，而文字更少。兩件均無紀年，但斯六二三六背/1「社司轉帖」下有倒寫「保會」，此法名又見於斯五一三九背/3「某年四月十三日春座局席轉帖抄」，該件的年代已考出在十世紀二十至三十年代。如果兩件中的「保會」爲同一人，則斯六二三六背/1亦當抄寫於上述時期或其前後。

63 公元九三六至九四〇年（？）秋座局席轉帖抄（伯三六二三背）

社司轉帖 （右）（緣）㈡年支秋座局席，次至梁子松家，人各粟壹𣁾，麵貳斤，油半升。

（以下原缺文）

說明

本帖係抄件，原未抄完。「法藏敦煌漢文寫本目錄」指出，本號背有「天福年」字樣，並確定其具體年代在公元九三六至九四〇年，本件也有可能抄寫於這一時間。本件原爲自左向右書寫，茲改爲自右向左書寫。

校記

〔一〕右緣，據文義及其它社司轉帖例補。

64 公元九三六至九四〇年前後春座局席轉帖抄 （斯七二八背/3）

社司　轉帖

右緣年支春座局席，人各麵二斤，油

半升，粟一㪷。幸請諸公等，帖至，限今月

（以下原缺文）

說明

本帖係抄件，原未抄完，無紀年。但本號正面「孝經一卷」後及背面本件後均有「梁子松」題名，此人又見於伯三六二三背「秋座局席轉帖抄」，該件大約抄寫於公元九三六至九四〇年。兩件中的「梁子松」如為同一人，本件的年代當亦在上述年代前後。又，本件前有「奉敕修□大王」雜寫一行，據榮新江考證，敦煌地區最早以「大王」為稱號的是曹議金，他於長興二年（九三一）

開始冒稱「大王」。九三五年，曹議金去世以後，直至九六四年曹元忠稱王之前，人們仍稱曹議金大王。而九三六至九四〇年正值人們稱曹議金為大王時期。故本件前的「大王」稱號，亦可證本件的抄寫時代在九三六至九四〇年間或其前後。

65 公元九四三年（？）座社局席轉帖抄　（斯三九五）

社司轉帖　右緣常年座社局席，

次至於汜員宗家，人各麥壹斗，粟一斗，麵

（後缺）

說　明

本件後缺，失紀年。但前有「天福八年癸卯歲十一月十日淨土寺學郎張延保記」。這行題記的筆體與本帖相似，故本帖亦當書於天福八年（九四三）十一月十日或此後不久。另，本卷背面還有「座社」、「社司轉帖」、「社司轉」等字樣，因其內容未超出本件，未重出錄文。

66 公元九四三年至九四四年支秋坐局席轉帖抄（斯一三八六背/1）

社司　　轉帖右緣年支秋坐局席，次至高順

順家。人各麵貳斤，油壹合，粟壹㪷。幸請諸公等，帖

至，限今月十八日卯時於主人家送納。捉二人後到，

罰到四（到四衍）酒壹角；全不來者，罰酒半甕。其帖立

定（遞）㈡相分付，不德（得）亭（停）滯；如滯帖者，准條科罰。帖周却付大（本）㈢司，用憑告罰。錄事㈢。

說明

本件無紀年。其後有兩行重抄本帖的文字，但均只抄本帖起首第一至二行的文字，因與本件内容重復，不再重出錄文。本卷正面有「孝經一卷」，後題「天福柒年壬寅歲十二月十二日永安寺學郎高清子書記」。天福柒年十二月十二日於公元已進入九四三年。依據正面先寫，背面後寫的通例，本件當抄於天福七年十二月十二日以後。本件後又有另一種筆體書寫的「甲辰年十一月十二日慈惠（鄉）□□張定奴内少」，這個「甲辰」只能是天福九年（九四四）。據此，本件當抄於公元九四三至九四四年間。

校記

〔一〕定，當作「遞」，據文義及其它社司轉帖例改。
〔二〕大，當作「本」，據文義及其它社司轉帖例改。
〔三〕錄事以後有文字一行，文爲「罰帖却付月　則東方朔」，與本件無關，未錄。

67 乙巳年十二月十三日常年局席轉帖　　公元八八六或九四六年
（伯四〇一九背）

社司　　轉帖
右緣常年局席，次至汜文
通家，人各麥一㪷，粟一㪷。有及於汜

文通家送納。如有後到者，罰
酒一角；全不來者，罰酒半瓮。
其帖速遞相分付，不得（停）〔二〕
滯；如滯帖，准條科罰。帖
周却付本司，用馮（憑）〔三〕告罰。
乙巳年十二月十三日録事□子

說明

本件用干支紀年，其時當屬歸義軍時期。在敦煌遺書中，歸義軍時期有兩個乙巳年，即中和五年（八八五）和開運二年（九四五）。本帖當在二者之一。但乙巳年十二月十三日在公元紀年已進入新的一年，即應在八八六年或九四六年。

校記

〔一〕停，據文義及其它社司轉帖例補。
〔二〕馮，當作「憑」，據文義及其它社司轉帖例改。

68 公元九四七年前後三月十三日社司筵席轉帖（伯三四四一背）

社司轉帖　　右緣李住兒筵席，人各麥壹斗，粟壹斗。於主人家送納。幸請諸公等，帖至，限今月十三日於靈修寺門前取齊。捉二人後到，罰酒壹角；全不來者，罰酒半瓮。其帖立（遞）〔二〕相分付，不德（得）停滯；如有滯帖者，准條科罰。帖周却付本司，用憑告罰。
三月十三日錄事帖。

社長石　社官鄧　安忠盈　翟再温　尹安三　陰留德
陰喻子　康付子　宋進子　李延德　張三子　宋閏子
高閏成　陰海員　鄧全慶　劉販漢

説明

本件無紀年，但社人「李延德」又見於伯三三六四「某寺麵油破曆」，該件中還有「留德」一名，或即爲本件中的「陰留德」。如是，這兩件的時間應相距不遠。該件雖亦無紀年，却有兩筆油的支出爲我們提供了定年綫索。一是「油兩抄叁日中間法門寺上沙麻人夫喫用」，一是「油叁升太保啓窟齋生誠將起用」。據土肥義和考證，敦煌法門寺存在於五代後晋至後周顯德初年，則伯三三六四「某寺麵油破曆」應在公元九三六至九五四年間。我們還可以根據「太保啓窟齋」將這件文書的年代確定得更具體一點。據榮新江考證，九三六至九五四年間敦煌使用過「太保」稱號的有曹元德（九三九年）和曹元忠（九四七年、九五〇年至九五五年）。「啓窟齋」當指所建之窟落成時舉行的慶窟活動。曹元德與曹元忠在位期間都曾在莫高窟修建過功德窟，但據賀世哲考證，曹元德在興建莫高窟第一百窟時使用的稱號是「司空」，而曹元忠在新建第六十一窟時其夫人的題名是「潯陽郡夫人翟氏」，這正符合後漢天福十二年（九四七）留守節度使妻可封爲郡夫人的規定，是時曹元忠正自稱「太保」。曹元忠新建之窟還有第五十五窟，但賀世哲已考出第五十五窟建於公元九六二年前後，曹元忠已在此前的九五六年稱令公。這樣，伯三三六四「某寺油麵破曆」只能是在曹元忠自稱太保的九四七年，而本件當在九四七年前後。

莫高窟第六十一窟的修建年代，賀世哲認爲在九四七年至九五七年九月之間，現既已考證出該窟之「啓窟齋」在九四七年，其建成時間亦當在是年。

校記

（一）遞，據文義及其它社司轉帖例補。

69 公元九四三年前後（？）春坐局席轉帖抄　（伯三七五七背）

社司轉帖右緣年支奉（春）㈠坐局席，次至汜奴奴家。人各麥壹㪷，粟一㪷，幸青（請）㈡（以下原缺文）

說明

本件係習字者所抄錄，原未抄完。帖前有倒寫「天福八年（九四三）歲次癸卯七月一日」，本件書寫年代或與此年代相近。

校記

〔一〕奉，當作「春」，據文義及其它社司轉帖例改。
〔二〕青，當作「請」，據文義及其它社司轉帖例改。

70 秋座局席轉帖抄　　十世紀上半葉　　（伯二七三八背）

社司　　轉帖
右緣年支秋座局席於石家。幸清（請）〔二〕諸公等，帖至，
並即（限）今月廿六日神（辰）時於官嫂（樓）蘭若門取

齋〔三〕。如於時不到者，罰酒一角；如全（全）（不）到者〔三〕，罰半瓮。其帖速遞相分付，不得停滯；如滯帖者，准條科罰。帖周將付本司，用憑告罰。二月二十五録事索諸升年帖。

社長劉奴子　社官王義信　就留德　虞候索慶進　李宗子　左骨兒　索和國　索孝子　張泉泉　張奴子　梁任子　王亦子　安興興　陰再通　陰再恩　陰再住　王保安　王諸諸　王文文　王吉昌　王六六

王文通　王達子　索諫諫　翟善通　李盈子　李洪社　李洪願　李子　吴文建　吴君寧　張安子

索國忠　索惠子　索小知諸　石留留　石閏子

李贊力　李文　李文德　李醜子　陰喜

陰定子　陰安屯　陰勝勝　陰留德　李安七

李胡子　李文建　李奴子　韓骨論　韓達

何賣德　何安君　賀閏兒　賀康屯　賀贊忠
石安君　石萬通　索安君　閻清奴　張再和　張
骨骨　張李六　張李五　索屯郎　索清清　索留
安清子　郝盈子　郝賢　令狐文進　寧（？）宋安　王義
員　王義集　王義信　王義延　王義弁　王
盈君　宋潘力　張卷英（？）　王多力　馬文緣　王勝郎
陽賣奴　陽買有　陽善兒　陽李屯　陽女五　王□
李奴子　李緣君　李□兒　李安然　李□
（後缺）

說　明

本件係抄件，原無紀年。唐耕耦、陸宏基據同紙背有「咸通十年己丑六月八日」，將其書寫年代定在咸通十年（八六九）前後。但本件尾部殘缺，殘缺處正好是連接有「咸通十年」文字的另一紙。這兩紙被粘在一起是為了利用其背面抄寫「太公家教」，這一點可從另一面的「太公家教」連貫成文得到證明。不少學者把寫有「太公家教」的一面作為本卷的正面，實際寫有本件的這一面才是正面。寫有「咸通十年」等文字的紙與本件既然原非一紙，自然不能用它來作為確定本件年代的依據。

伯三一六七背「乾寧二年（八九五）三月安國寺道場司常秘等狀」第八行有「劉奴子」，第十行有「李奴子」，這兩個人應當就是本件中的「社長劉奴子」和社人「李奴子」（兩個中的一個）。又，本件中的社人「王義信」又見於伯二〇四九背「後唐同光三年（九二五）正月沙州淨土寺直歲保護手下諸色入破曆算會牒」和斯四四七二背/1-3「辛酉年十一月廿日張友子新婦身故聚贈曆」，後者的年代在建隆二年（九六一），如果這三個王義信為同一人，本件的年代當在十世紀上半葉。

與本件同一紙上還有三件社司轉帖抄，從筆體及一些字的特殊寫法（如「

全」均誤作「金」，「限」均寫作「即」）來看，當與抄寫本件的是同一人，其時代應與本件相同。

校記

（一）清，當作「請」，據文義及其它社司轉帖例改。

（二）即，疑當作「限」；神，當作「辰」；嫂，當作「樓」，均據文義及其它社司轉帖例改。

（三）金，當作「全」，據文義及其它社司轉帖例改；不，據文義及其它社司轉帖例補。

71 常年局席轉帖抄〔一〕　十世紀上半葉

（伯二七三八背）（同號内有複本一）

社司　轉帖　右緣常年

帖（局）至（席）〔二〕。幸清（請）〔三〕諸公等，帖至，並即（限）今月廿九日

（卯）（時）於淨

土寺門前取（齊）〔四〕。如於時不到者，罰酒一角；如

不到者〔五〕，罰酒半甕。其帖速遞相分付，（不）〔六〕

得停滯；如滯帖者，准條科罰。帖周將

付本司，用憑告罰。　□月廿九日録事。

□□□長　社長賀犬犬　社官氾程　安六　王屯　宋犬

令狐　令狐再集　郭保員（？）　郭國忠　郭潘忠　馬日（？）八（？）

令狐賢賢　令狐福集　宋義子　令狐住住　曹擊擊　安黑

曹（？）　李教順　曹胡　令狐營田　康桌（卓）宗　康敬中

說明

本件係抄件。其時代在九世紀末至十世紀初，理由見同號「秋座局席轉帖抄」說明。此件發帖時間爲廿九日，而通知聚齋時間爲同日清晨「卯時」，與一般發帖在聚齋的前一日的通例不合。

校記

〔一〕本件在一紙上被連抄兩遍，抄寫者爲同一人，第一件未抄社人名，今以第二件爲底本，用第一件參校，稱其爲甲本。

〔二〕帖，當作「局」；至，當作「席」，均據文義及其它春秋坐局席社司轉帖例改。

〔三〕清，當作「請」，據文義及其它社司轉帖例改。

〔四〕即，疑當作「限」，據文義及其它社司轉帖例改。「卯時」、「齊」，據甲本補。
〔五〕如不到者，甲本作「金（全）不來者」。
〔六〕不，據甲本補。

72 春座局席轉帖抄　十世紀上半葉（？）
（北圖殷字四十一號背）

社司　轉帖
右緣年支春座局席，此（次）至鄧慎（鎮）使。人各粟一斗，油半昇，麵一斤。帖至，限月五日限夜於席主家送納。若後到，罰酒一角；全不來者，罰酒半瓮。

其帖署名弟（遞）過者，不得停滯；如滯帖者，准條科罰。帖周却付本司，用憑
（以下原缺文）

說明

本帖係抄件，原未抄完，無紀年。同紙背有「癸未年五月十六日平康鄉彭順子與𥙿便麥粟契抄」和「癸未年四月、七月張修造雇駝契抄」、「社人張康三身亡轉帖抄」、「大讓渠渠人轉帖」等，池田温將上述癸未推定在公元九二三年。上述各件與本件筆體相同，時間當相去不遠，似可據以推斷本件在十世紀上半葉。

73 乙卯年四月十八日春座筵局轉帖　　公元八九五或九五五年

（斯六二一四）

社司　　轉帖

右緣年支春座筵局，人各麥粟麵准條，[幸][請][諸]公寺（等）(一)，帖至，限今月十九日卯時於主人張兵馬使家[送][納](二)。[捉][二][人](三)後到，罰酒壹角；全不來，罰酒半瓮。其[帖][速][遞](四)相分付，不得亭（停）滯；如滯帖者，準條科罰。帖周却[付][本][司](五)用憑告罰。

乙卯年四月十八日兵馬使□錄事[帖](六)。

社長徐　張五郎　杜席錄　張兵馬使

令狐押衙　張押衙　高判官　張判官　宋

劉兵馬使男　索三郎

說明

本件用干支紀年，又有兵馬使、押衙、判官等職，當屬歸義軍時期。在敦煌遺書中，歸義軍時期有兩個乙卯年，即乾寧二年（八九五）和顯德二年（九五五），本件當在二者之一。

校記

〔一〕幸請諸，據文義及其它社司轉帖例補；寺，當作「等」，據文義及其它社司轉帖例改。

〔二〕送納，據文義及其它社司轉帖例補。

〔三〕捉二人，據文義及其它社司轉帖例補。

〔四〕帖速遞，據文義及其它社司轉帖例補。

（五）付本司，據文義及其它社司轉帖例補。

（六）帖，據文義及其它社司轉帖例補。

74　戊午年九月十一日秋座局席轉帖　公元八九八或九五八年

（伯三六九一）

[社]〔一〕司　轉帖

右緣年支秋坐局席，次至於家〔二〕。人各麥壹□[幸][請]〔三〕諸公等，帖至，限今月[十]〔四〕二日卯時到□[寺]□□[取]〔五〕齊。捉二人後到，罰壹角；全[不][來][者]〔六〕，罰酒半瓮。其帖立遞相分付，不得[停]〔七〕滯；如滯帖，准條科罰。帖周却付本司，用憑造（告）〔八〕罰。　戊午年九月十一（日）〔九〕錄事帖。

社官•王　社老•康　王知•子　宋富•子　張眼•□

李□•住　曹加•□　程□•□下　陰山•子　□章•友　郭•□

□　□□□　□□□　李富•信　□□•勿　唐幸•子

白明兒　董章元　孫直祐　蘇秀|□　□維江　□□

深　氾午•子　吳員•閏

說　明

本帖殘甚，原件已斷裂爲五片，本錄文對其作了拼合。本帖用干支紀年，當屬歸義軍時期。歸義軍時期計有兩個戊午年，即乾寧五年（八九八）和顯德五年（九五八）。本件當在二者之一。

校記

〔一〕社，據文義及其它社司轉帖例補。
〔二〕次至於家，文義不明，中間似有脱漏。
〔三〕幸請，據文義及其它社司轉帖例補。
〔四〕十，據其它社司轉帖例補。
〔五〕取，據文義及其它社司轉帖例補。
〔六〕不來者，據文義及其它社司轉帖例補。
〔七〕停，據文義及其它社司轉帖例補。
〔八〕造，當作「告」，據文義及其它社司轉帖例改。
〔九〕日，據文義及其它社司轉帖例補。

75 丙寅年（九六六）四月十六日官健社春座局席轉帖（伯四〇六三）

官健　轉帖

右緣常年春座局（席）[一]，人各粟壹㪷。幸
請諸公等，帖（至）[二]，限今月十七日並身及粟卯時
於孔子門前取齊。捉二人後（到）[三]，罰酒半瓮；全
不來，罰醴膩壹筵。其帖速遞相分付，
不得停滯；如滯帖者，准條科罰。帖周却付
本司，用憑告罰。

丙寅年四月十六日錄事孟帖。

社官張押衙　押衙孟衍中　押衙王員昌　兵馬使張住子
兵馬使宋粉堆　陰員春　程保住　汜万啞　陰□□
汜德進　劉身遂　張願通　畫黑頭　畫□□
張定子　石章七　張南山　張定德　王喜□

阿朵• 索小•弘 王全•子 □□□
陰猪•狗 曹寧•兒 趙瘦•兒 索友•子 翟□□
鄧保•定 曹富•儜 王祐子 穆富通 尹富•□
翟唯•受 白佛•奴 高孝•通 董流定 索乖
兒

說明

本件題為丙寅年，其成員「張願通、張定德、張押衙」又見於伯五〇三二中一批紀年為「甲申」的文書中，這批文書中的「甲申」已考出是太平興國九年（九八四）（參看伯四九八七「戊子年七月安三阿父身亡轉帖」說明），則本件中的「丙寅」，只能是距上述年代最近的乾德四年（九六六）。值得注意的是本社名為「官健」社，當係由士卒組成的社。

校記

〔一〕席，據文義及其它社司轉帖例補。
〔二〕至，據文義及其它社司轉帖例補。
〔三〕到，據文義及其它社司轉帖例補。

76 乙亥年（九七五？）正月十日春座局席轉帖抄

（斯四〇三七背/2）

社司　轉帖

右緣年支春座局席，人各麵一斤，油一合，粟
一斗。幸請諸公等，帖至，（限）〔二〕今（月）（十）（一）（日）〔三〕卯時
於主人樊佛奴

家送內（納）〔三〕。捉二人後到，罰酒一角；全不來，罰酒半瓮。其帖速相分付，不得亭（停）滯；如滯帖者，准條科罰。帖周卻付本司，用憑告罰。

乙亥年正月十日錄事帖。

說　明

本件係抄件，題「乙亥年」。帖中之「主人樊佛奴」，又見於伯三三四九$_2$和斯八六四背。伯三三四九$_2$無紀年，斯八六四正面為「般若波羅蜜多心經」，後題「壬午年九月七」，池田溫推斷這個「壬午」為九八二（？）年，背面之樊佛奴當書於此後。如果這個「樊佛奴」與本件中的「樊佛奴」為同一人，本件的乙亥則可能為距九八二年較近的開寶八年（九七五）。

校記

（一）限，據文義及其它社司轉帖例補。

（二）月十一日，據文義及其它社司轉帖例補。

（三）內，當作「納」，據文義及其它社司轉帖例改。

77 公元九四〇年至九七八年春座局席轉帖抄（伯三六九一背）

社司　轉帖　右緣年支春座局席，（以下原缺文）

說明

本帖係抄件，但只抄錄了起首數字，無紀年。因正面有「天福伍年（九四〇）」一題記，依正面先寫、背面後寫的通例，知其抄於公元九四〇年以後。本件後又有「太平興國叁」一行，據此，本件又當抄於太平興國三年（九七八）以前。

另，本件後還有「四人合社憑約抄」一件。

78　癸未年秋座局席轉帖
（伯三八七五A）

（社）〔司〕　司　轉帖

右緣年支秋座局席，次至李留通家送。人各麥一斗，粟壹斗，麵二斤，油半升，送納足。幸請諸公等，帖至，限今月廿二日辰時於普光寺内取齊。捉二人後到者，罰酒一角；全不來者，罰酒半瓮。

其帖立弟（遞）相分付，不得停滯；如滯帖者，准條科罰。帖周却付本司，用憑告罰。

癸未年錄（事）[三] □

社官宋謁龍　社長索少得　慶子　留通

（後缺）

說　明

本件用干支紀年，其時當屬歸義軍時期。在敦煌遺書中，歸義軍時期計有三個癸未年，即咸通四年（八六三）、龍德三年（九二三）和太平興國八年（九八三）。本帖究竟在上述哪一個癸未年，尚待進一步研究。

校記

（一）社，據文義及其它社司轉帖例補。

（二）事，據文義及其它社司轉帖例補。

79 丁亥年正月十二日春座局席轉帖抄（北京大學圖書館藏D二四六背）

社司轉帖右緣年（支）[三]春座局席，主人次至氾憨子家。人各粟壹㪷，麵壹斤，油一合。幸請諸公等，帖至，限今月十二日卯時於主人家送納。捉二人後到，罰酒壹角；全

不來，罰酒半瓮。其帖速

遞相分付，不得停滯；如

滯帖者，准條科罰。帖周

却付本司，用憑告罰。

丁亥年正月十二日錄（事）㈢張帖。

說　明

本帖係抄件，用干支紀年，其時當屬歸義軍時期。歸義軍時期計有三個丁亥年，即咸通八年（八六七）、天成二年（九二七）、雍熙四年（九八七）。本帖究竟在上述哪個丁亥年，尚待研究。本帖錄自唐耕耦、陸宏基《敦煌社會經濟文獻真蹟釋錄》第一輯第三三八頁圖版。上引書中有錄文，可參看。

校記

（一）支，據文義及其它春座局席社司轉帖例補。

（二）事，據文義及其它社司轉帖例補。

80 戊子年（九八八）四月十三日春座局席轉帖抄　（斯二七四）

社司轉帖　右緣年支春坐局席，次至

主人郭胄

齋。人各粟壹㪷，麵壹斤。幸請諸

公等，帖至，

限今月廿四日卯時於主人家送納。

捉二人後

到，罰酒壹角；全不來者，罰酒半
瓮。其帖立
遞相分付，不得亭（停）滯；如滯帖者
准條科罰。
帖周却付本司，用憑告罰。
戊子年四月十三日錄事陰善盈帖。社官安幸
耆者
郭胥嵛　弟再温　王苟住　陰楮（猪）椅（狗）〔二〕　賀全子　安保□
因
竹子　唐定山　稱長遂　王佛奴　安幸子　馬遂子
（後缺）

說明

本件書於《佛說無常經》襟上，原爲自左向右書寫，此改爲自右向左書寫。本件題爲戊子年，其成員「陰楮（猪）苟（狗）」又見於伯四〇六三「丙寅年四月十六日官健社春座局席轉帖」，該件中的丙寅我們已考出係乾德四年（九六六）（參看該件說明）。「王佛奴」見於斯六〇六六背「春座局席轉帖抄」，該件之年代已考出十世紀末十一世紀初（參看該件說明）。據此，本件之「戊子」當在端拱元年（九八八）。

校記

〔一〕楮苟，當爲「猪狗」，時人以「猪狗」爲名者並不少見。

81 戊子年（九八八）閏五月春座局席轉帖（伯三一四五）

社司轉帖

右緣（緣）〔二〕年支春座局席，次至曹保奴家。人各粟壹斟，麵壹斤，油半升。幸請諸公等，帖至，限今月十七日卯時於主人家送納。捉二人後到，罰酒一角；全不來者，罰酒半瓮。其帖速遞相分付，不得停滯；如滯帖者，准條科罰。帖周却赴（付）本司，用憑告罰。

戊子年潤（閏）五月錄事張（帖）〔三〕。

景慶進　梁繼紹　胡醜撻　賓不藉奴
蘇富寧　黑骨兒　程祐住　穆再溫

彭章午　麴山多　屈幸全　郗端兒
鄧流潤　祝懷義　就願受
崔馬兒　橋兵馬使　申衙悉鷄
傅粉搥　侯遂子　任昌進

說明

本件内題「戊子年閏五月」，自唐至宋初的戊子年中，僅端拱元年（九八八）閏五月，故我們可以確定本帖的戊子年在端拱元年。

校記

〔一〕綠，當作「緣」，據文義及其它社司轉帖例改。

〔二〕帖，據文義及其它社司轉帖例補。

82 乙丑年十月七日巷社結案局席文書　（斯三二七背）

乙丑年十月七日巷社一周□

結案局席羊價麥□

張廣候就倉門來悵（償）麥壹㪷□

㪷。正月□□□

（後缺）

說　明

在敦煌的一些私社中，由社人輪流充當置辦局席的主人。每個社人都置辦一次局席以後（即一周），大約要舉行一次「結案局席」（詳見郝春文《敦煌遺書中的「春秋座局席」考》載《北京師院學報》一九八九年第五期）。本件就是某巷社有關結案局席的文書。可惜的是本件已被用作粘接紙張，以修補正面書寫的佛經，故其後半部、下半部均缺。與本件相連的是一件社司轉帖，亦被用來粘接紙張，也已殘缺。本件用干支紀年，其時當屬歸義軍時期。歸義軍時期計有三個己丑年，即咸通十年（八六九）、天成四年（九二九）、端拱二年（九八九）。本件究竟在上述哪一個己丑年，尚待研究。

83 某年十一月十五日秋座筵設轉帖抄　十世紀

（伯三七六四背）

社司　轉帖

右緣年支秋座延設，次至齊替（營）田〔一〕家。幸請諸公等，帖至，限今月[十]〔二〕六日辰時於佛堂内取齊。（捉）〔三〕二人後到者，罰酒一角；全不到者，罰酒半（瓮）〔四〕。其帖立遞相分付，不得亭（停）帶（滯）〔五〕；如帶（滯）〔六〕帖者，准條科罰。帖周却付本司，（用）〔七〕憑告罰。十一月十五日錄事馮福田

社官麴　社長齊監使　安神（押）〔八〕衙

羅水官　門兵馬使　馬兵馬使　麴

平水　王兵馬使　齊哥尸　張知客

齊兵馬使　温兵馬使　齊營田　賈

鉢訥　董再退　曹員政　楊清
兒　齊神（押）（九）衙　曹員處　庇（？）都知
麴長使

說明

本件無紀年，但本卷正面的「太公家教」末題有「天復九年」。查「天復」無九年，或者敦煌不知中原改年號，故「天復九年」即開平三年（九〇九）。按照正面先寫，背面後寫的通例，本帖的抄寫年代當在開平三年之後，即歸義軍張氏晚期或曹氏時期（公元十世紀）。本帖後有另一轉帖抄件，兩件筆體及內容相同，唯放帖時間和錄事名不同，社人名則多數相同，少數略有出入。

校記

〔一〕營田，原作「㽓田」，爲「營田」之合文。

〔二〕十，據文義及其它社司轉帖例補。

〔三〕捉，據文義及其它社司轉帖例補。

〔四〕甞，據文義及其它社司轉帖例補。

〔五〕滯，當作「滯」，據文義及其它社司轉帖例改。

〔六〕滯，當作「滯」，據文義及其它社司轉帖例改。

〔七〕用，據文義及其它社司轉帖例補。

〔八〕神，當作「押」，據文義改。

〔九〕神，當作「押」，據文義改。

84 某年十一月五日秋座筵設轉帖抄　十世紀　〔伯三七六四背〕

社司轉帖　　右緣年支秋座延
設，次至齊營田〔一〕家。幸請諸公等，
帖至，限今月戊申八日辰時於佛堂內取齊。
〔捉〕〔二〕二人後到者，罰酒一角；全不到者，罰酒半〔瓮〕〔三〕。
其帖立遞相分付，不得亭〔停〕滯；如滯帖
者，准條科罰。帖周却付本司，〔用〕〔四〕凴〔憑〕告罰。
　　十一月五日錄事趙員子
社官麴　社長齊監使　羅水官　安神〔押〕〔五〕衙
鬥兵馬使　馬兵馬使　麴平水　王兵馬使　齊兵
馬使　齊兵馬使〔六〕　溫兵馬使　張王任　齊
神〔押〕〔七〕衙　齊營田　曹員處　買訥諸　楊清兒
董員遐　曹員清　溫奴奴

説明

本件無紀年，其時代在公元九〇九年後，理由見同號内之「某年十一月十五日秋座局席轉帖抄」。

校記

（一）營田，原作「營田」，爲「營田」之合文。

（二）捉，據文義及其它社司轉帖例補。

（三）食，據文義及其它社司轉帖例補。

（四）用，據文義及其它社司轉帖例補。

（五）神，當作「押」，據文義改。

（六）齊兵馬使，此名前已有，疑衍。

〔七〕神，當作「押」，據文義改。

85 春座局席轉帖抄　　十世紀末至十一世紀初

（斯六〇六六背）

社司轉帖

右緣年支春座局席，次至主人王佛奴。人各粟一斗。

（以下原缺文）

說　明

本帖係抄件，原未抄完，無紀年。本件正面爲「壬辰年四月廿三日社司請社人赴局席轉帖」一，其絶對年代已考出在公元九九二年（參看該件説明）。依正面先寫，背面後寫的通例，本件當抄於十世紀末至十一世紀初。

86 二月坐社轉帖（斯五八一一三）

社司　　轉帖

二月坐社氾子昇

右件人坐社，人各助麥一斗五升，粟二斗。

其麥粟請限今月廿日至夜送納。如違

不送，其物陪（倍）(二)，其帖速遞不得停留。

如有停帖者，准條料（科）(三)罰。二月十八日索

不採帖。

社官宋知

社長張知

（後缺）

說明

本件尾部殘缺，失紀年。帖中之氾子昇是個寫經生，敦煌遺書中保存了十幾卷他抄寫的佛經（如斯一〇九號、斯一八三四號等）。

校記

（一）陪，當作「倍」，據文義改。

（二）科，當作「科」，據文義及其它社司轉帖例改。

87 春坐局席轉帖抄（伯二八八〇）

社司轉帖　右（緣）〔一〕年支春坐局席，次至王醜子，人各粟一斗，麵一斤，油一合。幸請諸公等，帖至，限今月□日卯時，於永安寺門前取齊。足（捉）〔三〕二人後到，罰酒一角；
全不來，罰半瓮。
其帖各自丰（示）〔三〕名
遞過者。
社官鄧　社長姚　曹虞後（候）　石子君
兵馬使梁萬端

說　明

本件書法極差，自左向右書寫，社人名書於帖文上端，側寫，非實用件，係草稿或抄書人隨手雜寫，無紀年。茲改為自右向左書寫，社人名改為正寫，置於帖文之後。

校記

〔一〕緣，據文義及其它社司轉帖例補。

〔二〕足，當作「捉」，據文義及其它社司轉帖例改。

〔三〕丰，當作「示」，據文義及其它社司轉帖例改。

88 社司局席轉帖（斯三二七背）

社司　轉帖〔一〕

右緣年支□□局〔二〕席，次至主人王富全，人各麵一斤，粟一斗。

幸請諸公等〔三〕，帖至〔四〕，限〔五〕今月廿三日卯時主人家送納。捉二人後到，

罰酒一角〔六〕；全不來者〔七〕，罰〔八〕酒半瓮。其帖各自示名遞過者。

□　月〔九〕廿二日錄事景帖

□安定。　□□全　王弘。□　王章。

（後缺）

說明

本卷正面是佛經。因本帖是被用來粘接紙張。以便正面書寫佛經。故尾部上半部已被剪掉。但上半部可據文義及其它局席社司轉帖補足。與本件相連的是一件卷社結案局席文書，亦被用來粘接紙張。下半部及尾部殘缺。本件失紀年。

校記

（一）社司轉帖，據其它社司轉帖例補。
（二）右緣年支、局，據文義及其它春秋座局席社司轉帖例補。
（三）幸請諸公等，據文義及其它社司轉帖例補。
（四）帖至，據文義及其它社司轉帖例補。
（五）限，據文義及其它社司轉帖例補。
（六）罰酒一角，據文義及其它社司轉帖例補。
（七）全不來者，據文義及其它社司轉帖例補。
（八）罰，據文義及其它社司轉帖例補。
（九）月，據文義及其它社司轉帖例補。

89 某年正月廿九日春座局席轉帖

（斯三一一四十斯一三五九B）

Дх三一一四

社□司□　右緣年(一)支春座局席，次至主人孔住清。

Дх一三五九

人各麵壹貳斤(二)，麥壹㪷，粟(三)壹㪷，油半升。幸請諸

公(四)等，帖至，限今月廿九日辰時於主人家关（送）納(五)。捉二人後

到(六)，罰酒壹角；全(七)不來者，罰酒半瓮。其帖速遞(八)相

者，准條科罰。帖周却付本(九)

年正月廿九日錄事張押衙帖(一〇)。

說　明

本件已斷為兩片，兩片拼合後之錄文係沙知提供，轉錄時對原殘損的文字據文義和其它社司轉帖作了補正。本件後有「司轉帖右緣」五個字，兹未錄。

校記

〔一〕年，據其它春座局席轉帖例補。
〔二〕人各，據文義及其它社司轉帖例補；壹貳，據其它春座局席轉帖例，當有一字爲衍文。
〔三〕衆，據其它春座局席轉帖例補。
〔四〕公，據文義及其它社司轉帖例補。
〔五〕关，當作「送」，據文義及其它春座局席轉帖例改；納，據文義及其它春座局席轉帖例補。
〔六〕到，據文義及其它社司轉帖例補。
〔七〕全，據文義及其它社司轉帖例補。
〔八〕遞，據文義及其它社司轉帖例補。
〔九〕周、付本，據文義及其它社司轉帖例補。
〔一〇〕帖，據其它社司轉帖例補。

90 秋坐局席轉帖抄（斯一一六三背/1）

社司　轉帖

右緣年支秋坐局席，次至王赤門家。人各麵貳斤，油半升〔一〕，粟一斗。幸請諸公等，帖至，限今月□五日卯時於主人家送〔二〕納。捉二人後到，罰酒一〔三〕角；全不來者，罰酒半瓮。其帖速遞相〔四〕分付，不得停滯；如滯帖者，准條科罰。帖〔五〕周却付本司，用憑告罰。

説　明

本帖係抄件，無紀年，原爲自左向右書寫，茲改爲自右向左書寫。本件後還有兩件「秋座局席轉帖抄」，但均只抄起首二行，内容未超出本件範圍，兹不重出錄文。此外尚有兩件「春坐局席轉帖抄」和其它内容，均爲習字者所抄錄。本卷正面是「太公家教」一卷，背面内容書寫在修補紙張的殘紙上。

校記

〔一〕升，據文義及其它社司轉帖例補。

〔二〕送，據文義及其它社司轉帖例補。

〔三〕酒一，據文義及其它社司轉帖例補。

〔四〕相，據文義及其它社司轉帖例補。

〔五〕帖，據文義及其它社司轉帖例補。

91 春座局席轉帖稿 （斯六〇〇八）

社司轉帖

右緣〔一〕年支夷（春）〔二〕坐局席，次至陰顧昌家送納。人各麵〔三〕□斤，油半升，粟壹斗。帖至，限今月某日某時〔四〕於龍興寺門前取齊。促（捉）〔五〕二人後到，罰酒壹角；全不來者，罰酒半瓮。其帖速遞〔六〕相分付，不得亭（停）滯；如滯帖者，准條科〔七〕罰。帖周卻付本司，用憑告罰。

說　明

本件云某日某時，當係帖稿。

校記

（一）右緣，據文義及其它社司轉帖例補。

（二）夫，當作「春」，據文義及其它社司轉帖例改。

（三）麵，據文義及其它社司轉帖例補。

（四）時於，據文義及其它社司轉帖例補。

（五）促，當作「捉」，據文義及其它社司轉帖例改。

（六）速遞，據文義及其它社司轉帖例補。

（七）科，據文義及其它社司轉帖例補。

92 座社局席轉帖抄 （斯六一〇四）

社司〔三〕　右緣年支座社局席，次至

慶果家。人各粟壹㪷，麵斤米（半）〔三〕，油米（半）〔三〕勝。帖至，限今月二十一日在夜於席主家送納，須足。捉二人後到，罰酒壹角；全不來者，罰酒米（半）〔四〕瓮。其帖立遞相分付，不得（停）〔五〕滯；如滯帖者，准條科罰。

說明

本帖係抄件，無紀年。原為自左向右逆寫，茲改為自右向左書寫。

校　記

〔一〕據其它社司轉帖例，「社司」下脱「轉帖」二字。
〔二〕米，當作「半」，據文義改。
〔三〕米，當作「半」，據文義改。
〔四〕米，當作「半」，據文義及其它社司轉帖例改。
〔五〕停，據文義及其它社司轉帖例補。

93 春座局席轉帖抄　　（伯二九七五背）

社司　轉帖

右緣年支春座局席，次至主人判瘦蝎。
人各麵壹斤，粟壹㪷，油半升。幸請諸公

等，帖至，限今月廿日寅時於主人家送納。捉二人後到，罰酒壹角；全不來者，罰酒半瓮。其帖速遞相分付，不得停滯；如滯帖者，准條科罰。帖同（周）却起（付）本司〔二〕，用憑吉（告）〔三〕罰。

校　記

〔一〕同，當作「周」；起，當作「付」，均據文義及其它社司轉帖例改。
〔二〕吉，當作「告」，據文義及其它社司轉帖例改。

94 某月十日春座局席轉帖抄　　〔伯四〇一七〕

社司轉帖　右緣年支春座局席，次至主人。人各麥壹㪷，粟壹㪷，麵貳斤，油半升。幸請諸公等，帖至，限今月十一日卯時於主人家送内（納）。捉二人後到，罰酉（酒）一瓫（角）〔二〕；全不來，罰酒半瓫。其帖東（速）〔三〕遞相分付，不得停滯。如滯帖者，准條科罰者。

說　明

本帖係抄件，原未抄完，「准條科罰者」下接着抄寫渠人轉帖和行人轉帖等，本件前有兩件春座局席轉帖抄。

校記

（一）酉，當作「酒」；貪，當作「角」。均據文義及其它社司轉帖例改。

（二）東，當作「速」，據文義及其它社司轉帖例改。

95 某月廿六日春坐局席轉帖抄（斯一一六三背/2）

社司　轉帖

右緣年支春座局席，次至（一）□慶子家，每人各粟壹斗，麥壹㪷，馬使馬付（二）麵壹斤，由（油）半升。幸請諸公（三）等，帖至，限今月廿七日卯時於主人家送納。捉二人後到，罰酒一角；全不來，罰酒半貪。其帖速遞相分付，不得停滯（四）；（以下原缺文）

説明

本帖係抄件，原未抄完，無紀年。本卷情况參看本號「秋座局席轉帖抄」説明。

校記

〔一〕次至，據文義及其它社司轉帖例補。

〔二〕馬使、馬付，原書於行間，不能確定與本件有無關係，暫照錄。

〔三〕諸公，據文義及其它社司轉帖例補。

〔四〕滯，據文義及其它社司轉帖例補。

96 秋座局席轉帖抄（伯二四九八）

□年支秋座局
□□斤，粟一斗，麥
□幸請諸公等，帖至，限今月廿八日
□卯時於主人家送納。捉二人後到，罰酒
壹角；全不來者，罰酒半瓮。其帖立遞相分付，不得停
滯，（以下原缺文）

說　明

本件原爲倒寫，玆改爲正寫。

97 春座局席轉帖抄（斯六四六一背/1）

社司　轉帖　右緣年支春坐局席，次至主
人黑苟兒兒家，（人）〔二〕各麥一㪷，粟一㪷，麵斤〔三〕，
油半升。幸請諸公等，帖至，限今月廿十（十字疑衍）
八日主人家送納。足（捉）〔三〕二人後到，罰酒一角；
（後缺）

說　明

本帖係抄件，無紀年。原爲自左向右逆寫，兹改爲自右向左書。本件後另有文字二行，其中一行是重抄本件起首的內容，因與本件同，不重出錄文。

校記

（一）人，據文義及其它社司轉帖例補。

（二）「斤」上疑有脫文。

（三）足，當作「捉」，據文義及其它社司轉帖例改。

98 秋座局席轉帖抄　（伯三六六六背）

社司　　轉帖

右緣年支秋座局席，[次][至]（二）

安君家。人[各]（三）粟一斗，麵壹

斤，油半升，[　　　　　　]

九日卯時於□□□門前取

齊。捉二人後到者，罰酒一
瓮。□
（以下不清楚）

說明

本件係習字者所抄錄，用墨甚淡，甚難辨識。原爲自左向右逆寫，兹改爲自右向左書寫。帖右方又有「社司轉帖右緣秋座」文字兩行，因與本件内容重復，不重出錄文。

校記

（一）次至，據文義及其它社司轉帖例補。

（二）各，據文義及其它社司轉帖例補。

99 春坐局席轉帖抄 （斯一一六三背/2）

社司　轉帖

右緣年支春坐局席，[次][至]（一）□秋子家。人□

油半勝，粟一斗。幸請[諸][公][等]（二），帖至，限□

日卯時於主人家送納。捉二人後到，罰□

（以下原缺文）

説明

本帖係抄件，原未抄完，無紀年。本件原爲自左向右書寫，兹改爲由右向左書寫。本件前有「社司轉帖」四字，後有「親情社」三字，「親情社」後又有「社司轉帖」四字及其它内容，均不屬本件，未録。本卷情况參看本號「秋座局席轉帖抄」説明。

校記

〔一〕次至，據文義及其它社司轉帖例補。

〔二〕諸公等，據文義及其它社司轉帖例補。

100 某月十六日春座局席轉帖抄（伯四〇一七）

社司　轉帖

右緣年支春座局席，次至
主人，人各麥（壹）〔一〕㪷，粟壹㪷，麵
貳斤，油半斤。幸請諸公等，
帖至，限今月十七日卯時於主
人家送納。捉二人後到，
（中空一行）
罰酉（酒）〔二〕半瓮。其帖東（速）〔三〕□

說　明

本帖係抄件，原未抄完。其後有「乙酉年七月廿七日立契」雜寫一行，除本件外，本號還有兩件「春座局席轉帖」，一渠人轉帖，一行人轉帖及其它内容，均爲習字者所抄録。

校記

〔一〕壹，據文義及其它春秋座局席社司轉帖例補。
〔二〕酉，當作「酒」，據文義及其它社司轉帖例改。
〔三〕束，當作「速」，據其它社司轉帖例改。

101 春座局席轉帖抄 （北京大學圖書館藏D二四六（有複本兩件））

社司轉帖　右緣年支春

座局席，次至（主）（人）㈢王吉奴家。人各

麵壹斤，粟壹㪷，油壹合。

幸請諸公等，帖至，限今月

廿八日卯時，於主人家送納。

□捉二人後（以下原缺文）

說　明

本件原未抄完，無紀年。本帖錄自唐耕耦、陸宏基《敦煌社會經濟文獻真蹟釋錄》第一輯第三三九頁的圖版，上引書中在本件前還有兩件與本件內容相同的圖版，亦係習字者所為，其中第一件只抄寫起首三行，與本件文字略異；另件抄寫起首四行，與本件文字全同。這兩件所抄內容均較本件少。故以第三件為底本，以第一件為參校本，稱之為甲本。

校　記

〔一〕主人，據甲本補。

102 春座局席轉帖抄　（伯三〇九四背（斯一〇四八背））

社司轉帖右緣常年〔二〕春座局席，人各粟壹㪷，油半升，幸請
諸公等，帖至，限今月十七日卯時，於主人家送納，足（捉）〔三〕二人
（以下原缺文）

說　明

本帖係抄件，原未抄完，無紀年。斯一〇四八背所抄內容與本件略同，但文字比本號更少。今以本號爲底本，用斯一〇四八背參校，稱之爲甲本。

校記

（一）常年，甲本作年支。

（二）足，當作「捉」，據文義及其它社司轉帖例改。

103 春座局席轉帖抄 （伯二四三九背）

社司轉帖　右緣

年支春座局席，次（至）〔一〕王醜兒家。人各粟一斗。

麵二斤，由（油）一合。幸請諸公等，帖至，限今月十六日卯時於永安寺門（以下原缺文）

說　明

本件係習字者所抄錄。原未抄完，没有紀年。原爲自左向右書，兹改爲自右向左書。

校　記

〔一〕至，據文義及其它社司轉帖例補。

104 春座局席轉帖抄（斯一七三背/4）

社司　轉帖右緣年諸（支）春座局
席，次至陰醜子家，人各油半升，麺壹
㪷。幸請諸公等，帖至，限今月（以下原缺文）

105 春座局席轉帖抄（伯四〇一七）

社司轉帖　右緣年支春座
局席，次至王醜子家，人各
粟一（斗）(二)，幸請諸公等，帖
（以下原缺文）

説明

本帖係抄件，原未抄完，無紀年。除本件外，本號還有兩件「春座局席轉帖」，一渠人轉帖，一行人轉帖及其它內容，均爲習字者所抄錄。

校記

〔一〕斗，據文義及其它社司轉帖例補。

106 春座局席轉帖抄　〔伯三六二一背〕

社司　轉帖

社官

右緣常年春坐局席，此（次）〔一〕致（至）汜枝（？）子家，人各粢（送）□麥一斗，粟一斗，麵二巾（斤），油一合。其（以下原缺文）

校記

〔一〕此，當作「次」，據文義及其它社司轉帖例改。

107 秋座局席轉帖抄 （斯八六五背）

社司轉帖

右緣年支秋座局席〔二〕，麥壹一（斗）〔三〕，粟壹一（斗）〔三〕，油半升，麵貳斤，（以下原缺文）

說明

本帖係抄件，原未抄完，無紀年。原爲自左向右書寫，茲改爲自右向左書寫。本號内另有三件「秋座局席轉帖抄」，但均只抄起首三行，内容未超出本件範圍，不再重出錄文。

校記

〔一〕據其它春秋座局席社司轉帖，「局席」下有脱文。

（二）一，當作「斗」，據其它春秋座局席轉帖改。

（三）一，當作「斗」，據其它春秋座局席轉帖改。

108 春座局席轉帖抄 （北圖八四二七）

社司轉帖　右緣年支春座局席，次至唐盈通家送納。人各（以下原缺文）

109 春座局席轉帖抄

（斯五八七九背（斯五〇三二、斯三八七七、斯五〇八〇背/1、斯三三九三背/1））

社司轉帖　右緣年支春座局席，次至張留□
家送（以下原缺文）

說　明

本帖係抄件，只抄錄了起首一行。本件分別寫於四個卷子中，非一人所抄，也不一定是抄於同時，但所抄内容相同，又以斯五八七九背所抄内容最多，故將其它四號附於本號。

110　春座局席轉帖抄　（北京大學圖書館藏D二四六背）

社司轉帖右緣年支

春座局席，次至主人

索頤（以下原缺文）

說明

本件係習字者所抄錄，原未抄完，無紀年。錄自唐耕耦、陸宏基《敦煌社會經濟文獻真蹟釋錄》第一輯第三三九頁圖版。

三 春座局席轉帖 （斯五八七九）

社司轉帖　右緣年支春座局席，

（後缺）

112 二月社不納麥人名目（伯二八〇三）

二月社　不納麥人：張闍梨　令狐如茂　張員
索懷錫

說　明

本件在兩個官牒中間的空白處。牒的時代在天寶九載，則本件當在天寶九載以後。本件記錄了二月社時不按規定納麥的人名，以備處罰。本件不屬春坐、秋坐、座社等局席轉帖，但與春坐局席有關，故將其附於該類。

(三)建福、設齋、設供等轉帖

113 某年四月一日設齋轉帖　吐蕃時期　(斯五八二五)

社司　轉帖

五日齋頭李社官

右前件齋准條人各助麥一斗，

其麥限五日之前納。如違，准條科罰。其

帖遞相分付，帖周却送。四月一日社長楊岸。

望知　馬璀　王朝朝知　宋雲知　張復九知　梁明知　梁興知

生茂知　白胤知　董暉知　郭善兒知　薛屯兒知　馬剛　閻延進知

索意　王國清知　龍平平知　楊慊(謙)讓　張伯倫知　氾溫知

說明

本件是社司用來通知社人納物設齋的轉帖，沒有紀年。但據藤枝晃考證，本帖中的社人楊謙讓，生活在吐蕃統治敦煌時期，則本帖亦當成於吐蕃時期。目前已知敦煌遺書中保存的楊謙讓所在社的文書計有四件，即斯五七八八「社司再限納物轉帖」、Ch.IOL八二背「社司十三日設供轉帖」、斯五八二三「社司月直令狐建充次違例牒」和本件。這一組文書為了解吐蕃統治敦煌時期社邑活動情況提供了重要材料。另，斯五八二三「殘社司轉帖」中亦有楊謙讓之名，因該件其它社人名均與本件不同，故不能確定這兩個楊謙讓是否同一人。

114　某月十三日設供轉帖　吐蕃時期

〔Ch.IOL八二背〕

社司　轉帖

梁伯明今月十五日〔一〕設供，請依
時赴，如違准條科（罰）〔二〕。十三日楊讓帖

社官李祥
社長楊岸

王超知　馬璀知　董渾（暉）知〔三〕　宋雲　張伯倫

（後缺）

說　明

本件是通知社人參加設供的轉帖，設供即為設齋。本件與上件斯五八二五「某年四月一日設齋轉帖」為一社之物，「楊讓」即該件中之「楊謙讓」，其

時在吐蕃時期，有關情況參看該件説明。

校記

（一）日，據文義補。

（二）罰，據文義及其它社司轉帖例補。

（三）渾，當作「暉」，據斯五八二五「社司五日設齋轉帖」改。

115 公元八五八至八九四年正月十三日常年設齋轉帖抄

（斯三二九背/5）

社司　　轉帖

右緣常年設齋，人各麥一㪷。幸請諸公等，帖至，限
今月廿七日齋時於普光寺門取齊。後到，
罰三㪷；全不到，罰麥五㪷。其帖立遞相分付，
不得停滯；如滯帖者，准條科罰。帖周却
付本司，用憑告罰。　正月十三日錄事　帖。
社官郭某　社長武　虞候游通信　竹胡奴

說明

本帖係抄件，原為自左至右迸書，兹改為自右向左書寫。本件無紀年，其前有「大中十二年（八五八）五月廿三日夜於王家色女壹頭」，後有「歲次甲寅六月廿四日立契」。這個「甲寅」是乾寧元年（八九四），理由見本號內「公元八八九四年前後年支□局席轉帖抄」說明。則本件當抄寫於公元八五八至八

九四年。

116 公元九一一年前後（？）建福轉帖抄（伯三五〇三背）

社司轉帖右緣建福一日，人各盧（鑪）并（餅）一雙㈡，粟一斗。幸請諸公等，帖至，限今月卯時於龍興寺門前㈢（以下原缺文）

說明

本件係通知社人參加建福活動的轉帖抄件，建福爲建齋等佛事。本件原未抄完，無紀年。其後有「辛未年四月十五日立契燉煌鄉百姓某通昇爲緣」、「法目」一推測此辛未年爲公元九一一年，如是，本件可能也抄於該年代前後。

校記

〔一〕并，當作「餅」，據文義及其它建福社司轉帖例改。

〔二〕今月兩字以下，按其它社司轉帖體例，當有「某某日」。

三　庚寅年（九三〇？）正月三日建福轉帖　（伯三〇三七）

社司　轉帖

右緣准例建福一日，人各饘餅一雙，粟一斗。幸請諸公等，帖至，限今月四日卯時於大悲寺門前取齊。捉二人後到，罰酒壹角；全不來者，罰酒半瓮。其帖速遞相分付，不得亭（停）滯；如滯帖者，不（不字疑衍）准條取儥〔二〕。（帖）〔三〕周却赴

（付）本司，用憑告罰．

庚寅年正月三日錄事董　帖咨．

太子　翟僧正　曹僧正　安僧正　羅僧正
宋法律　戒隨闍梨　王僧正　氾法律　馬
法律　王法律　楊法律　徐法律　闍押牙
吳押牙　陰押牙　馬押牙　高押衙　索草場
宋押牙　司徒陰押牙

說　明

本件紀年為「庚寅」，李正宇將本件中的庚寅定在公元九九〇年，但未說明理由。「索草場」見於伯二〇四〇背「後晉時期（九三六至九四七）淨土寺諸色入破歷算會稿」，如果這兩個索草場為同一人，本件之庚寅當距上述時期較近的天成五年（九三〇）。

校記

（一）准條取償，據其它社司轉帖例，當為「准條科罰」。

（二）帖，據文義及其它社司轉帖例補。

118 庚戌年（九五〇）閏四月佛堂頭壘蘭墻轉帖（一）　（Дх一四一〇）

社司　轉帖（二）

右緣佛堂頭壘蘭墻，人各柴壹束，鍬（三）

钁一事。帖至，限今月七日卯時於佛堂

頭取齊。捉二人後到，各罰酒一角；全不來，
罰酒半瓮。其帖立遞相分付，不得停
滯；如滯帖者，准條科罰。帖周却赴（付）本
司，用憑告罰。　庚戌年潤（閏）四月　　帖。

張社官　劉社長　張保員
唐押衙　程押衙　張金光
張安定　兵馬使馬定奴　張住子
不般（搬）壘人劉社長　劉萬子
（後缺）

說　明

本件是社司用於通知社人參加佛堂頭壘園墻活動的轉帖。紀年為「庚戌年

閏四月」，且有押衙、兵馬使等官職，其時當在歸義軍時期。歸義軍時期計有兩個庚戌年，即大順元年（八九〇）和乾祐三年（九五〇）。經查大順元年是閏九月，乾祐三年是閏五月。據鄧文寬研究，敦煌地區所用曆書置閏與中原不盡相同，但一般相差一兩個月。據此，此件之庚戌應在乾祐三年。又本件中之社人「張住子」，見於伯三三七二背「壬申年十二月廿二日常年建福轉帖抄」（該件之年代已考出在公元九七三年，參看該件說明）和伯四〇六三「丙寅年四月十六日官健社春座局席轉帖」（該件年代已考出在公元九六六年，參看該件說明）。如果這三個「張住子」為同一人，本件之庚戌亦當在距九六六、九七三較近的乾祐三年。另，伯三九五九「社司付社人粟、黃麻、麥歷」中出現的社人名籍與本件相同，兩件當為一社之物，其時代應相近。

校記

（一）本件現藏俄羅斯聯邦聖彼得堡俄羅斯聯邦科學院東方研究所分所，此據孟列夫主編《亞洲民族研究所敦煌特藏漢文寫本目錄》所附圖版錄出。

（二）社司轉帖四字，據其它社司轉帖例補。

（三）鍬，據殘字偏旁及文義補。

119 某月七日建福轉帖　九世紀末至十世紀上半葉（？）

（伯二八四二3）

（前缺）

香花佛食

氈褥供養具，一仰法通；佛印伍從上，各一；其香花、佛食、佛印不到者，准上科罰。其帖火急遞相分付，不德（得）停滯；如滯帖者，准前罰。帖周却付集所。

今月七日錄事福□□

社官印　僧統印　神贊印　洪澤印　勝燈印　海□　福信　福燈　道□

福客　□通　呂文賢

說明

本件前缺，失事由，從所存内容來看，是通知社人參加佛教活動的轉帖。本件無紀年，但帖中之「法通」見於斯二六一四背「沙州諸寺僧尼名簿」，該件之年代已考出在公元九世紀末到十世紀初（參看伯三三九一背「丁酉年春秋局席轉帖稿」說明），「福信」則見於斯四四五二「開運三年（九四六）三月一日某寺徒衆算會」。如果這兩個同名者均爲同一個人，本件的年代當在上述兩件文書之間，即公元九世紀末至十世紀上半葉。

120 年支社齋轉帖抄　十世紀中葉（？）

（伯二七一六背（同號内有複本一））

社司轉帖　右緣年支社齋，次至劉仵子家。人各麥壹㪷，粟壹㪷，油半升，麵壹斤。幸請諸公等，帖至，限今月廿八日寅時於永安寺門前取齊。捉二人後到，罰酒壹角；全不來者，罰酒半瓮。其帖速遞相分付，不得停滯；如滯帖者，准條科罰。帖周却付本司，用憑告罰。

社長李　社官曹

社子張神通　氾山山　張奴奴　張□

子　陰□□　李安子　鄧□□

說　明

本件係社司用於通知社人參加年支社齋活動的文書抄件。本件被抄寫者連抄兩遍。自右往左排列，第一件字體比較工整、清晰，但僅有轉帖正文，未錄社人名。第二件爲自左向右書，字蹟潦草，且墨較淡，多處不易辨認。今帖文以第一件爲底本，社人名則以第二件爲底本。本件無紀年，但本卷正面「論語集解」正文後有咸通五年題記一行。按照正面先寫，背面後寫的通例，本件的抄寫年代當在咸通五年（八六四）之後。又本件中之社人「張奴奴」，見於斯四八一二「天福六年（九四一）二月廿一日麥粟算會」，如果這兩個張奴奴爲同一人，本件的年代可能在十世紀中葉。

121 辛未年（九七一）二月七日搜佛轉帖（Дx一四〇一）

社司　轉帖　張少清√　安再升　梁押牙馬　王醜子　馬保子

馬再定　馬佛住　畫押牙　董留定　高顧昌　令狐押牙　翟萬

住　慕暁（容）〔二〕全馬　王富奴　王富德　安萬端　安保千馬　杜

瑠宗　王保定　梁保德　高進和　□□猥　已上社人搜佛，

須德（得）本身，帖至，限今月七日□内取齊，捉二人後

到，罰酒一角；全不來，罰酒半甕。其帖立遞相分付，不得停

滯；

如滯帖者，准條科罰。帖周却付本司，用憑告罰。

辛未年二月七日錄事李帖諮。

說　明

本件錄文係沙知提供，轉錄時個別文字據文義作了校補。本件紀年為「辛未」，「王醜子、馬再定、馬佛住、翟萬住、安萬端、王保定、梁押衙」見於斯四四七二背/1-3「辛酉年十一月廿日張友子新婦身故聚贈曆」，該件之年代已考出在公元九六一年（參看該件說明），則本件之辛未應為距其較近的開寶四年（九七一）。因同名者在上述兩件中屬少數，錄事亦不同，故不能確定兩件是否同屬一社。本件係通知社人拽佛，時間在二月七日，很可能是為二月八日的行像活動做準備；所列社人名單中有三人名下有「馬」字，當屬被分攤出馬者。行像活動是敦煌地區的一項大型佛事活動，當時有專門協助寺院舉辦此活動的行像社，本件或即行像社轉帖。

又，本件是先列社人名，後書轉帖正文，與一般社司轉帖不同，而與渠人轉帖相類。

校記

〔一〕曉，當作「容」，據文義改。

122 壬申年（九七三）十二月廿一日常年建福轉帖抄

（斯二八九四背/2）

社司　　轉帖

右緣常年建福一日，人各爐併（餅）〔二〕壹雙，淨粟壹㪷。幸請諸公等，帖

至，限

今月廿二日卯時於安家酒店取齊。捉二人後到，罰酒壹角；全不

來，罰酒半瓮。其帖速遞相分付，不得停滯；如滯帖者，准條科罰。帖周却赴（付）本司，用憑告罰。

壬申年十二月錄事宋帖。

張富德　李萬定　王清兒　趙没利　陰彦弘　薛什子　唐慶住　鄧福勝

（後缺）

說明

本帖係抄件，紀年爲壬申年十二月，其絶對年代是公元九七三年，理由見本號内「壬申年十二月廿二日常年建福轉帖抄」說明。

校記

〔一〕併，當作「餅」，據文義改。

123 壬申年（九七三）十二月廿二日常年建福轉帖抄

（斯二八九四背/2）

社司　轉帖

右緣常年建福一日，人各鑪併（餅）〔二〕壹雙，粟壹㪷，幸請諸公等，帖至，限今月廿三日卯時於曹家酒店取齊。捉二人後到，罰酒壹角；全不來，罰酒半瓮。其帖速遞相分付，不得停滯；如滯帖者，准條科罰。帖周却赴（付）本司，用憑告罰。

壬申年十二月廿二日錄事張帖。

社官曹　社長安　汜再昌　宋友長　梁延會　安醜子　曹興定　張全子　陽
長殘　曹願盈　令狐願松　張幸全　安延子　董醜成　梁永千　令狐願興　張
富千

說明

本帖係抄件，原為倒寫，茲改為正寫。本號計有社司轉帖抄六件，其中建福轉帖抄四件，身亡轉帖抄二件。此六件轉帖抄筆體相似，疑為一人所抄。這六件轉帖抄的紀年均為「壬申年十二月」，其間又夾有「開寶悟(五)年(九七二)正月廿日辛延晟曹願長結會紀」，開寶五年的干支恰為「壬申」，則上述六件轉帖抄的年代均應在開寶五年。又，本件中之社人「張富千」見於伯四九八七「戊子年七月安三阿父身亡轉帖」，該件之年代已考出在端拱元年（九八八），如果這兩個張富千為同一人，上述六件轉帖抄中之壬申亦當在開寶五年。

但開寶五年十二月已進入公元九七三年，故本號内的六件社司轉帖抄的絶對年代應在公元九七三年。

本件中之社人「氾再昌」見於本號内「壬申年十二月氾再昌妻亡轉帖抄」，這兩件轉帖可能爲一社之物。

校記

〔一〕併，當作「餅」，據文義改。

124 壬申年（九七三）十二月廿二日常年建福轉帖抄
（伯三三七二背）

社司　轉帖

右緣常年建福一日，人各粟壹㪷，鑪併（餅）(一) 壹雙，鵬鴿蕭壹具，畫被弓壹張。幸請諸公等，帖至，限今月（廿）(二) 四日卯時於端嚴寺門前取齊。捉二人後到，罰酒壹角；全不來，罰酒半瓮。其帖速遞相分付，不得停滯；如滯帖者，准條科罰。帖周却付本司，用憑告罰。壬申年十二月廿二日錄事帖。

社官宋慈子　社長徐安德　社老康幸深　氾友住　張再昌　杜清奴

羅再寧　王骨子　翟大眼　史流定　張住子　王山定　孟鵬子　任醜撻

馬平水　氾再昌　吉山定　程順興　吉山定(三)　張安三　宋友長(四)

氾再昌(五)　安醜子　梁延會

說　明

本件係抄件，紀年爲「壬申年十二月廿二日」，李正宇將此壬申定在公元九一二年，但未說明理由。本件中之社人「氾再昌、宋友長、安醜子、梁延會」見於斯二八九四背/2「壬申年十二月廿二日常年建福轉帖抄」；「康幸深」見於斯二八九四背/2「壬申年十二月卅日常年建福轉帖抄」。上述兩件中之「壬申年十二月」已考出是公元九七三年（參看斯二八九四背/2「壬申年十二月廿二日常年建福轉帖抄」說明），則本件之「壬申年十二月」當亦在九七三年。又，本件中之社人「張安三」見於伯四九八七「戊子年七月安三阿父身亡轉帖」，該件之年代已考出在公元九八八年（參看該件說明）。如果這兩個張安三爲同一人，亦可作爲本件上述定年的參證材料。值得注意的是，上面提到的轉帖與本帖並非一社之物，除上面提到的同名人外，社長、社官及其它社人都不同。這幾個人大約是同時加入了兩個社，他們的姓名就同時出現在兩個社的名單中。

校記

（一）併，當作「餅」，據其它建福社司轉帖例改。

（二）廿，據文義補。

（三）吉山定之名前已有。

（四）宋友長下有「友長」二字，未錄。

（五）汜再昌之名前已有。

125 壬申年（九七三）十二月廿八日常年建福轉帖抄

（斯二八九四背/4）

社司　　轉帖

右緣常年建福一日，人（各）爐（餅）壹雙[二]，粟壹㪷。幸請諸公等，帖

至，限今
月廿九日卯時於曹家酒店取齊。捉二人後到，罰酒壹角；全不來者，罰酒半瓮。其帖速遞相分付，不得停滯；如滯帖者，准條科罰。帖周却赴（付）本司，用（憑）〔三〕告罰。

壬申年十二月廿八日錄事帖

說明

本帖係抄件，紀年爲「壬申年十二月廿八日」，絶對年代是公元九七三年，理由見本號内「壬申年十二月廿二日常年建福轉帖抄」說明。

校記

〔一〕各、餅，據本號内其它建福轉帖抄補。

〔二〕憑，據文義及其它社司轉帖例補。

126 壬申年（九七三）十二月卅日常年建福轉帖抄

（斯二八九四背/2）

社司　轉帖

右緣常年建福一日，人各鑪併（餅）〔二〕壹雙，淨粟壹㪷。幸請諸公等，帖至，限今月卅一日卯時於罰家酒店取齊。捉二人後到，罰酒壹角；全不來者，罰酒半瓮。其帖速遞相分付，不得停滯；如滯帖者，准條科罰。帖周却赴（付）本司，用憑告罰。

壬申年十二月卅日錄事帖。

安員吉　康幸深　石海全　吉崑崗　羅瘦兒　曹幸恒　白擖槿

米不勿　史幸曹　唐文通　宋苟奴　邦醜槌　泊知客　辛懷恩

何不勿

說　明

本帖係抄件，紀年爲「壬申年十二月卅日」，其絕對年代是公元九七三年，理由見本號内「壬申年十二月廿二日常年建福轉帖抄」說明。

校　記

〔一一〕併，當作「餅」，據文義改。

127　某年正月設齋轉帖　十世紀後半葉　〔伯二八二五背〕

社司　轉帖

右緣年枝（支）正月齋，次至張慶子家，人各麵一升。幸請諸公等，帖至，限今月十七日於淨土寺門前取齊，並麵。如有後到者，罰麥叁斗；如有麵、行香不來者，罰麥伍斗。其帖速遞相分付，不得停滯；如停帖者，准條科罰。帖周却付本司，用憑告罰。

□□僧□知□

翟文進知

盧胡奴知

説　明

本件原爲自左向右書寫，茲改爲自右向左書寫。原件用墨較淡，不易辨識，尾部紀年、發帖者及社人姓名因墨蹟脱落多數已辨認不出。社人「翟文進」生於敦煌曆法世家，斯一四七三保存有他編撰的「太平興國七年（九八二）壬午歲具注曆日」，斯九五保存有翟奉達纂，翟文進書寫、勘校的「顯德三年（九五六）丙辰歲具注曆日」。據此，本件之年代當在公元十世紀後半葉。

128 年支建福轉帖抄　（斯三四五背/1）

社司　轉帖

右緣（年）〔一〕支見（建）福一日，人久（各）錄（鑪）并（餅）一雙〔二〕。幸請

諸公等，帖至，限今月十五日卯

時於大雲寺門前取齊。捉二人後到，罰酒一角；全不來

者，罰酒悉（半）〔三〕瓮。其帖速弟（遞）相付分〔四〕，不得停滯；如滯

帖者，隹（准）〔五〕條科罰。帖滴（周）〔六〕却赴（付）本司，用憑高（告）〔七〕罰。

壬辰。

校記

〔一〕年，據文義及其它社司轉帖例補。

〔二〕久，當作「各」；錄，當作「鑪」；并，當作「餅」，均據文義及其它

建福轉帖例改。

（三）悉，當作「半」，據其它社司轉帖例改。

（四）付分，據其它社司轉帖例當作「分付」。

（五）佳，當作「准」，據文義及其它社司轉帖例改。

（六）滴，當作「周」，據文義及其它社司轉帖例改。

（七）高，當作「告」，據文義及其它社司轉帖例改。

129　某年正月九日設齋轉帖（斯六一七四）

社司〔一〕　轉帖

右緣正月設齋一供，次至〔二〕□伍勝，

油半勝，豆等勿（物）。帖至，並□家送

納。如違依時不納者，罰□罰酒

丰食。其帖速遞相[分][付](三)，[不][得][停][滯](四)；[如](五)滯帖者，

准條科罰。帖周卻赴(付)[本][司](六)，[用][憑][告](七)罰。

正月九日錄事帖諮。

□社官(知)　索社長(知)　白社●長　落文奴(押)

□□奴●　張興晟(知)　香(?)麴●麴　孔悉●努

(後缺)

校記

(一)社司，據文義及其它社司轉帖例補。

(二)至，據文義及其它社司轉帖例補。

(三)分付，據文義及其它社司轉帖例補。

(四)不得停滯，據文義及其它社司轉帖例補。

（五）如，據文義及其它社司轉帖例補。
（六）本司，據文義及其它社司轉帖例補。
（七）用憑告罰，據文義及其它社司轉帖例補。

130 常年設供轉帖抄　（斯六五八三背/1）

社司　轉帖
右緣常年設供，（次）（至）〔二〕主人鄧子延
家，人各助麥一斗。幸請諸公等，
帖至，限今月廿九日齋時鍾（鐘）聲
於宋家蘭若取齊。捉二人
後到，罰麥三斗；全不來者，罰
麥伍斗。其帖立遞商（相）〔三〕分付。

不得停滯；如滯帖者，准條（科）（罰）〔三〕。

說明

本帖係抄件，無紀年。抄錄者將本帖連抄四次，但後三次均只抄起首一行半至三行，因所抄内容與本件畧同，不重出錄文。今以第一件爲底本，以第四件爲參校本，稱其爲甲本。

校記

〔一〕次至，據甲本及其它社司轉帖例補。
〔二〕商，當作「相」，據文義及其它社司轉帖例改。

〔三〕科罰，據文義及其它社司轉帖例補。

131 年支正月燃燈轉帖抄（伯三四三四背）

社司 轉帖

右緣年支正月燃燈，人各油半升。幸請諸公等，帖至，限今月廿一日卯時於官樓蘭若門前取齊。捉二人後到者，罰酒一角；全不來者，罰酒一瓮。其帖速遞相分付，不得（以下原缺文）

說明

本件是社司用於通知社人參加年支正月燃燈活動的轉帖抄件。原未抄完，無紀年。

社司轉帖

132 常年設齋轉帖抄　（斯四六六三背/2）

社司　轉帖

右緣常年設齋壹日。幸請諸公等。帖至。限今月廿八日齋時於張善深家取齊（以下原缺文）

說　明

本帖係抄件，原未抄完。無紀年。

133 九月設齋轉帖抄（伯二七一五背）

社司轉帖　右年知（支）九月設齋，次至閻温了家，人各麪二斤（以下原缺文）

說　明

本帖係抄件，原未抄完，無紀年。

134 某月廿一日設供轉帖（斯六〇〇四）

社司　轉帖

右緣智瓊設，供養□

並限今月廿二日□

（後缺）

135 庚戌年（九五〇）十二月八日夜社人遍窟燃燈分配窟龕名數

（敦煌研究院藏）

庚戌年十二月八日夜□□□社人遍窟然（燃）燈

分配窟龕名數：

田闍梨 北大像已北至司徒窟計六十一盞，張都衙窟兩盞，大王天公主窟各兩盞，大像下層兩盞，司徒兩盞，大像天王四盞。

李禪 司徒北至靈圖寺六十窟翟家窟兩盞，社衆窟兩盞，宋家窟兩盞，文殊堂兩盞。

張僧政 崖下獨煞神至狼子堂六十盞，獨煞神五盞。

陰法律 第二層陰家窟至文殊窟上層令狐社衆窟六十五盞，內三聖小龕各然（燃）一盞。

羅闍梨 弟（第）三層太保龕至七佛堂八十二龕，內有三聖剎心各然（燃）一盞。

曹都頭 吴和尚已南至天龍八部龕計八十龕剎心內龕總在裏邊。

索幸者 第二層至第三層□家八金光龕八十龕內龕剎心總在裏邊。

陰押衙梁僧政 弟（第）二層普□龕至文殊堂又至靈圖寺龕至陳家龕六十三龕有三聖龕總在裏邊。

王行者 南頭弟（第）二層六十二龕何法師龕兩盞，剎心佛堂兩盞，大像上層四盞，至法花□。

安押衙杜押衙 吴和尚龕至天王堂卅六龕吴和尚龕三盞，七佛七盞，天王堂兩盞。

□□郎□ 陰家龕至南大像五十二盞，□八龍陰家龕三盞，王家兩盞，宋家龕兩盞，李家龕三盞，大像四盞，吴家龕四盞，大像天王四盞。

右件社人依其所配，好生精心注炙，不得懈怠觸穢，如有闕然（燃）及穢不盡者，匠人罰布一疋，充為工（公）廨；匠下之人，痛決尻杖十五，的無容免。

辛亥年十二月七日釋門僧政道真。

說明

本件現藏敦煌研究院，茲據唐耕耦、陸宏基《敦煌社會經濟文獻真蹟釋錄》所附圖版並參考各家已發表之錄文錄出。本件紀年爲「庚戌」，其絕對年代孫修身已考出是公元九五〇年。

本件雖非轉帖，但其用途是向社人分派燃燈任務，具有通知性質，且規定了罰則，故將其附於建福、設齋、設供等轉帖之後。

(四)少事商量轉帖

136 大中十二年（八五八）四月一日少事商量轉帖

（伯三一九二背）

社司　轉帖

右緣少事商量，幸請諸公等，並限今月月生三日卯時

於大乗（乘）[二]寺門取齊。取人後到，罰酒半瓮。其帖火急遞

第（第字衍）相分府（付），不得停滯帖；如滯帖者，罰麥三升。帖周

將（？）府（？）（付）集使。

大中十二年四月一日社官李明振　緣（錄）[三]事左贊帖。

說　明

本件是社司用於通知社人聚會議事的轉帖。本社的社官是李明振，而張議潮有一個女婿亦名李明振。從時間上看，這兩個李明振可能是同一人。

校記

（一）垂，當作「乘」，據文義改。

（二）緣，當作「錄」，據文義及其它社司轉帖例改。

137 咸通十年（八六九）正月廿一日少事商量轉帖

（伯三三〇五背）

社司　轉帖

右緣少事適（商）〔一〕量，幸請諸功（公）等，帖至，限今
月廿二日卯時於靈圖寺門取齊。
如違後到者，罰酒半瓮。其帖
立停（遞）〔二〕相分府（付），不得停滯；如滯帖
者，准條科罰。　咸通十年正月廿一日錄事帖。
社官張　社長索　張醜子　索進進
程福友　陳威進　鄧法君（？）　張善信
孔子盈　馬詩（？）子

校　記

〔一〕適，當作「商」，據文義及其它社司轉帖例改。
〔二〕停，當作「遞」，據文義及其它社司轉帖例改。

138　某年三月九日少事商量轉帖抄　九世紀後半葉（？）

（斯四四四四背/2-3）

社司　轉帖

右緣少事商量，幸請諸公等，帖至，限今月八日於永安寺門前取齊。捉二人後到者，罰酒壹角；全不來，罰酒半瓮。其（帖）速遞相分（付）（一），不得停滯；如滯帖者，准（條）（二）科罰。帖周卻付本司，用（憑）（三）告罰。三月九日錄事張帖諮。

索君子　王懷延　王　索延子　張明閏　宋闍延　張全全

孟留留　蘇賢通　左□白

說　明

本帖係抄件，無紀年。唯伯三二五四背有「索顔子」，其時間在大中六年

（八五二），而本件所列社人名中有「索延子」、「延」、「顏」相通，在敦煌寫本中因同音互代者甚多。如果該件之「索顏子」就是本件中之「索延子」，這兩件的時間當相距不遠，本件的時間似可定在九世紀後半葉。

校　記

〔一〕帖、付，均據文義及其它社司轉帖例補。

〔二〕條，據文義及其它社司轉帖例補。

〔三〕憑，據文義及其它社司轉帖例補。

139 公元九二〇年（？）少事商量轉帖抄（斯六六一四背/12）

社司　　轉帖

右緣少事商量，幸請諸公等，帖至，限今月十八日卯時於多寶闌（蘭）[二]若取齊。捉二人後到者，罰酒一角；全不來者，罰酒半瓮。其帖立弟（遞）相分付，不德（得）停滯；如滯帖者，准條科罰。帖周却赴（付）本司，用憑告罰。

十八日錄事董奉安帖。

說　明

本帖係抄件，原爲自左向右書寫，兹改爲自右向左書寫。本件無紀年，但同紙背有「庚辰年三月十七日洪池鄉百姓唐醜醜等雇契抄」，此庚辰池田温定在公元九二〇年。而本件之筆體與上述雇契抄相同，爲一人所抄，本件當抄於九二〇年。其發帖時間爲十八日，而聚齊時間爲同日清晨（卯時），與一般轉帖發帖在聚會前一日之例不一。

校　記

〔一〕闌，當作「蘭」，據文義改。

140 壬午年（九二二）十一月二日少事商量轉帖抄

（伯三六九二背）

社司　轉帖　友（右）緣年支小（少）事商量(一)，幸請
諸公等，帖至，限今月三日卯時於靈圖寺門前
取齊。如有後到者，罰酒一角；全不來
者，罰酒半瓮。其帖立弟（遞）相分付，不得亭（停）
滯；如滯帖者，准條科罰。帖周却付本
司，用憑告罰。

壬午年十一月二日錄事王康三帖。

說　明

本帖係抄件，紀年爲「壬午」。「錄事王康三」見於伯三二三四背「甲辰

年（九四四）二月已後淨土寺東庫惠安惠戒手下便物歷」，如果這兩個王康三為同一人，本件之壬午當在距九四四年較近的龍德二年（九二二）。又本卷正面是「李陵蘇武往還書」，末題「壬午年二月廿五日金光明寺學郎索富通書記之耳」。此索富通，早經學者指出是索勛之孫。據伯三五五六「張氏墓誌銘」，富通之母張氏死於廣順四年（即顯德元年，公元九五四年），是時富通業已亡故。而上述題記中富通尚為學郎，故題記中之「壬午」只能是龍德二年（九二二）。依據正面先寫，背面後寫的通例，本件抄寫時間當在九二二年二月廿五日之後，很可能就是在同年的十一月二日。如是，可為上述定年之佐證。

另，本件後有一行重抄本帖的文字，其內容未超過本件範圍，不重出錄文。

校　記

〔一〕友，當作「右」；小，當作「少」，均據文義及其它少事商量社司轉帖例改。

141 甲申年（九二四？）十一月廿日少事商量轉帖抄

（斯二一四背/2）

社司轉帖　右緣小（少）[二] 事商量，幸請諸公等，帖至，限今月廿日卯時於普光寺門前取齊。捉二人後到，罰酒壹角；全不來者，罰酒半瓮。其帖立遞相分付，不得停滯；如滯帖者，准條科罰。帖周却赴（付）本司，用憑告罰。

甲申年十一月廿日錄事杜友遂帖。

社長張　社（以下原缺文）

說明

本帖係抄件，原未抄完，紀年為「甲申」。本號正面是「鷰子賦」一卷，末題「癸未年十二月廿一日永安寺學士郎杜友遂書記之耳」。翟理斯將此「癸未」定在公元九二四年（癸未本應在同光元年，公元九二三年，但同光元年十二月廿一日已進入公元九二四年），本件之甲申當在距同光元年較近的同光二年（九二四）。本件前另有一件「少事商量轉帖抄」，其抄寫時間當在正面内容與本件之間，即同光元年十二月廿一日至同光二年十一月廿日之間，於公元亦在九二四年。本件後也有一件「少事商量轉帖抄」，但只抄起首一行，内容未超出本件範圍，不重出録文。

校　記

〔一〕小，當作「少」，據文義及其它少事商量轉帖例改。

142 公元九二四年（？）少事商量轉帖抄　（斯二一四背/1）

社司轉帖　右緣小（少）事商量(二)，幸請諸公等，帖至，限今月廿日卯時於祆門前取齊。捉二人後到者，罰酒壹角；全不來者，罰酒半瓮。其帖立遞相分付，不得停滯；如滯帖者，帖（帖字衍）准條科罰。帖周却付赴（赴字衍）本司，用憑告罰。

說明

本帖係抄件，其抄寫時間在公元九二四年，理由見同號內甲申年十一月廿日少事商量轉帖抄說明。

校記

〔一〕「社司轉帖」上還有「社轉帖」三字，因與本帖無關，未録。

143 公元九四〇年前後少事商量轉帖抄　（伯三六九八背）

社司　　轉帖　　右緣少事商量，幸請諸公等，帖至，限今

月二十五日辰時於金光明寺門前取齊。捉二人後到，罰酒一角；全

不來罰酒半瓮。其帖立弟（遞）相分付，不得停滯；如滯帖者，

准條科罰。帖周却付本司，用憑告罰。

説　明

本帖係抄件，原爲自左向右書寫，兹改爲自右向左書寫。其後有「於時肆年歲次己亥十二月十八日立契，龍勒鄉百」（以下原缺文）。經查天福四年歲次「己亥」。其年十二月爲公元九四〇年。本卷正面是《孝經》，末題「己亥年十二月廿一日」，此己亥當亦爲天福四年。則本件可能抄於公元九四〇年前後。

144 要種商量轉帖抄　十世紀上半葉　（伯二七三八背）

社司　轉帖　右緣要種商量，幸

請之（諸）公等，帖至，並限今月廿□

於金光明寺門前□

不到者，罰酒□

（以下原缺文）

說明

本件係抄件，下部殘缺，尾部原未抄完，其時代在十世紀上半葉，理由見同號內「秋座局席轉帖抄」說明。

145 庚辰年（九八〇）正月十四日少事商量轉帖抄　（斯五六三一）

社司轉帖　右緣少事商量，幸請諸公等，

帖至，限今月廿日卯時於普光寺門前

取齊。捉貳人後到，罰酒壹角；全不來者，罰酒半瓮。其帖速遞相分付，不得停滯；如滯帖者，准條和（和字衍）科罰。帖周却付本事（司）(二)，用憑告罰。庚辰年正月十四日錄事韓願清帖。　社官楊願受

社長孔文富　石錄　白保富　韓願清　白保富(三)　孔繼存　張延願　陳勝傳　石願子　張殘定　白氾三　張盈達　閻願興

說明

本帖係抄件，紀年為「庚辰年」，所列人名有「社官楊願受」，而北盈字七十六號背有「太平興國二年（九七七）楊願受寫目連變一卷」題記。這兩個

楊願受很可能為同一人。如是，本件之「庚辰」當為距九七七年較近的太平興國五年（九八〇）。

校記

（一）事，當作「司」，據文義及其它社司轉帖例改。

（二）「白保富」之名前已有。

146 丁亥年（九八七？）五月五日少事商量轉帖抄　（伯三六一一六背）

社司　轉帖　右緣少事商量，幸請諸公等，帖至，限今月卅（日）齋時依（於）金光明寺門前取齊〔二〕。如有後到者，罰酒一角；全不來，罰酒半甕，其帖速遞相分付，不得停滯；如滯帖者，准條科罰。帖周却付本司，用憑告罰。

丁亥年五月五日錄事張都頭

丁亥年六十九日錄事張帖

說明

本帖係抄件，帖文第四、五行係重復抄寫，行間及帖文前後又抄有其它內容文字。本件紀年為丁亥，但同紙背有「歸義軍節度使曹令公牒」（亦為習字者抄寫），故本帖的抄寫時代當在歸義軍曹氏時期。曹氏時期有兩個「丁亥年」，即天成二年（九二七）和雍熙四年（九八七）。前一丁亥當政者是曹議金，後一丁亥當政者為曹延祿。據榮新江考證，公元九二七年時曹議金尚未使用令公稱號，而公元九八七年正值曹延祿使用「令公」稱號。故本件的抄寫年代很可能在公元九八七年。

校記

〔一〕日，據文義補；依，當作「於」，據文義及其它社司轉帖例改。

147 某月八日少事商量轉帖抄（斯一〇五六四）

社司　轉帖右緣少事商量，幸請諸公等，帖至，限今月九日卯時於靈圖寺門取齊，捉二人後到，罰（以下原缺文）

不得停

滯〔二〕，如滯帖者，准條科罰，帖周知付

本司。用〔三〕

憑告罰。

說明

本帖係抄件，原為自左向右書於一張有字的紙的行間，此改為自右向左書寫。

校記

〔一〕「不得停」三字，既書於第四行下部，又重寫於第五行，現已刪除。

〔二〕本司，用，係寫於一行文字的下端空白處，但其內容是與五、七行相接。

148 某年五月七日少事商量轉帖（伯六〇二四）

社司　轉帖

右諸公等並限今月□

於靈圖寺門取〔齊〕〔一〕．〔捉〕〔二〕兩人後□

一食。有少事商量。盡□

其帖速遞過，不得停滯〔三〕。□

五月七日辰時□

平□

□休□路．

知

知

校　記

〔一〕齋，據文義及其它社司轉帖例補。
〔二〕捉，據文義及其它社司轉帖例補。
〔三〕停滯，據文義及其它社司轉帖例補。

149 少事商量轉帖抄　（伯三八七五A背）

社司　　轉帖
右緣年支少事商量，幸請諸公等，帖至，限今日卯時於普光寺門取齋。捉二人後到，罰酒壹角；
（以下原缺文）

150 少事商量轉帖抄 （斯一四〇八背）

社司轉（帖）[一] 右緣少是（事）商量，幸請諸公等，帖至，限今日卯時於佛堂取齊。捉（二）[二]人（以下原缺文）

說明

本件係習字者所抄錄。原未抄完，無紀年。本件前有一「春座局席轉帖抄」。

校記

〔一〕帖，據文義及其它社司轉帖例補。
〔二〕二，據文義及其它社司轉帖例補。

（五）再限納物、餪脚、筵設等轉帖

151 某年十一月廿一日再限納物轉帖　　吐蕃時期　　（斯五七八八）

社司　　轉帖

右諸諸公等，先已商量送物。並限（今）（一）
月十三十四日取齊，故違不送。今更
限今月廿二日午時於蓮臺[寺][門]（二）
前取身並物，不到者罰半貧。並須
月直納物，亦須知前後。如月直不存勾
當，局席不如法及不辦，重科。其帖速（三）

遞准條。十一月廿一日楊讓帖（四）。

社官李祥

社長楊岸

馬璀 知　董祥 知　宋雲 知　氾溫 厶知　薛屯兒 厶知　郭善兒 知（五）

張九 知（六）　張倫 知（七）　王超（八）　馬剛（九）　索意 知　白僀 知

梁明 厶知　梁同興 知　王國清　張綃 知　王虎子 厶知

龍屯屯

馬大奴　李善奴　董慈奴，已上差副月直，屈到祓庭，如違，罰。楊讓。

說　明

本件是社司再次通知社人納物的轉帖，所納物用途不明。本件在吐蕃統治敦煌時期，其理由及與本件有關文書的情況均請參見斯五八二五「某年四月一日設齋轉帖」說明。

校記

〔一〕今，據文義補。
〔二〕寺門，據文義補。
〔三〕「速」字與下行義不連貫，疑脱漏一行。因是處恰逢紙縫，也有可能剪貼時被剪去一行。
〔四〕楊讓，斯五八二五中同社轉帖爲「楊謙讓」，「楊讓」即「楊謙讓」，此種畧寫方式爲當時習見。
〔五〕皃，據斯五八二五中同社轉帖補。
〔六〕「張九」即斯五八二五同社轉帖中之「張復九」。
〔七〕「張倫」即斯五八二五同社轉帖中之「張伯倫」。

152 申年五月廿一日餪腳轉帖　吐蕃時期　（斯一四七五背/2）

五月廿三日，與武光暉起病餪腳，人各粟貳斗，並明日辰時於趙
庭琳家納。如違不納，罰酒半瓮。五月廿一日，趙庭琳諮。璘。
社官李四兄知　王奴子知　安庭光知　馬榮國（押）　楊元進（二）　羅彥進知　劉元
振
張進暉知　常進卿知　王榮朝　楊懷興知　成千榮知　張溫（押）　李子榮（押）

說明

本件是社司通知社人去參加為社人武光暉舉辦的起病餪腳活動的轉帖。因本帖前後各有一件這個社的社狀，而後面一件社狀就是社人因為武光暉餪腳，在社條之外新增加了為社內成員舉行餪腳活動的規定。這個社狀用地支紀年，題為申年，故知本帖也是在吐蕃統治時期的申年。

校記

〔一〕楊元進，同號同社「申年五月社人王奴子等狀」作「楊萬進」。

153 筵設轉帖抄　十世紀初葉（？）　（斯一九七三背/1）

社司　轉帖

右緣慈光延設，空（？）酒壹㪷（？）。

幸請諸公等，帖至，限今月

三日辰時依（於）〔二〕永安寺門前

取齊。如有後到者，

（以下原缺文）

慈恩　善恩　清願　道濟

道榮　堅願　應深

說明

本件是社司用於通知社人參加筵席的轉帖抄件。其正文原未抄完，没有紀年。但慧恩見於伯三六三八「辛未年正月六日沙彌善勝領得什物曆」，該件之年代，「法目」定在公元九一一年。如果這兩個慧恩爲同一人，本件之年代當與該件相距不遠，即在十世紀初葉。

校記

〔一〕依，當作「於」，據文義及其它社司轉帖例改。

154 壬辰年（九九二）四月廿三日社司請社人赴局席轉帖

（斯六〇六六）

社司　轉帖

右緣局席造出，幸請諸公等，帖至，限今月廿四日
卯時於乾明寺門取齊。捉二人後到，罰酒壹角；
全不來者，罰酒半瓮。其帖立遞速分付，不得
停滯；如滯帖者，准條科罰。帖周却赴（付）本司，用憑告罰。

壬辰年四月廿三日錄事孔　帖諮。

郭闍梨●　張闍梨●　長丞闍梨●　令狐社官　張席錄●　曹波星●
杜員瑞●　王押衙●　薛押衙●　氾願昌　令狐押衙●　氾神奴●
安廣候●

說明

本件是社司用於通知社人參加局席活動的轉帖，紀年為「壬辰」。帖中規定社人聚集地點是「乾明寺」。據李正宇、土肥義和研究，乾明寺始見於十世紀七十年代，則本件之「壬辰」只能是淳化三年（九九二）。又，本件中社人「氾願昌」見於斯二四七二背/5-6「辛巳年十月廿八日營指揮使葬巷社納贈曆」，該件之年代已考出在公元九八一年（參看該件說明），如果這兩個氾願昌為同一人，亦證本件在九九二年。

155 社司請社人赴局席帖　　斯五九三九

社司　轉帖

右緣張都頭先罰局席造出，幸

請諸公等，帖至，限今月十日午時
於主人家齊同。捉二人後到，罰麥酒
一角；全不來罰席同前。其帖立遞（相）分
付(二)，不得停滯(三)；□
（後缺）

說明

本件是因社人張都頭被罰局席造出，社司通知社人前往赴席的轉帖。本件後部殘缺，失紀年。

校　記

〔一〕相、付，均據文義及其它社司轉帖例補。
〔二〕滯，據文義及其它社司轉帖例補。

156 社司處罰違紀社人紀錄（伯二五五六背）

沒到人張安牛，罰酒半瓮。

說　明

本件是社司處罰不參加社的活動的社人的紀錄。原件僅此一行，無紀年。

本件不是轉帖，但與被罰置辦局席有共同之處，故附於此。

㈥事由不明轉帖及其它

157 某年正月七日社司轉帖　吐蕃時期　（伯五〇一六）

（前缺）

如滯帖者，准條（科）（一）罰。正月七日安帖

官氾塊

長王超知

張琟知　張國清　馬清知（二）　安查知　李常悅知　安國寧知

王金剛知　翟常知（三）　趙太平知　陳盧颯　洛骨崙知　李清（四）

陰興國知　何養養知　孟金太　王流德知

說明

本件前缺，失事由，無紀年。社人「張國清」見於斯四一九二背「未年四月五日便麥契」，該件之年代在吐蕃統治敦煌時期。社長「王超」見於Ch.IOL.八二背「某月十三日設供轉帖」等三件吐蕃時期社司轉帖（參見斯五八二五「某年四月一日設齋轉帖」說明），社人「馬清」見於斯二〇四一「大中年間儒風坊西巷社社條」第二部份，這一部份的時間在吐蕃統治敦煌後期（參看該件說明）。據此，本件及上述與本件有關的幾件文書都應在吐蕃統治敦煌後期。

本件中之社人名與伯五〇〇三「某年九月四日社戶王張六身亡轉帖」後所列人名大體相同，可知兩件為一社之物，但本帖中無「王張六」之名，其時間當在伯五〇〇三轉帖之後。

校記

（一）科，據文義及其它社司轉帖例補。

（二）馬清，伯五〇〇三同社轉帖為「馬太清」，「馬清」即「馬太清」之畧寫。

（三）翟常，伯五〇〇三同社轉帖為「翟常奴」，「翟常」即「翟常奴」之畧寫。

（四）李清，伯五〇〇三同社轉帖為「李再清」，「李清」即「李再清」之畧寫。

158 社司轉帖　吐蕃時期　（伯四八二一）

（前缺）

□　曹賢者　索老老知　□

孟卿子　王興清　宋文吳知　石再榮　再清東□

孟達子　張廣通　氾養子　孟賢賢

廿九日卯時於乾元寺門前集，不到人：王興洛□

說明

本件係硬筆書寫，當在吐蕃時期。

159 公元八四八年後社司轉帖（斯五八三一）

（前缺）

索什伍　張再清　張再晟知　楊謙讓　氾勗知

吳什德　李米七知　張再涉知　張嘉興知　索定蕃知

索多胡知

說明

本件前缺，僅存十一個人名。據一些人名旁標有「知」字，本件當為社司轉帖，不過正文已失，只保存了帖後所列社人名。其中「楊謙讓」在吐蕃統治時期的文書中多次出現，本書就收錄了楊謙讓所在社的四件文書（參看斯五八二五「某年四月一日設齋轉帖」說明）。但本件所列人名與其它幾件楊謙讓所在社文書所列人名除楊謙讓外無一相同，且本件中有「索定蕃」，在吐蕃統治時期似無敢以「定蕃」為名者。或者本件中之楊謙讓與其它幾件社文書之「楊謙讓」同名不同人，或者楊謙讓在歸義軍初期又加入了另一個社。「定蕃」一名出現在歸義軍時期的可能性甚大。如屬後一種情況，本件的年代當在公元八四八年以後。

160　公元八九〇年前後（？）社司轉帖抄　（伯三六六六背）

社司　轉帖

右緣常年印□□，幸請之（諸）公等，帖至，並限今月廿八日齋時鍾聲於淨土寺門前取齊。如有後到者，罰酒壹角；全不來者，罰酒半瓮。其帖立便相分付，不得亭（停）滯；如滯帖者，准前科罰。帖周却付本司，用憑告罰。

八月　日　帖

說明

本件係抄件，前部略殘，失事由，無紀年。但同紙背有「大順元年」字樣，又本件後之「莫高鄉百姓袁文信狀」中有「故太保」，這個「故太保」，當指咸通十三年去世被贈爲太保的張議潮。這樣，本帖的抄寫時代當在咸通十三年以後的大順元年（八九〇）前後。

161 某年十月十八日社司轉帖　九世紀後半葉至十世紀初葉

（斯七〇五十斯七〇五背/1）

斯七〇五

社司　轉帖〔二〕

右〔三〕緣楊押衙□

諸公等，帖□

多寶蘭若門前取齊，[捉]〔三〕二人後到，

罰酒壹角；全不來，罰酒半瓮。其帖速

遞相分付，不得停滯。如有匿帖者，准

斯七〇五背/1

前科罰。帖周却赴（付）集所。

十月十八日錄事張定戎　帖諮。

社長鄧　高四郎　鄧兵馬使□

（後缺）

說　明

本件已被分割爲多片，茲將正面五片、背面一片拼合後錄出（另一片上書

「令狐平水　鄧兵馬使」），從格式及筆體看，可能亦屬此件）。本號正面本件前爲「開蒙要訓一卷」，末題「大中五年（八五一）辛未三月廿三日學生宋文獻誦安文德寫」，背面本件後則書有「天復八年」（即開平二年，公元九〇八年）字樣，本件的時間當與上述年代相近，即九世紀後半葉至十世紀初葉。

本件前後及其它殘片中尚有隨手所寫「社司轉帖」、「社司」等字樣多行。

校　記

〔一〕社司轉帖，據其它社司轉帖例補。

〔二〕右，據其它社司轉帖例補。

〔三〕捉，據文義及其它社司轉帖例補。

162 貞明八年（九二二）九月廿七日社司轉帖　（伯四七二〇）

（前缺）

□幸請諸公等，帖至，限□

□於主人流安家並物及身取齊。捉

[二][人]（一）後到者，各罰酒一角；全不來者，罰酒

[半]（二）瓮。其帖速遞相分付，不得亭（停）滯；如滯

[帖][者]（三），准（條）（四）科罰。帖周却付本司（五）。

貞明八年歲次壬午九月廿七日錄事帖

社官石　□□謙　康賢者　董

昌潤　董德德　董□

曹像友　曹兒子　□

說明

本件前缺，上殘，失事由。中題「貞明八年壬午」，查貞明無八年。後梁末帝在貞明七年辛巳改元龍德，地處邊遠的敦煌大概不知道這一情况，故這裏貞明八年壬午即爲龍德二年壬午（九二二）。

校記

〔一〕二人，據文義及其它社司轉帖例補。

〔二〕半，據文義及其它社司轉帖例補。

〔三〕帖者，據文義及其它社司轉帖例補。

〔四〕條，據文義及其它社司轉帖例補。

〔五〕按一般社司轉帖體例，本行下還應有「用憑告罰」四字。

163 丙申年（九三六）四月廿六日社司轉帖（伯二六八〇背）

前缺

丙申年四月廿六日錄事馬市令帖．

□錄趙　虞候宋　曹友子　馬住兒知　張住子　賀員清
□□□　□□□　張善子　張重定

說明

本件前缺，失事由，紀年爲丙申。「張善子」見於伯三三七九「顯德五年（九五八）二月社錄事都頭陰保山牒」，「張住子」分別見於斯一四一〇「庚戌年閏四月佛堂頭壘薗墻轉帖」（該件之年代已考出在公元九五〇年，參看該件說明）、伯四〇六三「丙寅年四月十六日官健社春座局席轉帖」（該件之年代已考出在公元九六六年，參看該件說明）和伯三三七二背「壬申年十二月廿二日常年建福轉帖抄」（該件之年代已考出在公元九七三年初，參看該件說明）。據此，本件之丙申應爲與上述各件相近的清泰三年（九三六）。

164 丙辰年（九五六）六月十日社司轉帖　（斯八五一六）

（前缺）

月直敢羅□
全不來罰酒□
亭（停）滯，如滯□
本司，用憑告罰（二）。
丙辰年六月十日錄事董文定帖諮（三）。
社官陰　張再成　董存子　程兵馬使　蔣□
子　張青兒　李安子　敢羅暑中　住子　張粉堆

景義信● 王清忽● 張安定● 裴羊水

[楊]（三）富●郎 祝社長● 唐兵馬●使 王押牙

說明

本件已斷為兩片，第四行為兩片的接合部，這一行文字三分之二在前片，三分之一在後片。本件紀年為「丙辰」，其絕對年代是顯德三年（九五六），理由見伯三五五五B5十伯三二八八4「丁巳年裴富定婦亡轉帖」說明。該件與本件屬一社之物。

校記

（一）告罰，據文義及其它社司轉帖例補。

（二）諮，據其它社司轉帖例補。

（三）楊，據伯三二八八4同社司轉帖補。

165 某年七月廿三日社司轉帖　十世紀中葉　（伯二六八〇背）

（前缺）

於多寶蘭若内取齊。捉二人
後到，罰酒一角；全不來，罰酒半
瓮。其帖立遞相分付，不得停滯；如
如（如字衍）滯帖者，准條科罰。帖周却付
本司，用憑告罰。

七月廿三日錄事翟帖

黑社官•　押衙•曹　闍賢者　氾•幸者　石

章友•　鄧漢君　米幸者•　兵馬使李•員住

馬章•三　郭友信　高懷盈•　王信•盈

王信通•　張撝•子　薛慶•住　李進•子

董小兒•　張三•奴　孔女•子　曹員•信　唐達•

張進•員•　崔瘦•兒

全不來鄧漢君孔友•友

說　明

本件前缺，失事由，無紀年。社人「兵馬使李員住」見於斯四八一二「天福六年（九四一）二月廿一日麥粟算會」，「氾幸者」見於伯三二三四背「十世紀中葉淨土寺西倉豆布等入歷」，則本件的時間當亦在十世紀中葉。

166 戊午年（九五八）社司轉帖　（伯五〇三二）

社司　轉帖

右緣張萬事盈□

諸公等，帖至，限今□

取齊。捉二人後到，罰酒□

相分付，不得停滯；如□

用憑告罰。　戊午□

康遂●子　康友●子　陰友●通　辛善住〔二〕□

溫押●牙　張八●子　宋押●牙　氾黑頭〔三〕□

（安）〔三〕拙單　安懷●盈　石定●信　石住通〔四〕□

鄧●員通　麴阿朶　張保盈　石醜子〔五〕□

說　明

本件下部殘缺，失事由。紀年爲「戊午」，此「戊午」可能是顯德五年（九五八）。理由見本號内「戊午年六月十八日温押牙阿嫂身故轉帖」說明。該件所列社人名多與本帖同，知兩件爲一社之物。

校　記

〔一〕善住，據本號内同社「戊午年六月十八日温押牙阿嫂身故轉帖」補。
〔二〕黑頭，據本號内同社「戊午年六月十八日温押牙阿嫂身故轉帖」補。
〔三〕安，據本號内同社「戊午年六月十八日温押牙阿嫂身故轉帖」補。
〔四〕通，據本號内同社「戊午年六月十八日温押牙阿嫂身故轉帖」補。
〔五〕子，據本號内同社「戊午年六月十八日温押牙阿嫂身故轉帖」補。

167 社户名單　　十世紀中葉　　（伯三五五六背）

（前缺）
社户陰友信
社户張像德
社户李富信
社户陳文瑞
社户安住奴
社户武懷保
社户兵馬使武懷進
社户武醜兒
社户武懷德
社户武友子男請一贈
社户李安定
社户張德子

社户孔延興
社户高員粉本身一贈
社户高住德
社户宋定子
社户李員住
社户李再住
社户蔣達子
社户索通顧
（後缺）

說　明

本件前後均缺，失事由及紀年。「社户李員住」見於斯四八一二「天福六年（九四一）二月廿一日麥粟算會」，「社戶武懷德」見於伯三二三一、「癸酉年（九七三）九月卅日平康鄉官齋歷」。據此，本件之年代當在十世紀中葉。

本件與施捨疏、雜占書等原互不相關的數紙粘為一卷，似是為了利用其背面抄寫邈真讚。粘貼時並未注意各紙原有文字的正倒，致使本件文字成了倒寫。本件的空白處有一篇功德文，首尾完整，且避開本件的文字，其時代應在本件之後。

168 某年八月十六日社司轉帖　十世紀後半葉（斯一一三五三）

（前缺）

半貧。其帖各自急速

署名遞送過者。帖周却付本司，用憑告罰。

八月十六日錄事李富際　帖。

閻闍梨
押牙閻安定　押牙閻安慶　押牙閻章午　押牙所子　閻通引
張胡胡　張善慶　張王三　張瘦兒　張憨兒　程平水
張將頭　張子成　張定德　張祐成　張富郎　李弘定
李弘慶　李弘信　李押牙　李富意

說明

本件前缺，失事由，無紀年。社人「張瘦兒、張憨兒」見於伯三二三一"「甲戌年（九七四）十月十五日平康鄉官齋歷」，「張善慶、張定德」見於伯五〇三二中一組紀年為「甲申」的渠人文書，這組渠人文書的年代已考出在公元九八四年（參看伯五〇三二「甲申年二月廿日渠人轉帖」說明）。據此，本件之年代當在十世紀後半葉。

169 社子名單　十世紀後半葉（伯二七〇八）

（前缺）
（押）社子趙富昌
（押）社子史不勿
社子僧保端
社子僧保藏
社子僧保行
社子僧善順
社子僧保遂
社子僧願德
社子閻員保
社子閻員昌

社僧永保盡心（押）
社僧永定安（押）
社僧智定（押）
社官李佛奴（押）
社老張住子（押）
社子兵馬使索保達（押）
社子押衙張再弘（押）
社子曹和盈（押）
廣候張留住（押）
（後缺）

說明

本件前後均缺，失事由及紀年，僅存十九個社人名。「社老張住子」分別見於伯四〇六三「丙寅年四月十六日官健社春座局席轉帖」（此件之年代已考出在公元九六六年，參看該件說明）和伯三三七二背「壬申年十二月廿二日常年建福轉帖抄」（此件之年已考出在公元九七三年，參看該件說明）；「社官李佛奴」見於伯三六四九號文書，該件雖無紀年，但其前後兩件文書均被「法目」定在公元九五七年。據此，本件之年代當在十世紀後半葉。

170　社人名單　十世紀後半葉　（伯四七一六）

（前缺）

□來　李平水　李都頭　李七□

保昌　完白升　憨兒　清子都頭　保⿱乃七

錄事延昌　保信　□董再德帖了

張僧正

兄弟社帽子　久子　大耶　七郎　小平水　富昌

張押牙　張家阿父　海昌押牙　索押牙　米郎　小阿舅

保昌　錄事阿父　宋都頭

說明

本件前缺，失事由及紀年。伯三二三一"「甲戌年（九七四）十月十五日平康鄉官齋歷」中有「張富昌、張憨兒」，同號「乙亥年（九七五）九月廿九日平康鄉官齋歷」中有「張清子」，此三人當即本件中之「憨兒、清子都頭、富昌」，本件中其餘無姓者疑皆姓張。如是，本件之年代當在十世紀後半葉。

171 癸巳年（九九三？）十月十日社司轉帖（伯五五九三）

（前缺）

其帖(一)立遞相分付，不得

停滯；如滯帖(二)者，准條（科）(三)罰。帖周却付

本司，用（憑）(四)告罰。

癸巳年十月十日錄事李海潤帖。

社官(五)趙　社長史骨兒·　康流子·　信□□　趙香[知]金

兵馬(六)使宋褚（？）信　賈骨奴·　星再盈·　張緊子

□□慶　曾安住·　張石集　宋員集·　何江集

□清子

說明

本件前缺，失事由，紀年為「癸巳」。「張緊子」見於斯四六六〇「戊子年六月廿六日安定阿姊師身亡轉帖」，該件之年代已考出在公元九八八年（參看該件說明），如果這兩個張緊子為同一人，本件之癸巳當為距九八八年較近的淳化四年（九九三）。

校記

〔一〕其帖，據文義及其它社司轉帖例補。

〔二〕帖，據文義及其它社司轉帖例補。

〔三〕科，據文義及其它社司轉帖例補。

〔四〕憑，據文義及其它社司轉帖例補。

〔五〕社官，據文義及其它社司轉帖例補。

〔六〕兵馬，據文義補。

172 社司轉帖 （Ch.BM〇〇五一九背）

（前缺）

□食，人各粟壹㪷，幸請諸

□官樓蘭啱（若）前取齊。

□半食。其帖速弟（遞）相

□帖周却付本司，用

憑告罰(一)。

□錄事索　帖。

□

□德　□□□　賀虞

（後缺）

校記

（一）憑告罰，據文義及其它社司轉帖例補。

173 社司轉帖（斯九九二五A）

（前缺）

□於安□

後到，罰酒一角；全不來□

相分付，不得停滯者；□

八月廿□

社〔二〕長孔　高錄事　趙□□

□□　尹判官知　安榮通知

（後缺）

校記

（一）社，據文義補。

174 社司轉帖（斯一〇五四九）

（前缺）

斤，粟一□

二日卯時□

二人後到，□

罰酒半瓮。□

得停滯；如□

本司，用□

（後缺）

175 兄弟社轉帖（斯六一九九）

兄弟　轉帖

右緣音九□數設，踏牀牙盤氈

褥疊羅（？）等。帖至，限廿二日卯時於主人家

[送]〔二〕納。[捉][二][人]〔三〕後到，□

（後缺）

校記

〔一〕送，據文義及其它社司轉帖例補。

〔二〕捉二人，據文義及其它社司轉帖例補。

176 社司轉帖 （斯九八一四B）

（前缺）

□於大雲寺門前取齊〔一〕□

全〔二〕不來者，罰酒半瓮，其帖立□

如滯帖者，准條科罰。帖周□

一月□□日錄□〔三〕

（後缺）

校記

（一）齊，據文義及其它社司轉帖例補。

（二）全，據文義及其它社司轉帖例補。

（三）本號中還有一殘片上有反寫文字兩行，一爲「全不來者」，一爲「如滯帖」，似是從本帖上粘去的字蹟，此未錄。

177 社司轉帖 （斯一〇〇一三）

（前缺）

本司，用憑告罰（一）。

戊□

社官朱□

恩子　汜保盈□

（後缺）

校記

〔一〕告罰，據文義及其它社司轉帖例補。

178　社司轉帖　（伯二六七九3）

（前缺）

限今日脚下月直家取齊。㕥（捉）〔二〕二人後到，罰酒一角；全不來，罰酒半瓮。其帖各自示名遞過者。

（後缺）

校記

（一）伬，當作「捉」，據文義及其它社司轉帖改。

179 社司轉帖抄 （斯一〇五六一）

（前缺）

□用憑告罰。

□留留帖 □判官 趙懷□

□□□□懷通　□員□□□□

180　社司轉帖　（斯九四六二背）

（前缺）

罰□□□□

□□□□

郭定奴　李押〔牙〕（二）□□□□

劉保達　趙再用□□□□

校　記

〔一〕牙，據文義補。

181 社司轉帖（斯一〇四七六）

（前缺）

□三月十五日錄□

□帖

□□子□

（後缺）

182 社司轉帖（斯一一四四四）

（前缺）

□全不納者□

□滞帖者，准條□

□押牙□□□

183 社司轉帖（斯九八五八A）

社司□

右□

帖□

□□

如

□

□

社官

陳

（後缺）

說明

此件殘甚，每行僅存一兩個字，是一件實用社司轉帖的上沿。

184　社司轉帖　（斯九八七七B）

（前缺）

□善通　黑義深　王再□　□

□納參人：張游亭，全□

說　明

本件是社司轉帖的尾部，最後一行記載的應是在此次活動中未納參和「全不來」的社人名單，以便社司處罰。

185 轉帖（斯九九五三背）

（前缺）

□□ 王朝、陳 衛恭順

□ 倩、范瓌知 孫同具

說明

本件是轉帖的尾部，僅存部份人名。

186 社司轉帖（？）（斯一〇〇〇二）

（前缺）

□常参帖

□索胡奴　田保員　康

說明

本件似是社司轉帖的尾部。

187　社司轉帖　斯一一三三四

前缺

□帖至，限今□

□到，罰酒□

（後缺）

188 社司轉帖 （斯九四一八）

（前缺）

□[年][一]□月十五日社官□

（後缺）

校記

[一] 年，據文義補。

189 事由不明轉帖抄

（伯二五九八背（斯一九二〇背/1、斯七八二、伯二五四五背、伯三七〇六、斯五五五八背、斯五三〇一背、斯五一〇四、斯四一二九、斯四五三九背/1、斯一九三一背、斯一三五九背/1、斯七〇七背/1、斯四〇六））

社司轉帖　右緣常（以下原缺文）

說　明

本件係時人隨手所寫，僅寫起首幾個字。本號內所附諸號情况畧同，或僅寫三、四字，或寫五、六字。諸號內之文字既非一人所寫，也不一定寫於一時，然內容均未超出本件範圍，故將這些號碼附於本件，不再重出錄文。

190 社官名

奴子社官

（斯六九六〇背）

說　明

本件係時人隨手所寫，僅此四字。

191 社官名

社官張願□

（伯三六九八背）

説　明

本件係時人隨手所錄。

(七) 渠社、渠人轉帖及有關渠人文書

192 酉年十二月南沙灌進渠用水百姓李進評等乞給公驗牒

吐蕃時期　（斯二一〇三）

城南七里神農河母兩勒汎水游淤沙坑空地兩段共參突（東至碛，西至賀英倩，南道口，北至神農河北馬圖清）
右南沙灌進渠用水百姓李進評等爲已
前移灌進口向五石口前，遂便取水。本
無過水渠道，遂憑劉屯子邊賣（買）合行人
地壹突用水。今劉屯子言是行人突
地，依籍我收地，一任渠人別運爲。進評
等今見前件沙淤空閑地，擬欲起畔耕
犁，將填還劉屯子渠道地替。溉灌得一
渠百姓田地，不廢莊園。今擬開耕，恐後無
憑，乞給公驗處分。

牒件狀如前，謹牒

酉年十二月　日灌進渠百姓李進評等。

付營官尋問，實

百姓胡千榮

百姓亢工楊老老

百姓竇太寧

閑無主，任修理佃種

姓□達子

百姓氾德清

弁示。

廿三日。

說明

本件是渠人上狀有司乞給耕種空閑地之公驗牒。狀用地支紀年，又有「实地」一詞，這都是吐蕃統治敦煌時期的特有現象，說明本牒成於吐蕃時期。

193 壬午年（九二三？）十二月十八日渠社轉帖（伯四〇〇三）

渠社　　轉帖

右緣尹阿朶兄身故，合有弔酒壹瓮，人各粟壹斗。幸請諸公等，帖至，限今月十九日卯時並身及粟汜錄事門前蘭喏（若）門取齊。捉二人後到，罰酒壹角；全不來者，罰酒半瓮。其帖立遞相分付，不得亭（停）滯者。

壬午年十二月十八日錄事汜。

翟水官　宋都頭　賈再昌　賈粉堆　高
員祐　安保子　安保千　安萬昇　樊住通　張
衍子　尹善友　尹郭三　宋清友　尹昌子　張
六歸　張員宗　張富德　馬清兒　史保員

說　明

本件是因社人尹阿朵兄身故，渠社命社人納物並助葬的轉帖。本件紀年為「壬午」，「張員宗」見於伯二〇四九背「長興二年（九三一）正月沙州淨土寺直歲願達手下諸色入破歷算會牒」，如果這兩個張員宗是同一人，本件之壬午當是距長興二年較近的龍德二年，該年十二月十八日於公元已進入九二三年。唐耕耦將本件定在公元九八二年，但未說明理由，此未敢從。

194 大讓渠渠人轉帖抄　　十世紀上半葉（？）

（北圖殷字四十一號背）

大讓渠　轉帖　已上渠人今緣水此（次）逼（近）(二)，切要修

里（堤）(三)，人各鍬一張，支（枝）一束，白刺一𠝹，栓一笙，帖至限今

月十日卯時於口頭取齊。如有後到，罰一角；全不來罰酒半食。其〔帖〕〔三〕署名（以下原缺文）

説　明

本帖係抄件，原未抄完，無紀年，其年代可能在十世紀上半葉，理由見同號「春座局席轉帖抄」説明。

校　記

〔一〕近，據文義及其它渠人轉帖例補。

〔二〕里，疑當作「埋」，據文義改。

〔三〕帖，據文義及其它渠人轉帖例補。

195 公元九五八年前渠社轉帖（伯五〇三二）

（前缺）

陳〔一〕清子　陳什德　虞候武通子〔二〕

孫〔三〕友子　孫兵馬使　孫不勿　黃像〔四〕

□　令狐進達　李集子　范再

弔酒，人各粟一斗。帖至，限

取齊。捉二人後（到）〔五〕，罰

速遞相分付，不得

本司，用憑告罰。

錄〔六〕事孫帖。

說明

本件前部、上半部均殘缺，失紀年。從所殘存的内容來看，似爲渠社成員身故，社司通知社人納物助葬的轉帖。帖内所存社人名與本號内「戊午年六月六日渠社轉帖」大致相同，說明兩件爲一社之物。本件之時間當與其相近。本件所列社人有「孫友子」，而「戊午年六月六日渠社轉帖」放帖時孫友子已故，知本件當在該件之前，即公元九五八年六月六日前，參看「戊午年六月六日渠社轉帖」說明。

校記

〔一〕陳，據本號内同社「戊午年六月六日渠社轉帖」補。
〔二〕子，據本號内同社「戊午年六月六日渠社轉帖」補。

（三）孫，據本號内同社「戊午年六月六日渠社轉帖」補。

（四）像，據本號内同社「戊午年六月六日渠社轉帖」補。

（五）到，據文義及其它社司轉帖例補。

（六）錄，據文義及其它社司轉帖例補。

196 戊午年（九五八）六月六日渠社轉帖　（伯五〇三二）

渠社[一]　轉帖

右[二]緣孫友子身故，准例合有弔酒一瓮，人各粟[三]一斗。帖至，限今月七日辰時並身及粟於武通[四]子家取齊。捉二人後到，罰酒一角；全不來者，罰酒半瓮。其帖速遞相分付，不得停滯；如滯帖者，准條科罰。帖周却付本司，用憑告

罰・　　戊午年六月六日錄事押衙帖・

孫定・子　孫富通・　孫流・德　孫兵馬使　令狐幸子

令狐進達　令狐閏・寧　黃像・通　范再・丕　孔延昌

孫不・勿　郭幸深・　郭通・信　陳什・德　陳清子

李集・子　武通・子

說明

本帖是渠社通知社人參加孫灰子營葬活動的轉帖，紀年為「戊午」。「武通子」見於伯二〇四九背「同光三年（九二五）正月沙州淨土寺直歲保護手下諸色入破歷算會牒」，該件中還有「陳青子」，可能即是本件中之「陳清子」。「陳清子」又見於伯二〇四〇背「乙亥年淨土寺西倉粟利入」。因該件與該號背同組文書中有不少人名見於伯二〇四九背「長興二年（九三一）正月沙州淨土寺直歲願達手下諸色入破歷算會牒」，其絶對年代只能是天福四年（九三九）。「武通子、郭通信」見於伯二〇三二「乙巳年淨土寺諸色入破歷算會牒稿」。該件年代唐耕耦已考出在公元九四五年。根據以上情況，本件之戊午當是距九二五、九三九、九四五年較近的顯德五年（九五八）。

本號内有十一件與渠社、渠人有關的文書，從各件所列人名來看，與本件同屬一社的有三件，另八件屬另外一社（參看本號「甲申年二月廿日渠人轉帖」說明）。與本件同屬一社的另外兩件已殘缺，失紀年，其年代當與本件相近。

校記

（一）社，據文義及其它社司轉帖例補。

（二）右，據文義及其它社司轉帖例補。

（三）衆，據文義及其它身亡社司轉帖例補。

〔四〕通，據本件第十一行所列人名補。

197 公元九五八年前後渠人轉帖（伯五〇三二）

渠人轉　帖

右緣孫倉倉就都鱼（？）請壘
舍壹日，人各粟壹斗却下社武通子，鍬
鑺壹事。帖至，限今月八日限
辛時於莊頭取齊。捉二人
後到，罰酒壹角；全不來，（罰）〔一〕
酒半瓮。其帖各[自]〔二〕示名定（遞）〔三〕過
者，不得停滯；如[滯][帖][者]〔四〕，[准]
[條]〔五〕科罰。帖周[却][付][本][司]〔六〕□

（後缺）

說明

本件是渠社通知社人前去幫助孫倉倉壘舍的轉帖，失紀年。「武通子」之名見於本號「戊午年六月六日渠社轉帖」和「渠社轉帖」，這三件當屬一社之物，其時間應相去不遠。「戊午年六月六日渠社轉帖」的時間在公元九五八年（參看該件說明），則本件的時間當在公元九五八年前後。

校記

〔一〕罰，據文義及其它社司轉帖例補。

（二）自，據文義及其它渠人轉帖例補。

（三）定，當作「遞」，據文義及其它渠人轉帖例改。

（四）滯帖者，據文義及其它社司轉帖例補。

（五）准條，據文義及其它社司轉帖例補。

（六）却付本司，據文義及其它社司轉帖例補。

198 甲戌年二月廿四日渠人轉帖　（伯二五五八）

（前缺）

枝一束，白刺一丕，秋（鍬）全（钁）一張（事）〔二〕，□

日辰時於口（頭）〔三〕取齊，如有後到，罰□

粟六斗，其帖各自署名遞過□

甲戌二月廿四日□

渠者□

說明

本件前部及下部均缺，從殘存部份知其爲渠人轉帖。因用干支紀年，其時當屬歸義軍時期。歸義軍時期有三個甲戌年，即大中八年（八五四）、乾化四年（九一四）、開寶七年（九七四）。本件究在哪一個「甲戌」，尚待研究。

校記

（一）秋，當作「鍬」；金，當作「钁」；帳，當作「事」，均據文義及其它渠人轉帖例改。

〔二〕頭，據文義及其它渠人轉帖例補。

199 戊寅年（九七八）七月十四日宜秋西枝渠人轉帖

（斯六一二三）

宜秋西枝渠人　轉帖　李粃忠　石願通　索赤頭　索鐵子　蘇保山　索再昇　索流通　索流定　索流實　索諫昇　索再通　索員昌　索再成

索再德　索不藉子　索延德　吳富員　陰清朶　陰幸員　陰富定

鄧美昌　解憨子　氾慢達　氾文惠　氾連兒　上件渠人今緣水次澆粟湯，准舊看平水相量，幸請諸渠等，帖至，限今月十五日卯時於普光寺門前〔一〕取齊。如有後（到）〔二〕罰酒壹角；全不來罰酒半瓮。其帖各自示名遞〔三〕送者。

戊寅年七月十四〔四〕日錄事氾萬忍帖。

説明

本件紀年爲「戊寅」。「索延德、索再昇、索赤頭、陰幸員」見於伯三二三一「壬申年（九七二）平康鄉官齋歷」，「索流通、陰幸員」見於同上號「癸酉年（九七三）九月卅日平康鄉官齋籍」，「索赤頭、索不藉子」見於同上號「甲戌年（九七四）五月廿九日平康鄉官齋籍」，「索鐵子」見於同上號「乙亥年（九七五）九月廿九日平康鄉官齋歷」，則本件之「戊寅」當爲距上述幾個年代較近的太平興國三年（九七八）。

上述材料還説明宜秋西枝渠在平康鄉界。

校記

（一）門前，據文義及其它轉帖例補。

〔二〕到，據文義及其它渠人轉帖例補。

〔三〕示名遞，據文義及其它渠人轉帖例補。

〔四〕十四，據文義及其它轉帖例補。

200 壬午年（九八二）五月十五日渠人轉帖　（伯三四一一背）

渠人　轉帖　索法律　張延住　吳富員　氾長盈

已上渠人今緣水次逼近，要通底河口。人各鍬钁

壹事，白剌壹束，檉一束，栓壹笙。須得莊（壯）〔二〕夫，不

用斯（廝）兒。帖至，限今（月）〔三〕十六日卯時於皆（階）和口頭

取齊。

捉二人後到，決丈（杖）十一；全不來，官有重責。其帖各自

示名遞過者。

壬午年五月十五（日）[三] 王錄事帖。

說明

本件是通知渠人前去參加通底河口活動的轉帖，紀年爲「壬午」。本號正面又有「太平興國六年十月都頭安再勝等牒」，按照正面先寫，背面後寫的通例，本件文中的「壬午年」當在太平興國六年以後。在敦煌遺書中，在太平興國六年以後只有一個「壬午」，即太平興國七年（九八二）。

校記

（一）莊，疑當作「壯」，據文義改。

（二）月，據文義及其它渠人轉帖例補。

（三）日，據文義及其它渠人轉帖例補。

201 甲申年（九八四）二月廿日渠人轉帖　（伯五〇三二）

渠人　轉帖　張願昌　張定昌　張醜憨　張願通　張善
盈　張定奴　張擖槌　張醜奴　張勿成　氾義成　氾富達　氾
員子　賀方子　尹再昌　宋三郎男

上件渠人，今緣水次逼近，切要通底河口。人各鍬鑺壹
事，白刺三束，枝兩束，栓一笙。帖至，限今月廿二日卯
時於臬子口頭取齊。如有後到，決丈（杖）七下；全段
不來，重有責罰。其帖各自示名遞過者。

甲申年年二月廿日錄事張再德帖。

說明

本件紀年為「甲申」，唐耕耦將其定在公元九八四年，但未說明理由。Ch.四〇〇一六七「開寶四（五）年壬申歲（九七二）九月六日施主步軍隊頭張揭棰合家畫觀世音像願文並題名」中有「施主兄步軍隊頭張揭棰一心供養，施主清信弟子張再德供養」。這裏的張揭棰、張再德兄弟二人應該就是本件中的渠人張揭棰和錄事張再德。本件中之「甲申」也只能是距開寶五年較近的太平興國九年（九八四），唐耕耦的定年是正確的。

本號計有十一件與渠社、渠人有關的文書。後八件（包括本件）所列成員略同，為一社之物。這八件除第三件因尾殘紀年已失外，其餘七件紀年均為「甲申」，其絕對年代應均是太平興國九年（九八四）。第三件雖紀年已失，也極有可能在九八四年。這一組文書所列人名旁多墨點，是實用文書。值得注意的是這八件文書並不是按時間順序排列，十月在前，二月、四月在後。形成這種現象的原因是本卷原非一紙，後因其它原因把這些內容粘在一起時未按時間順序排列，因上述第三件尾殘的渠人轉帖首部亦殘，其首尾殘缺處均正值兩紙粘合處。

此外，本號內還有三件社司轉帖，亦爲實用文書。

202 甲申年（九八四）二月廿九日渠人轉帖（伯五〇三二）

渠人　轉帖　張定德　張願通　張醜憨　張善盈　張押牙
張願德　張定千　張擖槎　張定奴　張醜奴　張再成　張勿成大斧
汜員子　汜義成白監　汜富達　宋南山大斧　宋清兒大斧　宋三郎男
上件渠人，今緣水次逼近，切要修治瀉口，人各白刺五束，
壁木叁笙，各長五尺、六尺，鍬钁壹事。帖至，限今月三（十）(二)日卯
時並身及柴草於瀉口頭取齊。如有後到，決
丈（杖）七下；全段不來，重有責罰。其帖各自示名遞

過者

甲申年二月廿九日錄事　帖。

說明

本件紀年爲「甲申」，其絶對年代是公元九八四年。理由與本號情況均請參看本號「甲申年二月廿日渠人轉帖」說明。本件有三人名旁書有「大斧」二字，一人名旁書有「白藍」二字，似是規定該人攜帶的特殊器具。

校記

〔一〕十，據其它社司轉帖例補。

203 甲申年（九八四）四月十二日渠人轉帖（伯五〇三二）

渠人轉帖　張定奴　張擖楂　張醜奴　氾富達　張勿成　張再成　氾員子　氾義成　張定德　張願通　張富通　張醜憨　張善慶　張願昌　張願德　張定千　氾不子　右緣常年春座局席，人各粟壹㪷，麵肆升。幸請諸公等，帖至，限今月十三日卯時於錄事家送納。捉二人後到，罰酒壹角；全不來者，罰酒半瓮。其帖速遞相分付，不得停滯；如滯帖者，准條科罰。帖周却（付）〔二〕本司，用憑告罰。　甲申年四月十二日張錄事帖。

甲申年四月十四日渠家造局席，頭團張定奴、張再德二人，氾富達、氾員子二人，張擖楂、醜奴二人，再成、勿成二人，願昌、願德二人，定德、醜憨二人。

說　明

本件是渠社通知社人參加春座局席活動的轉帖。後附該社渠人分團負責承擔局席勞務的名單。本件紀年爲「甲申」，其絶對年代是公元九八四年。理由與本號情況均請參看本號「甲申年二月廿日渠人轉帖」說明。

校　記

〔一〕付，據文義及其它社司轉帖例補。

204 甲申年（九八四）九月廿一日渠人轉帖　　（伯五〇三二）

渠人　轉帖　張願●昌　氾●義成鍬南　張願●德　張定●千
張醜●愍　張願●通　張定●德　張善●慶　張富●通　氾富達
氾延子　張定●奴　張醜●奴　張再●成　張勿●成大斧　張撝●檐　宋清●兒
宋保●岳　宋清興闍梨　已上渠人今緣水次逼近，切要
通底河口，人各鑺鍬壹事，白刺三束。幸請諸公等，帖
至，限今月廿二日卯（時）[一]於口頭取齊。捉二人後到，決丈（杖）
七下；全不來者，官中處（分）[二]。其（帖）[三]速弟（遞）相分付，不
得停滯；如滯帖者，准條科罰。帖周却付
本司，用憑告（罰）[四]。
甲申年九月廿一日錄事張帖。

說明

本件紀年爲「甲申」，其絶對年代是公元九八四年，理由及本號情况均請參看本號「甲申年二月廿日渠人轉帖」説明。

校記

〔一〕時，據文義補。
〔二〕分，據文義補。
〔三〕帖，據文義及其它社司轉帖例補。
〔四〕罰，據文義及其它社司轉帖例補。

205 甲申年（九八四）十月三日渠人轉帖（伯五〇三二）

渠人〔一〕 轉帖 右緣遂羊價，人各麥二斗一升。幸請諸公等，帖至，限今月十四日主人張醜憨家納遂。捉二人後到，罰酒一角；全不來者，罰酒半瓮。其帖速相分付，不得停滯。如滯帖者，准條科罰。帖周却付本司，用馮（憑）〔二〕告罰。

甲申年十月三日張録事 帖。

張顒昌 張顒德 張定千 張定德 張顒通

尹再昌 賀方子 張善慶 張富通 張醜憨

張定奴 張醜奴 張勿成 張再成 張擖棰

氾義成 氾員子 氾富達 宋保岳

說明

本件是渠社通知社人納麥遂羊價的轉帖，紀年爲「甲申」，其絶對年代是公元九八四年，理由與本號情況均請參看本號「甲申年二月廿日渠人轉帖」說明。

校記

〔一〕渠人，據其它渠人轉帖例補。
〔二〕馮，當作「憑」，據文義及其它社司轉帖例改。

206 甲申年（九八四）十月四日渠人轉帖　（伯五〇三二）

渠人轉帖　張願昌　張願德　張定千　張定德　張
願通　張醜憨　張善慶　張富通　氾富達　氾□
□　氾延子　張定奴　張勿成　張醜奴　張擖棰
張再成　賀方子　尹再昌　宋慢岳　已上渠人，
官中處分，田新橋，人各鑺鍬一事，枝一束。
幸請諸公等，帖至，限今月廿五日卯時
橋頭取齊。捉二人後到，決仗（杖）七下；全
不來者，官中處分。其帖速遞相分付〔一〕，
不得停滯；如（滯）〔二〕帖者，准條科罰。帖周却付〔三〕
本司，用憑告罰。　甲申年十月四日錄事張帖。

說明

本件是渠社通知渠人田新橋的轉帖，紀年爲「甲申」，其絕對年代是公元九八四年，理由及本號情況均請參看本號「甲申年二月廿日渠人轉帖」說明。

校記

〔一〕付，據文義及其它社司轉帖例補。

〔二〕滯，據文義及其它社司轉帖例補。

〔三〕付，據文義及其它社司轉帖例補。

207 甲申年（九八四）某月十七日渠人轉帖（伯五〇三二）

渠人　轉帖　張定●奴　張擕●槌　張醜奴　張勿●成　張定●德
張醜憨　張善●慶　張願●通　張願●昌　氾富●達　氾義●成　氾
員●子　賀進●子　尹再昌　宋二娘　已上（渠）〔二〕人，今緣水次逼近，
切要修治沙渠口。人各樫一束，白刺一束，柒尺栓一笙。幸
請諸公等，帖至，限今月十七日限夜沙渠口取齊。
捉二人後到，罰決仗（杖）七下；全不來者，官中處分。
其帖速遞相分付，不得停滯；如滯帖者，准條科罰。
帖周却付本司，用憑告[罰]〔三〕。
甲申年□月十七日錄事帖。

說　明

本件是渠社通知渠人連夜前往修治沙渠口的轉帖，紀年爲「甲申」，其絶

對年代是公元九八四年．理由及本號情況均請參看本號「甲申年二月廿日渠人轉帖」說明。

校記

（一）渠，據其它渠人轉帖例補．

（二）罰，據文義及其它社司轉帖例補．

208 公元九八四年渠人轉帖（伯五〇三二）

（前缺）

□張再成　張定奴　張醜奴　張□

方子• 尹再昌• 李蒼•（倉）曹 宋滿岳 宋□
已上渠人，今緣水次稍隨，妄（切）要□□
底何（河）口。人各鍬钁一事，白以（刺）〔一〕三束。須
得本身，不用奴。帖至，限今月十五日卯
時於其東頭取齊。捉二人後（到）〔二〕，七棒；
全不（來）〔三〕，罰一瓮。其帖各自示名遞過

（後缺）

說明

本件前後均缺，失紀年。從所存渠人姓名來看，與本號中保存的一組紀年為「甲申」的渠人轉帖屬同一渠社。這組文書中之「甲申」已考出是公元九八四年（請參看本號「甲申年二月廿日渠人轉帖」說明）。本件當亦在是年。

校記

（一）以，似當作「剩」，據本號内同一渠社的渠人轉帖改。

（二）到，據文義及其它渠人轉帖補。

（三）來，據文義及其它渠人轉帖補。

209 渠人轉帖　十世紀後半葉（？）　（上海博物館八九五八(1)）

渠人轉帖　杜流信　索員滿　索□

索清奴　鄧義昌　鄧義保　鄧里三□

王成集　王員松　王富進　杜慶兒　杜□

困再住　趙閏子　賈延德　賈進子　趙□

趙員侯　保氾小　氾兒　鄧押衙　杜□

右件渠人，官中處（分）〔二〕修查（閘），人（各）

栓（一）笙〔二〕，枝一束，鍬钁（一）〔三〕事，（以下原缺文）

六日卯時放查（閘），（以下原缺文）

（中空一行）

停（以下原缺文）

付本司（以下原缺文）

說明

本件錄文係沙知提供，轉錄時據文義及其它渠人轉帖作了校補。據其它渠人轉帖，本件尾部四行均未書完，文義不連貫，似非實用文書，但前列人名中又有兩人旁有墨點。本件無紀年，「王員松」見於斯四四七二背/1-3「辛酉年十一月廿日張友子新婦身故聚贈曆」，該件之年代已考出在公元九六一年（參看該件說明）。如果這兩個王員松為同一人，本件之年代當與其相去不遠，即公元十世紀後半葉。

校記

（一）分，據文義及其它渠人轉帖例補。

（二）各、一，據文義及其它渠人轉帖例補。

（三）一，據文義及其它渠人轉帖例補。

210 渠人轉帖抄　（伯四〇一七）

渠人轉帖　已上渠人，今緣水次逼斤（近），

切要通底河口．人各枝兩束，亭白
剌壹不（不字衍）束．栓兩笙，鍬钁一事，兩日
糧食．是酒壯夫，不用廝兒女．帖至．
限今月廿九日卯時於口頭取齊．如
有後到，決丈（杖）七下；全不來者，官——（以下原缺文）

說明

本帖係抄件，原未抄完，無紀年．本號中還有「春座局席轉帖抄」兩通，「行人轉帖抄」一通．內題「雜字一本」．

211 應管行人渠人轉帖抄　（伯二七六九背）

應管行人渠人帖　官有處分人各（以下原缺文）

說　明

本件是應管行人渠人轉帖抄，但只抄錄一行，無紀年。據本件可知行人與渠人有相同的性質。

212 渠人轉帖（？）　（斯八六七八）

前缺

□頭韓憨子梁富清梁善丞梁善定王瘦斤，已上仰頭告報，人各枝七束，茨萁五束，帖至立便於陰婁莊上堤送納者。
張員貫

說　明

本件與其它渠人轉帖不同，只是徵集柴草，且數量較大，却無修補渠堤任務。是否渠人轉帖，尚難斷定，姑附於此，供參考。

213　渠人文書（斯五八七四）

（前缺）
本，地水是人血脉

（前缺）

須在河口勞（牢）固

不輕，二乃自旱

十家為一里

至甚嶮峻，或

齋集之次

車道，衆渠

柒拾步上圖

（後缺）

說　明

本文殘甚，無紀年，從殘存内容來看，是有關渠人的文書。

三、社曆

(一)身故納贈曆

214 社戶王張六身亡納贈曆　吐蕃時期　〔伯五〇〇三背〕

社人納色物

趙太平　生布一疋，本名；白領巾三條，本名。

徐清　生細布一疋，領巾三條，內一紅，並本名。

何養　生布丈六尺，領巾三條，內一白。

石都　白領巾三條，生布一疋，本名。

馬清　生布一疋，有汜重英字。

安寧　生布一疋，本名。

張璀　生布一段，並褐一段，共□本名。

長　生布一疋，本名。

翟常　生布一疋，本名；領巾二條。

李悅　食布一疋，單經領巾二條，本名。

社官　生布一疋，本名。

陳盧颯　生布一疋，白領巾三條，並本名。

田光德　生布一疋，本名。

安自清　生熟布一疋，領巾三條，內一紅，並本名。

李再清　生布一疋，本名；領巾三條。

張天養生布一段，本名。

孟太生布一疋，領巾二條，本名。分付袁善。

洛骨崙生布一疋，紅綠記。

袁善生布一疋兩接，本名。

王金剛生布一疋，本名。

陰興國食布一疋，本名。

說明

納贈曆是社邑成員或其親屬亡故時，社人依據社條的規定或社司的臨時決定向社司繳納物品的紀錄。本件是社戶王張六身亡時，社人納贈的助葬物品的記錄。本曆正面是社戶王張六身亡後社司通知社人參加助葬活動的社司轉帖。同一張紙上記有如上兩項內容，對了解敦煌社邑的營葬過程十分有價值。本件的時間在吐蕃統治敦煌時期，理由見本號正面「某年九月四日社戶王張六身亡轉帖」說明。

215 大中六年（八五二）後納贈曆（斯六二三五）

（前缺）

〔　　〕□　□□餅粟生布一尺

〔　　〕麥足

〔　　〕粟□□□緝十段

李□□麥足　□□餅麥粟生布一尺。

汜榮榮麥足□一書□□段□□　程太朋麥粟生布一尺。

唐淳餅足麥生布一尺。　張擦龍餅麥粟白𦇧半尺。

索延朝麥足粟□□生布一尺。　杜倫子餅粟麥足生布一尺。

□保鈎粟生布一尺，本名，麥足。　杜盈子餅粟麥足生布一尺。

唐佛奴麥粟餅。　索平子麥足餅粟生布一尺。

唐安（？）餅足生布一尺，粟。　陰長友餅麥足。

唐保（？）□餅粟生布半尺。　李奴餅麥粟熟布三〔　〕

馬秘子餅麥粟。　　張友友麥餅粟生綢□

唐（？）焆（？）焆（？）餅麥粟生細布一疋。王印熟布一疋、粟麥餅。

說明

本件前缺，失事由及紀年，從所存內容看，是納贈曆，但不能確定是否社司納贈曆，姑附此。本件書寫在「大中六年（八五二）四月都營田李安定牒」上，從納贈曆避開該牒文字來看，本件的時間當在該件之後。又，本件成員名下所列納贈物品多有「生布」一項，個別在「生布一疋」下書有「本名」二字。多數成員納贈生布與書寫本名僅見於伯五〇〇三背吐蕃統治敦煌晚期「社户王張六身亡納贈曆」，歸義軍時期的納贈曆尚未發現上述現象，故本件的時間應在歸義軍初期大中六年以後不久。

216 甲申年（九二五）十二月十七日王萬定男身亡納贈曆

（斯五五〇九）

甲申年十二月十七日王萬定男身亡納贈曆

社官蘇流奴麵柴并（餅）〔一〕粟麻　緣綾子一疋，非（緋）綿綾二丈三尺。

社長韓友松麵柴并（餅）粟麻　碧錦綾內四妾（接）〔二〕五段故破一丈三尺。

社老裴川兒麵并（餅）柴粟麻　紫絹一丈二尺，淡絹一丈三尺故破。

席錄鄧慜子麵并（餅）柴粟麻　白絲生絹壹疋，非（緋）衣蘭八尺。

錄事張通盈麵并（餅）柴粟麻　黃絹壹疋，白練故破內四妾（接）五段。

石不勿麵并（餅）柴粟麻　弘（紅）綾子壹疋，黑白去〔三〕壹疋，羅底二丈。

石衍子麵并（餅）柴粟麻　甲縹三丈五尺，故破羅底一丈五尺。

（後缺）

說明

本件紀年爲「甲申」。背面有「甲申年蘇流奴雇工契抄」，池田温將此雇契的年代定在公元九二四年；伯三六二七號又有「癸卯年正月廿三日張通盈手書已」字樣，「法目」將此癸卯定在公元九四三年。而上述二人均見於本件，據此，本件之甲申當是距上述年代較近的同光二年，同二年十二月十七日於公元已進入九二五年。

校記

〔一〕并，當作「餅」，據文義改。以下「并」字同此，不另出校。

〔二〕妾，當作「接」，據文義改。以下「妾」字同此，不另出校。

〔三〕去，義不明，俟考。

217 乙未年（九三五）二月十八日程虞候家榮葬名目

（伯三四一六）

乙未年二月十八日程虞候家榮葬名目：

社官程　餅粟

□□□　餅粟

□□□　餅粟青紬接一丈七尺。

紫綿綾七尺。

生絹一疋。

緋綿綾緣綾

□□□　餅粟

汜流定餅粟

米海順　餅粟

（後缺）

（後另一殘片）

（前空約三行）

付主（人）〔二〕餅七佰一十□

（後又一殘片）

李曹子餅粟□白綿綾二丈六尺。

李安住餅粟白綾一疋。共什德合。

（後空一行）

郭再

（後缺）

（紙背：第一殘片）

□粟兩石七斗。

（第二殘片）

王□一丈三尺。

富

樓二丈。

（後空二行）

（後缺）

說明

本件殘甚，已斷為三片。其所存社人名與伯三四一六2十伯三五五五B11「公元九三五年前後社人身故納贈曆」多同，兩件為一社之物。本件紀年為「乙未」，其絕對年代是清泰二年（九三五），理由見上引文書說明。

校記

〔一〕人，據文義及其它納贈曆例補。

218 公元九三五年前後納贈曆〈伯三四一六2十伯三五五五B11〉

伯三四一六2

□名目如後：

社官程□

社長郭餅粟白綾一足，共懷恩合，付憨子。

屈錄事餅粟。

虞候程

辛押衙餅粟破生絹宅袖白練二丈，付伍子。

郭愍子餅粟白紬二丈五尺。

張鉢子餅粟白練紫袖一丈四尺。

張六子餅粟青紬白練緋紬紫紬二丈。

郭員信餅粟白綿綾一丈二尺，黃畫被子七尺，付愍（子）〔二〕

郭再昇粟白綿綾二丈四尺。

張文得　粟白練□□□白紬六尺，紫紬六尺。

張懷恩餅粟。

□二丈四尺□

（後缺）

伯三五五五B11

（前缺）

程懷諫餅粟白練三尺（丈）〔三〕七尺，破；與狗奴合。

劉狗奴餅粟。

張住子餅粟緋紬紫紬白練褛一丈七尺。

楊宗子餅粟白綿綾一丈，破；紫紬五尺。

韓山定餅粟紫綿綾，破；生絹接二丈四尺。

李安住餅粟紫綿綾故白練接一丈八尺，付貫子。

史什德餅粟紫綿綾弘（紅）絹接一丈八尺，付田買子。

氾流定餅粟白練白綿綾接一丈，紫綿綾綠綿綾接一丈二尺。

米海順餅粟白綿綾二丈七尺。

康石住餅粟白綿綾二丈。

田義成餅粟故破白綾白紬緋綾接二丈。

田小兒餅粟

□□子餅粟

（後缺）

伯三四一六₂背

用主人餅五百二十，付粟兩石三斗，又付餅一百一。

說明

本件已斷為兩片，前殘，中、後缺。兩片內容不相連，但從格式、內容、筆體看，應為一件，伯三四一六2在前，伯三五五五B11在後。本件失紀年。「李安住」見於伯三三九一背「丁酉年正月春秋局席轉帖稿」（該件之年代已考出在公元九三七年，參看該件說明），「張住子」見於Дх一四一〇「庚戌年閏四月佛堂頭壘園墻轉帖」（該件之年代已考出在公元九五〇年，參看該件說明）、伯四〇六三「丙寅年四月十六日官健社春座局席轉帖」（該件之年代已考出在公元九六六年，參看該件說明）和伯三三七二背「壬申年十二月廿二日常年建福轉帖」（該件之年代已考出在公元九七三年，參看該件說明）。斯五一三九背/4「社人張員通妻亡轉帖抄」（該件之年代已考出在公元九二五年前後，參看該件說明）中有「文德張郎」，此張文德當即本件中之「張文得」，「德」、「得」相通。伯三四一六1「乙未年二月十八日程虞候家榮葬名目」雖已殘為數片，但所存人名多與本件同，社官亦相同，這兩件當為一社之物，據上引材料，該件之乙未應爲清泰二年（九三五），本件之年代也應在九三五年前後。

校記

（一）子，據第七行「郭憨子」補。

（二）尺，當作「丈」，據文義改。

219 乙酉年（九四九）正月廿九日孔清兒身故納贈曆

（伯二八四二 2）

乙酉年正月廿九日孔清兒身故納僧（贈）曆（一）

石社官紫褐八尺，白細褐二丈五尺，土布一疋，白立機□□。

武社長生褐三丈八尺，非（緋）褐內接二丈九尺。
高錄事白生褐三丈七尺，又生褐四十三尺。
高山山立機二丈三尺，生褐二丈五尺，又生（褐）〔二〕四十五尺。
羅英達非（緋）褐內三接□丈三尺，淡非（緋）褐〔三〕
郭席錄白褐二丈，立機二丈，白官布二丈四尺，又生立
機二丈。
王清子
樊廣候非（緋）褐二丈，柴（紫）〔四〕褐七尺，白生褐一丈二尺。
遊流住白綿綾三丈，白生（褐）〔五〕四十四尺。
王再慶生官布一丈七尺，生褐二丈。
王骨子白生褐四十四尺，白立機□□□四尺。
（後缺）

說明

本件紀年爲「己酉」，其絶對年代應是乾祐二年（九四九），理由見伯二八四二、本社轉帖，即「甲辰年八月九日郭保員弟身亡轉帖」説明。

校記

〔一〕清，原卷左半部已殘，據伯二八四二、本社轉帖補；僧，當作「贈」，據其它納贈曆例改。
〔二〕禍，據文義補。
〔三〕禍下文義未盡，原卷如此。
〔四〕柴，當作「紫」，據文義改。
〔五〕禍，據文義補。

220 辛酉年（九六一）十一月廿日張友子新婦身故聚贈曆

（斯四四七二背/1-3）

辛酉年十一月廿日張友子新婦身故聚贈曆

張錄事油麪粟柴。

高社官

李僧正粟油柴併（餅）（二）。

趙法律粟併（餅）柴白麁褐二丈。

李法律　柴粟麪油白麁褐二丈。

李闍梨油粟麪柴白細褐二丈五尺。

慕容營田　粟併（餅）。

安再恩粟柴麪紫斜褐二丈五尺。

安再昌柴併（餅）粟白麁褐二丈一尺，紫褐非（緋）斜褐內一接一丈，付杜善

兒

杜善兒粟柴麪油　白細褐二丈六。

梁押衙　油粟併（餅）柴白斜褐二丈二尺。
梁慶住　粟柴油紫麁褐白斜褐內一接二丈。
王醜子　麵粟非（緋）褐白褐裙段內四接二丈二。
張清忽併（餅）粟紫直褐丈七。
馬再定併（餅）粟　白麁褐內一接二丈二尺。
馬友順粟併（餅）油柴白麁褐五十尺。
馬醜定油併（餅）粟白細褐七尺，白斜褐一丈四尺。
馬佛住併（餅）油粟柴淡麁碧褐二丈，又白麁褐二丈。
畫住奴粟併（餅）油柴白麁褐丈八。
畫兵馬使粟併（餅）油柴白麁褐二丈。
董流達粟併（餅）柴油白昌褐丈三。
李粉定油粟麵柴白褐非（緋）淡褐碧褐內接三段二丈。
李粉堆麵油粟柴麁逃（桃）花褐一丈八尺。
王員松油粟麵白麁褐一丈一尺，淡斜褐一丈七尺。

高虞候油麵。

令狐盈德粟麵柒碧麁褐二丈。

令狐章祐油麵粟柒白麁褐丈三。

康再晟併（餅）油粟柒白細褐二丈六尺。

平弘住粟併（餅）柒油白細褐三丈四尺。

翟萬住柒併（餅）粟油白細褐二丈八尺。

宋定子粟併（餅）油柒白麁褐一尺。

馬願清油粟柒併（餅）淡麁碧褐丈八，緋衣襴七尺，故破。

龍保慶粟併（餅）柒油淘（桃）花斜褐一丈六尺。

孟流三粟併（餅）。

王友子併（餅）粟油柒立機二丈，碧褐七尺，故破內一接。

梁定奴麵油粟白細褐三丈。

梁猗（狗）奴柒併（餅）粟油白細褐三丈二尺。

王進員粟併（餅）柒非（緋）褐二丈。

王繼德油粟併（餅）柴白麁褐二丈。
王應兒併（餅）粟。
王義信粟併（餅）油柴麁碧褐二丈，又白麁褐丈六。
王兵馬使粟併（餅）柴油白麁褐三丈。
王殘子併（餅）粟柴油細紫褐七尺，緋麁褐丈三內一接。
王友進併（餅）粟油柴淡白麁褐二丈。
安萬端併（餅）粟碧褐裙段內接一丈八尺。
孫義成併（餅）柴粟白麁褐五十尺。
杜恩子併（餅）粟柴緋斜褐丈二，麁紫褐七尺，緋直褐四尺。
張清兒粟併（餅）白細褐又非（緋）褐內兩接三段三丈。
宋承長豆併（餅）柴油桃花褐白褐內接二丈八尺。
王保定柴併（餅）粟油白麁褐二丈，黑斜褐丈六。
（後約空六行）
見付凶家併（餅）七百八十（押），又付凶家油三十合（押），又付凶家柴三

十三束，又
後付併（餅）廿（押），又後付粟三石四斗（押），又後領併（餅）廿（押），
又併（餅）廿。

說明

本件紀年為「辛酉」。正面有「右街僧錄雲辯與緣人遺書抄」，末云「時廣順元年（九五一）六月十八日邊」，知該件抄於九五一年後。按正面先寫，背面後寫的通例，本件之辛酉年祇能是建隆二年（九六一）。本件中之「張友子」、「張清忽」見於伯三二三一「甲戌年（九七四）十月十五日平康鄉官齋曆」，「梁慶住」見於斯二八九四背/2「壬申年十二月廿一日常年建福轉帖抄」（此件之年代已考出在公元九七三年，參看該件說明），這些材料也說明本件之年代應在九六一年。

校記

〔一〕併，當作「餅」，據文義及其它納贈曆例改。以下「併」字均同此，不另出校。

221 辛未年（九七一？）三月八日沈家納贈曆（伯四九七五）

辛未年三月八日沈家納贈曆

閻社長 緋錦綾內妾（接）〔二〕二丈三尺，又非（緋）錦綾內妾（接）二丈五尺，紫錦綾內接一丈三尺，又紫錦綾二丈，綠綃內妾（接）一丈四尺。

實社官 白錦綾古（故）〔三〕破內妾（接）一丈一尺，綠綾子內妾（接）一丈八尺，非（緋）錦綾內妾（接）一丈五尺，又緋錦綾八尺，黃綃紫錦綾內妾（接）一丈，古（故）破白緋紬一丈六尺，白綠六尺，白錦綾一丈九尺。

鄧都衙 紫錦綾一丈八尺，白錦綾二丈四尺，非（緋）錦綾二丈，生綃一疋。

張録事 碧紬内妾（接）二丈一尺，非（緋）綿綾内妾（接）八尺，黄畫被柒尺，紫綿綾内妾（接）二丈三尺，非（緋）綿綾白綿綾内妾（接）（三），非（緋）綿綾八尺。

鄧縣令 生絹一疋，白綿綾二丈六尺，又白綿綾一丈一尺，非（緋）綿綾二丈。

索押衙 白綿綾二丈八尺，又白綿綾二丈五尺，又白綿綾内妾（接）綠絹碧内妾（接）二丈，生絹一疋。

陰押牙 小綾子一疋，索（紫）（四）綿綾一丈一尺，非（緋）綿綾紫綿綾内妾（接）一丈三尺，非（緋）綿綾二丈。

小陰押牙 黄綾子八尺，白綿綾一丈，非（緋）綿綾内妾（接）一丈八尺，白綿綾一丈尺内妾（接），又古（故）破白綿綾一丈，又白綿綾二丈一尺。

米押衙 白綿綾二丈四尺，紫綿綾内妾（接）二丈三尺，白綿綾一丈三尺，樓綾一疋。

齊法律 非（緋）綿綾内妾（接）一丈八尺，白綿綾一丈九尺，黄綾子紫綿綾内妾（接）一丈二尺，㚇（淺）（五）紫綿綾一丈九尺，白綿綾二丈。

鄧马馬使 黄畫被子七尺，白綿綾一丈，又白綿綾二丈，白綿綾二丈一尺，碧紬内妾（接）一丈五尺，又碧紬六尺，又白綿綾二丈五尺。

鄧南山 白綿綾内妾（接）一丈八尺，非（緋）綿綾内妾（接）一丈五尺，又非（緋）綿綾内妾（接）紫綿綾三丈四尺，白綿綾二丈，又白綿綾一丈八尺。

楊殘奴紫綿綾二丈五尺，又紫綾一丈八尺，非（緋）綿綾七尺，尺（又）（六）非（緋）綿綾一丈七尺，碧師內妻（接）二丈六尺，白綿綾二丈。

李願丞樓綾半尺，白綿綾一丈八尺，碧絹白綿綾內妻（接）二丈六尺，又白綿綾一丈五尺。

長千

（紙背）

主人碧絹一疋，綠絹一疋，車影錦一疋，胡錦一疋，非（緋）綾一疋，甲頡（纈）一段，黃畫被子兩條。

（下空二行）

索押牙圓陰押牙　鄧縣令　李願丞　齊法律

大陰押牙圓鄧都頭　米押牙　鄧南山　楊殘奴

後到人榮葬日小陰押牙　米押牙　葬日趁弔不到人：齊法律。

說明

本件紀年爲「辛未」。「鄧縣令、索押衙」見於伯三九九七「庚子年、辛丑年某寺入布曆」，唐耕耦疑該件之庚子爲九四〇年，辛丑爲九四一年，但未說明理由。該件庚子年有「青衣段褐壹段，故保藏折債領入」。此「保藏」又見於伯二七〇八「社子名單」，是件已考出在十世紀後半葉（參看該件說明），上述「入布曆」中之保藏已故，其年代不應在「社子名單」之前，只能是其後的公元一〇〇〇年、一〇〇一年。據此，本件之辛未應在「入布曆」之前的開寶四年（九七一）。本件背面附有凶家主人所出物品及社人參加助葬的情況。

校記

〔一〕妾，當作「接」，據文義及其它社司納贈曆改。以下「妾」字同此，不另出校。

（二）古，當作「故」，據文義及其它社司納贈曆改。以下「古」字同此，不另出校。

（三）内接下原有「九尺」二字，已塗掉，現文義不完整。

（四）索，當作「紫」，據文義改。

（五）炎，當作「淡」，據文義改。

（六）尺，當作「又」，據文義改。

222 丙子年（九七六）四月十七日祝定德阿婆身故納贈曆

（斯一八四五）

丙子年四月十七日祝定德阿婆身故納贈曆

社官氾

錄事李幷（餅）〔二〕粟　白細褐三十五尺。

氾小兒子幷（餅）粟　白昌褐二丈，白斜褐一丈三尺，又白斜褐二丈。

氾願德幷（餅）粟　桃花昌褐丈七，斜褐丈二，又斜褐丈四。

程永德幷（餅）小粟　紅斜褐內接二丈六，白褐一丈。

陰善保幷（餅）粟　故非（緋）褐被子十七，白斜褐丈三，白褐二丈。

李富昌幷（餅）粟　桃花斜褐三丈。

陰富定幷（餅）粟　白細褐三丈二尺。

程慢兒幷（餅）粟

程定海幷（餅）小粟　紅褐丈二，碧褐白斜褐內接二丈二。

押衙氾延子幷（餅）粟　白褐一疋。

程善保幷（餅）粟

程闍梨幷（餅）粟

安友子幷（餅）粟

竹阿朶幷（餅）粟

氾顧清并（餅）粟　碧昌褐白褐三丈。
程阿朶并（餅）粟
程保成并（餅）粟
蔣清奴并（餅）粟　白昌褐二丈六尺，白斜褐一丈二尺。
陰小兒并（餅）粟　白昌褐二丈七尺，紅斜褐一丈四尺。
程住德并（餅）粟
王安德并（餅）粟　白斜褐二丈四尺，白昌褐二丈。
安友員并（餅）粟
程憨多并（餅）
陰定德并（餅）粟　白昌褐一丈二尺，桃花斜褐二丈二尺，右（又）紫斜褐
八尺。
李流安并（餅）小粟　碧昌褐一丈五尺，白桃花昌褐二丈五尺。
竹什子并（餅）粟
程醜子并（餅）粟

李章七并（餅）粟　談（淡）〔三〕青斜褐一丈四尺，白斜褐一丈二尺。
程保通　粟
汜善進郎君　粟
竹王午并（餅）粟
陰富通　粟
陰乞子　粟　白斜褐一丈四尺，白斜褐一丈四尺。
安瘦兒并（餅）粟　白斜褐一丈一尺。
安慢兒并（餅）粟　白昌細褐二丈。
安集子并（餅）粟　斜談（淡）青褐一丈八尺，談（淡）青斜褐一丈四尺。
程永千并（餅）粟　白斜褐二丈五尺，白斜褐一丈四尺。
張闍梨并（餅）粟　白斜褐一丈二尺，白斜褐一丈一尺。
竹闍梨并（餅）粟
竹員昌并（餅）粟
竹清子并（餅）粟

竹再富并（餅）粟

竹子昌并（餅）粟

竹萬定并（餅）粟

竹衍子并（餅）粟

竹定奴并（餅）粟

吴保昌并（餅）粟

吴昌子并（餅）粟

吴僧子并（餅）小粟

吴清奴并（餅）粟

押牙吴彦松并（餅）粟

押牙吴保德并（餅）粟

吴昇子并（餅）粟

吴子昇并（餅）粟

令狐判官并（餅）粟

令狐再子并（餅）小粟

令狐員德并（餅）粟

安住奴并（餅）粟

王再晟　粟

談（淡）青昌褐二丈，紫昌褐七尺，白斜褐三丈。

龍憨兒并（餅）粟

郭憨子并（餅）粟

□　粟

（後缺）

（紙背）

付色物三十三段，又十段，又一段，又一段。

（約空五行）

陳願長并（餅）粟付萬定。

粟五石五斗，又一斗，又二斗，又一斗，又二斗。

付闍梨并（餅）一百，又七百八十，又四十，又卌，又四十。

說明

本件紀年為「丙子」，「王再晟」見於伯二四八四「戊辰年十月八日就東園算會羣牧駝馬牛羊見行籍」，該件中之「戊辰」陳國燦已考出是公元九六八年。「王安德」見於斯二二四一背「瓜州水官王安德等狀」，該件雖無紀年，但同紙背有「顯德五年（九五八）殘狀」，兩件年代應相去不遠。據此，本件之「丙子」當為距九五八、九六八年較近的開寶九年（九七六）。

校記

〔一〕并，當作「餅」，據文義改。以下「并」字同此，不另出校。

〔二〕談，當作「淡」，據文義改。以下「談」字同此，不另出校。

223 丙子年（九七六）七月一日司空遷化納贈曆 （斯三九七八）

丙子年七月一日司空　遷化納贈曆

社官張

録事何并（餅）㈠

孔都知并（餅）粟

薛都頭　粟

陰都頭并（餅）粟

薛幸昌并（餅）粟

張友亥并（餅）粟

王員住并（餅）粟

王再昌并（餅）粟

王願成并（餅）粟

孔富通并（餅）粟

馬衍子并（餅）粟

索阿朶并（餅）粟

索鐵子并（餅）粟

索再昇并（餅）粟

張不子并（餅）粟

張醜子并（餅）粟

裴員弁并（餅）粟

羅押牙并（餅）粟

孔王三并（餅）粟

陳保實并（餅）粟

陳保富并（餅）粟

陳義友并（餅）粟

楊友員并（餅）粟　　陳喜昌
楊再定并（餅）粟　　王像友并（餅）粟
楊定千并（餅）粟　　王定君并（餅）粟
楊醜奴并（餅）粟　　令狐小憨并（餅）粟
張醜兒并（餅）粟　　令狐子順
劉善子并（餅）粟　　令狐員松并（餅）粟
劉骨子并（餅）粟　　李繼晟并（餅）粟
索願通并（餅）粟　　李憨子并（餅）粟
張友定并（餅）粟　　押牙孔義興并（餅）粟
（後缺）

說明

本件紀年為「丙子」。「索再昇」見於伯三二三一"「壬申年（九七二）平康鄉官齋曆」，「索阿朶」見於同號「甲戌年（九七四）十月十五日平康鄉官齋籍」，「索鐵子」見於同號「乙亥年（九七五）九月廿九日平康鄉官齋曆」，「王再昌」見於伯二九三二「乙丑年（九六五）翟法律少有斛斗出便與人名目」。據此，本件之「丙子」當是與上述年代較近的開寶九年（九七六）。

本件與本書中其它社司納贈曆有所不同，後者是社人之間的互助活動，而本曆的納贈並非由於本社成員死亡，而是敦煌地區統治者死亡後由官府通令一般的社邑營辦齋會或祭奠儀式的一種攤派。本曆中的「司空」，學者們一般認為是曹延恭。但據榮新江考證，早在曹元忠在世時，曹延恭的加官已為「司空」，繼位以後，在開寶八年（九七五）就已檢校太保，在開寶九年，即他去世這一年，又進稱太傅及令公。如果本曆中「司空」是曹延恭，則不該用「司空」而不用「太傅」稱號。所以，本曆中的「司空」雖有可能是曹延恭，但也不排除另有所指的可能性。

竺沙雅章以本曆中有社官兼社長，推測這個社的社長是曹延恭，就更難令人置信。除去本曆中「司空」到底是否即曹延恭尚難定論外，僅依據有社官無社長來推論也很難成立。首先，敦煌社邑文書中有社官無社長的頗多，這些民間團體本來就不一定都是三官俱全，而是因社而異。其次，如果此社社長果爲曹延恭，則其社邑成員必當以高級官員、武將及其家屬爲主，所納贈之物也必然豐盛精緻。而本曆現存成員多爲低級軍官和平民，所納物品也僅是普通的餅粟，與伯四九七五有鄧縣令等參加的社邑所納物品相比，有天壤之別。

校記

〔一〕并，當作「餅」，據文義改。以下「并」字同此，不另出校。

224 己卯年八月廿四日袁僧定弟亡納贈曆（伯四八八七）

己卯年八月廿四日袁僧定弟亡納贈曆

吴法律白斜褐貳丈八尺。

趙社長白昌褐壹丈三尺，又斜褐壹段，長壹丈三尺。

何社官談（淡）〔一〕青褐又内接白斜褐内接長三丈。

史友子白昌褐壹丈九尺，又白昌褐二丈一尺。

侯定殘白昌出斜褐内壹接壹丈，斜褐壹丈二尺。

吴押牙白細褐壹丈六尺，又白斜褐壹丈壹尺。

閻茍兒官布昌褐内接三丈。

僧住千談（淡）青褐壹丈九尺，淘（桃）花斜褐壹丈三尺。

□白斜褐□

（後缺）

説明

本曆用干支紀年，又有「押牙」，當屬歸義軍時期。歸義軍時期計有三個己卯年，即大中十三年（八五九）、貞明五年（九一九）和太平興國四年（九七九）。本曆究屬上述哪一個己卯，俟考。

校記

〔一〕談，當作「淡」，據文義改。以下「談」字同此，不另出校。

225 辛巳年（九八一）十月廿八日榮指揮葬巷社納贈曆
（斯二四七二背 5-6）

龍録事粟并（餅）(二) 油柴。
辛巳年十月廿八日榮指揮葬巷社納贈曆
李社官并（餅）。
龍社長粟并（餅）油柴紫綿綾帛綿綾帛練一丈九尺。
汜宅官
汜願昌粟并（餅）油柴緋綿綾丈五一接兩段。
汜團頭粟并（餅）油柴生絹半疋。
汜富通粟并（餅）油柴孔什德絹招。
孔幸子粟并（餅）油柴故爛半幅碧絹生絹内三接計丈五。
孔押衙粟并（餅）油柴天下破碎爛羅底接續無數二丈二尺。
孔保定粟并（餅）油柴帛綿綾一丈八尺。
孔什德粟并（餅）汜願昌替納、油柴生絹一疋，汜富通二人招。

僧高繼長粟并（餅）油柴生絹緋綿綾一丈五尺，當處分付主人。

高員郎粟并（餅）油柴半幅舊紫綿綾，又半幅破碎帛練共計二丈七尺。

李保成粟并（餅）油高虞候絹招。

高留奴粟生并（餅）油柴半幅黃畫帔子通計二丈四尺。

李殘子粟并（餅）油柴帛綿綾緋綿綾故爛生絹又絹帛綿綾二丈三尺。

高虞候粟并（餅）油柴生絹一疋，李保成二人招。

高團頭粟并（餅）油柴黃絹淡緋絹二丈四尺。

高段子粟并（餅）油柴故緋綿綾七尺，又緣絹，又淡緣絹四接二丈。

安幸昌粟并（餅）油柴故破帛綿綾又破碎羅底接續無數三丈二尺。

安癡憨粟并（餅）油柴緋綿綾二丈四尺。

李團頭粟并（餅）油柴次絲帛綿綾共計二丈。

李留德粟并（餅）油柴淡紫綾子緋綿綾半幅共計二丈四尺。

李留兒粟并（餅）油柴淡紅絹衫子身半帛半垢涴共計二丈二尺。

龍押衙粟并（餅）油柴紫綿綾爛綿紬二丈一尺。

龍員遂粟并（餅）油柴帛綿綾碧綿綾二丈二尺。
龍定德粟并（餅）油柴繡裙二丈。
彭不藉奴粟并（餅）油柴張佛奴絹招。
孔德壽粟并（餅）油柴生絹一疋。
高住員粟并（餅）油柴
李馬踏粟并（餅）油柴黄畫帔子緋綿綾共計一丈三尺。
張佛奴粟并（餅）油柴碧絹一疋，彭醜奴二人招。
高員祐粟并（餅）油 帛練紫綿綾内兩接一丈六尺。
見付主人油三十一合；餅五百四十枚，又二十；粟兩石，柴三十一束（押）。繼長又安幸昌并（餅）留奴送，又孔什德并（餅）付安幸圖〔二〕。
辛巳年十一月一日因爲送指揮衆社商量：自後三官則破油一般，
虞候破粟壹㪷。其贈粟分付凶家，餅更加十枚，齋麥兩碩，黄麻八斗。
每有納贈之時，須得齋納一般，不得欠少，目（自）〔三〕後長定。

說明

本件紀年為「辛巳」。本件前有「願文」一篇，中有「大王繼崇佛法」等語，敦煌地區始稱「大王」者為曹議金，時間在公元九三一年。以後又有曹元忠和曹延祿使用過「大王」稱號。所以，上述「願文」的年代當在公元九三〇年以後。按通例，本件的時間要晚於其前面的「願文」，本件之「辛巳」應是太平興國六年（九八一）。又，「張佛奴」見於伯四九八七「戊子年七月安三阿父身亡轉帖」，該件之年代已考出在公元九八八年（參看該件說明），如果這兩個張佛奴為同一人，亦證本件當在九八一年。

本件後附有給凶家油、餅、粟、柴等物品的記錄及經眾社商量後對有關助葬辦法所做的新規定。

校記

〔一〕并，當作「餅」，據文義改。以下「并」字同此，不另出校。
〔二〕昌，據第二十一行「安幸昌」補。
〔三〕目，當作「自」，據文義改。

226 納贈曆　　十世紀後半葉（伯四〇五七背）

（前缺）

【□】粟并（餅）〔一〕椌【□】
索像奴粟并（餅）椌生絹一疋，【□】
索徒子粟併（餅）〔二〕生絹一疋，【□】
索再昇粟并（餅）椌白【□】

索醜長
羅員幸粟檉碧綿綾内接二丈二尺。欠并(餅)五個
索會子粟并(餅)白生絹一疋，非(緋)綾子内接七尺。
索富奴并(餅)粟
索醜宮粟併(餅)碧絹二丈八尺，古黄絹内接七尺。
李忍侯粟併(餅)檉半福(幅)非(緋)綿綾内接三丈四尺，白綿紬二丈四尺
趙員進粟并(餅)檉白綿綾二丈四尺，生絹一疋。
苻恒言粟并(餅)白生絹一疋。
張流兒并(餅)白綿綾二丈，非(緋)綿綾五尺。
索闍梨粟併(餅)黄綾内接二丈五尺，白練五尺。
李闍梨粟併(餅)檉非(緋)綾子内接七尺，紫綿綾一丈。
梁願進粟併(餅)檉白綿綾二丈四尺。□
(後缺)

說明

本曆前後均殘缺，失事主及紀年。但從所存內容與書寫格式來看，是納贈曆，但不能確定是否社司納贈曆，姑附於此。「索再昇」見於伯三二三一「壬申年（九七二）平康鄉官齋籍」和斯三九七八「丙子年七月一日司空遷化納贈曆」，該件之年代是公元九七六年（參看該件說明）。如果這兩件文書中的「索再昇」有一人或均與本件之索再昇為同一人，本件之年代當在十世紀後半葉。

校記

〔一〕并，當作「餅」，據文義改。以下「并」字同此，不另出校。

〔二〕併，當作「餅」，據文義改。以下「併」字同此，不另出校。

227 納贈曆 十世紀後半葉（？） （斯六一九八）

（前缺）

□ 白斜褐一丈三尺，非（緋）褐一丈，□

安友住油併（餅）(二)粟 白昌褐內接二丈，又白褐六尺。

安買子粟併（餅）（押） 白昌褐二丈，却付。

唐印定併（餅）麥 白褐內接三丈二尺。

張衍鷄麵 白細褐三丈。

鄧虞候粟

安醜胡麵柴粟油 非（緋）褐二丈。

鄧阿柔粟柴

柴兵馬使併（餅）粟柴麥 白斜褐緋斜褐內接三丈。

鄧煩山柴粟麥 緋斜褐二丈，白斜褐二丈五尺。

□□□粟麥 白褐一丈四尺，直褐八尺，却付。

□粟 □褐□褐內接三丈四尺。

（後缺）

説明

本件前後殘缺，失事由及紀年，從所存内容及書寫格式來看，當爲納贈曆，但不能確定是否社司納贈曆，姑附於此。「張衍鷄」見於伯三二三一「癸酉年（九七三）九月卅日平康鄉官齋籍」，如果這兩個張衍鷄爲同一人，本件之年代當在十世紀後半葉。

校記

〔一〕併，當作「餅」，據文義改。以下「併」字同此，不另出校。

228 納贈曆　十世紀後半葉（伯二六八〇背）

（前缺）
王文詮生絹壹疋，白綿綾壹疋，紫繡故帔子五尺，官布兩疋。
龍闍梨生絹壹疋。
穆平水生絹兩疋，白綿綾壹疋。
龍進子生絹壹疋，緋絹五尺故破，緋紬六尺。
瞿大歌白綿綾壹疋。
主人紅闍紫絹六尺，白練帔子八尺，紫繡故帔子六尺，緋綿綾七尺。
安大脚緋綾子六尺。
陰保昇白綿綾黄紬内接一丈。
張遊弈白綿綾壹疋，碧綾子壹疋。
曹義信白綿綾壹疋。
（後缺）
（第二殘片，前缺）

何奴子故破青絲内三接一丈二尺。
何押衙白綿綾八尺，白綿紬六尺。
趙郎紫綿綾壹疋。
郝什德白練六尺，又白練五尺。
令狐粉堆白絁一丈，白綿紬六尺。
令狐萬昇黄畫帔子一條。紫綿綾八尺。綠絹八尺。
（後缺）

説明

本件已被剪爲兩片，内容不相連，從筆體和内容上看，當爲一件。蓋因要利用這些文書背面抄寫《高僧傳》，故將它們經剪裁後重新粘貼成卷。這從另一面《高僧傳》内容連貫成篇，而本件這一面内容並不連續可知。因遭剪裁，故本件失事由、紀年，但從所存内容及書寫格式來看，當爲納贈曆，但不能確定是否社司納贈曆，姑附於此。「曹義信」見於伯三五五五B_5十伯三二八八$_4$「丁巳年裴富定婦亡轉帖」，該件之年代已考出在公元九五七年（參看該件説明）；「陰保昇」見於斯二四七二背/6「辛巳年十月三日州司倉公廨斛斗交割憑一」，該號背有同一筆體寫的「辛巳年十月廿八日榮指揮葬巷社納贈曆」，此「曆」已考出在公元九八一年（參看該件説明），則「交割憑」當亦在是年。據此，本件之年代當在十世紀後半葉。

229 公元九九七年前後（？）納贈曆　（斯五六八〇）

（前缺）

布兩疋，生絹一疋，細牒（緤）一疋。

（後缺）

（前缺）

□要（腰）纈纈衫子一，紅羅衫子一，君（裙）

□文五尺，黃畫領巾一，白氈一領。

（後缺）

（前缺）

閻和□餅粟柴　白緤二丈四□

閻保達餅破粟柴　白緤二□

張黑兒餅粟柴　生布一疋□

田義信餅粟柴　生布一疋□

田僧奴餅粟柴　生緤二丈二□

已了

（後缺）

說明

本號内有五個殘片，後三片可以拼接，從所存内容看是納贈曆。所存人名中之「閻保達」、「田義信」見於伯三六三六$_1$「社司罰物曆」，兩件有可能是一社之物，其年代當相近。「社司罰物曆」又與伯三六三六$_2$「丁酉年五月廿五日社戶吳懷實託兄吳王七承當社事憑據」爲一社之物，該件之年代可能在公元九九七年（參看該件說明），則本件之年代有可能在九九七年前後。

本號内前兩個殘片筆體相同，但不相連；亦不能與後三片相拼接，且筆體也與後三片不同。從内容看不能確定是否納贈曆，姑附於此。

230　納贈曆　十世紀後半葉（斯八五二〇）

（前缺）

［　　　　］内一妾（接）〔二〕二丈。

［　　　　］

董□定油粟併（餅）〔三〕柒淡碧褐二丈三尺又白斜褐丈□。

畫兵馬使柒粟併（餅）。

馬□住併（餅）粟柒非（緋）昌褐二丈又白斜褐一丈五尺。

馬友順油粟柒併（餅）碧昌褐二丈五尺又白細褐一丈七。

□再定

王佛奴併（餅）粟柒油白斜褐一丈二尺又斜褐一丈二尺。

索憨兒併（餅）粟油白斜褐二丈又斜褐丈二。

［　　］粟柒□□［　　］

（後缺）

說明

本件前後均缺，失事由及紀年，從殘存內容來看是納贈曆。「王佛奴」分別見於斯二七四「戊子年四月十三日春座局席轉帖抄」（該件之年代已考出在公元九八八年，參看該件說明）和斯六〇六六背「春座局席轉帖抄」（該件之年代已考出在公元十世紀末至十一世紀初，參看該件說明），「馬友順、畫兵馬使」見於斯四四七二背/1-3「辛酉年十一月廿日張友子新婦身故聚贈曆」（該件之年代已考出在公元九六一年，參看該件說明），據此，本件之年代當在十世紀後半葉。

校記

〔一〕妾，當作「接」，據文義改。

〔二〕併，當作「餠」，據文義改。以下「併」字同此，不另出校。

231 納贈曆

〔伯二八六九3＋伯二八六九4〕

伯二八六九3

（前缺）

社長唐 縑絹內接 紬褐半絁 清弘（紅）絹內一接

社官賀 生絹一疋，碧 七接一疋， 使着勿□

（後缺）

伯二八六九4

（前缺）

寶香 生絹一疋，紫絹叁丈五尺，碧紬內接八尺，絁紬六尺。欠五尺。

乃晏 古（故）〔二〕破絁紬非（緋）紬內兩接二丈，白畫內四接一丈八尺，白練白綿綾一接二丈八尺，紫綾內一接一丈一尺一段付主人，欠二丈二尺。

寶全弘(紅)絹三丈八尺，白錦綾二丈一尺，綠絹一丈一尺，古(故)破紫綾六尺，白口綠八尺，古(故)破紫白紬紫紬內二接一丈八尺。

智德白綾一尺，白錦綾三丈四尺(一段付主人)，白羅一丈七尺，白紬內接一丈七尺，碧紬內四接一丈五尺，兩段付主人。

董員員生絹內一接二丈七尺，半福(幅)緋綁七尺，碧白畫內兩接一丈五尺，半福(幅)碧絹弘(紅)絹內六接二丈六尺。欠三丈七尺。

(後缺)

說　明

本件已斷爲兩片，兩件雖不相連，但從格式、內容、筆體來看，當爲一件。

本曆失事主及紀年。

校記

（一）古，當作「故」，據文義改。以下「古」字同此，不另出校。

232 社人付親情社色物曆（斯三四〇五）

（前缺）

主人付親情社色物生絹八疋，非（緋）絹五疋，
緋綾擗生又一疋，碧絹一疋，又碧（絹）〔二〕半疋，紅錦
兩疋，准錦兩疋，（押）。又生絹壹疋，絡壹條。
紫繡禮斤（巾）兩條，帖金禮斤（巾）兩條，貳廛壹
張，纈纈壹條（押）。　楊孔目付了　張孔目付（了）〔三〕
周宅官付了　王宅官末付了　龍宅官緋

付了　氾孔目緋付了　　宋住奴都頭生付了
了生付了　鄧住乇陰宅官生付了　索鷄都頭生
令狐都頭絹付王宅官。

說　明

本件前缺，失事由及紀年。依據其它社文書，文中的主人當係發生凶喪之家的事主或社人中輪次承辦局席者。但社邑營造局席，所需物一般是糧油，只有營葬時，才納織物。所以，本件中的主人極可能是社人中發生凶喪者。又據伯四九七五「辛未年三月八日沈家納贈曆」，在社邑幫助社人營葬時，主人有時也要提供一定數量的織物，故本件當爲某社的納贈曆的尾部，所殘缺者當爲社人納贈物品的記錄帳目。「宋住奴都頭」見於斯六九八一「納贈曆（？）」，兩件年代當相近。

校記

〔一〕絹，據文義補。

〔二〕了，據文義補。

233 納贈曆（？）（斯六九八一）

（前缺）

諸家人財　解僧政酒壹瓮　李都衙酒壹瓮　任長使酒

再定酒壹瓮　安宅官酒　富丞陰家酒　宋住奴都頭酒

官家羊壹口酒兩瓮　曹家阿舅餅併（餅）〔二〕酒　景郎酒

畫郎酒　阿朵劉家酒　富勝李家阿姨酒　愁兒酒

趙家富子歌（哥）酒　董宅官酒壹瓮羊迴　薛押牙酒羊□

酒户貟昌等酒壹瓮　呂進通押牙酒　翟不勿酒

（中空二行）

設頭胡併（餅）万乭手上四十不閑如數　又得胡奴胡併（餅）一佰四十□

阿鸞胡併（餅）七十又四十又九十又四十　唐押牙胡併（餅）壹佰四十。

説明

本件是否納贈曆尚難肯定。與本書中所收錄的納贈曆比較，最後兩行的内容與一些納贈曆後所附的納贈物支出情況的記載大致相同，且與本件文書相連的是一件親情社有關社人身亡的社司轉帖，從這些情况看，本件似乎是社司納贈曆。但從前六行所記諸人所納物品來看，又與本書中所收納贈曆不同，多數人僅納酒，且數量較大，只有少數人納餅和羊，第三行又有官家納酒和羊，第七行有設頭，這都是其它納贈曆中未有的現象。姑附於此。「宋住奴都頭」見於斯三四〇五「社人付親情社色物曆」，兩件年代當相近。

校記

（一）倂，當作「餅」，據文義改。以下「倂」字同此，不另出校。

234 納贈曆 （斯一〇二八一）

（前缺）

程法律　粟生□一疋□

小張法律　粟非（緋）綿綾□

小張法律　粟白綿綾□

孔法律　粟白綿綾

羅法律　粟故緋

保差　粟白綿綾一丈

海浪　粟半幅紫綿綾

願護　粟皂

□全　粟故破

（後缺）

說明

本件前、後、下均缺，失事由及紀年。從内容看肯定是納贈曆。但曆中保存的人名以僧人爲主，不能確定是否社司納贈曆。姑附於此。

235 納贈曆 （斯一〇五三〇）

（前缺）

吴判官□

文清生絹兩疋□

白絁生□

吴判官□

索元娘□

吴興信□

吴留嗣□

潛渏□□

江昂子□

（後缺）

説　明

本件前、下、後均缺，失事由及紀年，從所存内容看，是納贈曆，但不能確定是否社司納贈曆，姑附於此。

236　納贈曆　（伯二一六一6）

（前缺）

□足柴足白褐二丈□

善進生布壹足□

趙曹□餅足粟白氎二丈□

信□子生布壹足。□

海鏡餅足生布壹足。□

張胡奴餅足生布三丈七。［　　　］

安養養粟足生布二丈白［　　　］

王糞塠生布二丈，白□六尺，餅［　　　］

（後缺）

說明

本件前後及下部殘缺，失事由及紀年，但從所存内容及書寫格式來看，當爲納贈曆，但不能確定是否社司納贈曆，姑附於此。

237　納贈曆　（伯三七三八2）

（前缺）

［　　］□□□亡之時後納贈［　　］

［　　］□母亡後納贈人范［　　］

［　　］兒　索和國父亡後納［　　］

［　　］安德　王章赤［　　］

（後缺）

（紙背）

、［　　］集不到人

說　明

本件殘甚，只存一小片，失紀年。從殘存文字來看，係納贈曆，但不能確定是否社司納贈曆，姑附於此。

238 某年三月廿四日納贈曆

（斯一一五五七）

□年三月廿四□

□非（緋）紬内三□

□油（紬）内兩接□

□帛畫絹斤七□

□生絹三丈□

□生絹三丈四尺□

（後缺）

說明

本件上、下、後均缺，失事由及紀年。從殘存內容看，是納贈曆，但不能確定是否社司納贈曆，姑附於此。

239 納贈曆（斯一一五五二）

（前缺）

氾粉子　生絹壹疋，白緤兩段各半疋。

張運寶　生絹壹疋，又生絹半疋，又朱絹半疋。

劉德政

僧荊惠力生絹壹疋，右（又）白絹兩□

（後缺）

說明

本件前後均缺，失事由及紀年。從所存内容看是納贈曆，但不能確定是否社司納贈曆，姑附於此。

240 納贈曆（斯七三二八）

（前缺）

□綾

□段一丈九尺

（中空二行）

□丈

□紬内接叁丈四尺

綾内接二丈

（後缺）

說明

本件甚殘，原卷上有漿糊漬，似是用來貼補經卷的廢紙。從殘存内容來看，似是納贈曆的片段，但無法確定是否社司納贈曆，姑附於此。

241 納贈曆（斯一一四四五）

（前缺）

碧褐一丈□尺。

□
□八尺破碎。
□
□
□一丈九尺
□
□
□尺又碧褐一丈六尺。

（後缺）

説　明

本件前、後、上均缺，從殘存内容看，是納贈曆，但不能確定是否社司納贈曆，姑附於此。

242 李都頭母亡納贈曆抄　　斯八六六七

（前缺）

李都頭母亡納贈力（曆）

欠麥人：周圍頭、傅憨子

說　明

本件係隨手抄錄，僅抄錄了納贈曆的標題和欠麥人姓名，未抄具體納贈内容。

(二) 納物曆

243 戊午年（九五九）十二月廿日社人納色物曆抄（伯四九八三背）

戊午年十二月廿日社官納色（物）(二)

具抄如後：

願龍

保國

慈燈

大智

心淨

願智

永通

顧進
大黑

說　明

本件題為「社官納色物具抄如後」，但後僅列有人名，並無所納物品名稱及數量，當為草稿或抄件，原寫於曆書之空白處。本件紀年為「戊午」，「大智、顧進、顧智」見於伯二二五〇背「沙州龍興等寺唱儭曆」，該曆之年代在公元九三七年前（理由見伯三三九一背「丁酉年正月春秋局席轉帖稿」說明），則本件之戊午當在距其較近的顯德五年（九五八年），是年十二月於公元已進入九五九年。

校記

〔一〕物，據文義補。

（三）便物曆

244 辛巳年（九二一？）六月十六日社人拾人於燈司倉貸粟曆

（沙州文錄補）

辛巳年六月十六日，社人拾人於燈司倉貸粟曆

法會貸粟柒斗□（押）（一）　索都頭粟七斗

顧僧正貸粟柒斗□（押）（二）

吳法律貸粟柒斗水（押）（三）

宋法律貸粟柒斗悉（押）（四）

保弘貸粟柒斗悉（押）（五）

保祥貸粟柒斗李（押）（六）　入粟伍斗

大阿耶粟柒斗大（押）（七）

王進　粟柒斗□（押）（八）

蠅歌粟柒斗大　（押）（九）

索萬全粟柒斗□（押）〔一〇〕

右件社人，須得同心同意，不得道東說西，譲亂，罰酒壹瓮；後到，罰酒壹角；全不來，罰酒半瓮。的無容免者。

說明

本件是社人向都僧統司屬下之燈司貸粟的帳目，該社司可能是負責協助寺院從事燃燈活動的燃燈社。值得注意的是此貸粟曆並未像其它貸物曆那樣明確規定歸還時應加付的利息，或者是燈司向社人提供的無息借貸。茲將其附於便物曆類。

本件紀年為「辛巳」，「法會」見於伯二二五〇背「沙州龍興等寺唱儭曆」，該件之年代已考出在公元九三七年前（參看伯三三九一背「丁酉年正月春秋局席轉帖稿」說明）。伯二〇四二背有「庚寅年五月五日報恩寺僧律師法會」寫經題記，此庚寅，池田溫定在公元九三〇年。如果上引兩件中的「法會」有一人與本件之「法會」爲同一人，本件之「辛巳」當爲距其較近的貞明七年（九二一）。

校記

（一）□，疑當爲貸粟人畫押。

（二）□，疑當爲貸粟人畫押。

（三）水，疑當爲貸粟人簽名。

（四）悉，疑當爲貸粟人簽名。

（五）悉，疑當爲貸粟人簽名。

（六）李，疑當爲貸粟人簽名。

（七）大，疑當爲貸粟人簽名。

（八）□，疑當爲貸粟人畫押。

（九）大，疑當爲貸粟人簽名。

（一〇）□，疑當爲貸粟人畫押。

245 乙未年（九三五？）十一月廿日社司出便物與人名目

（斯八九二四B.C.）

斯八九二四B

乙未年十一月廿日社有物□

虞候清奴便麥柒斗，至□

壹碩，至秋一石五斗。王仵便四斗，秋六斗（押）

員德太子□□

（後缺）

斯八九二四c

（前缺）

□未出成利人：社官□

□醜子

說　明

本件是社司向社人出便麥等物品的帳目。本號中的兩片並不連接，C片只存幾個字，從內容上看，可能與B片有關。本件紀年為「乙未」，內有「員德太子」，員德疑即曹議金之長子曹元德，「員」、「元」相通。清泰二年（九三五）正是「乙未」歲。是年二月，曹議金病逝，曹元德正式執掌了歸義軍政權。此前，曹議金已在敦煌地區冒稱「大王」，則或者民間在議金死後仍習稱元德爲「太子」，如是，本件之「乙未」當爲九三五年。

246　公元九四五年前後（？）社家女人便麵油曆　（伯四六三五）

□月七日社加（家）女人便麵曆
□便麵壹秤，至秋壹秤半；醜子孃便麵□秤，至□
□荎保孃便麵壹秤，至秋壹秤半；穆家女便麵貳斤，
至秋（一）叁斤；不荆妻便麵壹秤，至秋壹秤半；董婆便麵
叁斤（二），至秋肆斤半；馬家女便麵貳斤，至秋叁斤；氾傳
孃便麵貳斤，至秋叁斤；齊粉堆便麵貳斤，至秋叁斤；
秤半（三）；李像子母便麵貳斤，納得一秤，欠八秤
至（四）秋叁斤；齊家荎了便麵陸秤，至秋玖秤；李像子便麵
□秤半，至秋捌秤半；趙憨子便麵兩秤，至秋叁秤；齊憨子

便麵叁秤〔五〕，至秋肆秤半；（得兩秤欠一秤）齊家苟娣孃便（麵）〔六〕壹秤，至秋
壹〔七〕秤半；齊富通便麵肆秤半，至秋柒秤；口丞人齊粉埵；
□家恩子便麵肆斤半，至秋柒斤；李家支䔖便麵壹
秤〔八〕至秋壹秤半；米流了便麵貳斤半，至秋壹秤；
張賢住便麵柒斤半，至秋拾斤半；恩勝便麵□
□半，至秋肆斤半；康憨子便麵壹斤半，至秋貳斤半；
□蘇了便麵壹秤，至秋壹秤半。
曹家保䔖便油叁平（瓶）子，至秋肆平（瓶）子半，穆家女便油兩瓶〔九〕
子，至秋叁平（瓶）子；史家女便油壹平（瓶）子，至秋壹平（瓶）半；李家
䔖便油壹平（瓶）子半，至秋兩平（瓶）子；不荆妻便油壹平（瓶）子，□□
□平（瓶）□
米流了便油壹平（瓶）子，至秋壹并（瓶）子半；□□□賢
至秋壹（瓶）〔一〇〕子半；張家女子便油壹平（瓶）子，
（後缺）

説　明

本件前殘後缺，失紀年。「張賢住」見於伯二〇三二背「乙巳年淨土寺諸色入破曆算會牒稿」，該件唐耕耦已考出在公元九四五年。如果這兩個「張賢住」爲同一人，本件之年代當在九四五年前後。敦煌的一些社邑置有自己的公共積累——「義聚」，以備急難。「義聚」中的物品也用來貸給社人。本曆就是社人的家屬從「義聚」中借貸麵油的實例。

校　記

〔一〕至秋，據文義補。

〔二〕叁斤，據文義補。

〔三〕「秤半」上原有「康□子妻便麵壹秤，至秋壹」，已塗去，未録。

〔四〕至，據文義補。
〔五〕便麵叁秤，據文義補
〔六〕麵，據文義補。
〔七〕壹，據文義補。
〔八〕秤，據文義補。
〔九〕瓶，據文義補。
〔一〇〕瓶，據文義補。

247 公元九四五年前後（？）七月一日社司付社人麵曆

（伯三一〇二背）

七月一日社内有麵知（支）付與人居（具）錄如後：

石通子妻將（麵）〔一〕叁斤，保岳阿孃一秤，

石通子妻將麵叁斤，萬子迗妻將麵壹秤，石慶住妻將
麵壹秤，王海潤將麵壹秤，王錄事將麵壹秤，
王流子妻將麵貳斤，王二婆將麵壹秤半，是自家秤，
李慶子將麵壹秤，萬詮妻將麵壹斤（押）。

說　明

本件無紀年。「石通子」見於伯二〇三二背「乙巳年淨土寺諸色入破曆算會牒稿」，此件唐耕耦已考出在公元九四五年，如果這兩個「石通子」爲同一人，本件之年代當在九四五年前後。

校記

（一）麵，據文義補。

248 公元九五〇年前後社司付社人粟黃麻麥曆（伯三九五九）

（前缺）

陸㪷（柒）（升）（半）〔一〕；□

兵馬使馬定奴付粟兩碩，秋叁碩；付黃麻肆㪷五升，秋

付麥叁碩，秋肆碩伍㪷。

張住子付粟兩碩，秋叁碩；付黃麻肆㪷五升，秋陸㪷七升半；

半；付麥叁碩，秋肆碩伍㪷。

馬定德付粟兩碩，秋叁碩；付黃麻肆㪷五升，秋陸㪷七升

張金光奴便麥伍碩，至秋柒碩伍㪷；還唐押衙。

兵馬使馬定奴便麥柒碩，（又麥四石五斗，又麥兩石。）至秋拾碩伍㪷；

其麥還唐押衙，口承人馬富慶。

散物日破麥壹石五斗一升，破粟兩碩伍㪷，破麻壹

㪷，又破麥壹碩伍㪷。

散物後三官分付團家粟捌碩，又付黃麻

壹碩伍㪷。

說　明

本件是社人們向社司便粟、黃麻、麥的帳目，因前部殘缺，失紀年。「兵馬使馬定奴、張住子、唐押衙、張金光奴」等人均見於Дx一四一〇「庚戌年閏

四月佛堂頭壘薗墻轉帖」，「兵馬使馬定奴、張住子、馬定德」又見於伯三二七三「社司付社人麥粟曆」，該件中之劉萬子、張安定亦見於上引「佛堂頭壘薗墻轉帖」。這三件文書所存人名均不全，所存者多數可在另兩件中見到，當爲同社之物。「佛堂頭壘薗墻轉帖」已考出在公元九五〇年（參看該件説明），另外兩件的年代亦當在此年前後。

校　記

〔一〕柒升半，據本件内其它社人名下所載付黄麻數之利率補。

249 公元九五〇年前後社司付社人麥粟曆（伯三二七三）

（前缺）
程押衙付麥壹碩肆㪷，至秋兩碩壹㪷；付粟陸㪷，秋玖㪷。
劉萬子付麥壹碩肆㪷，至秋兩碩壹㪷；付粟陸㪷，秋玖㪷。
孟醜奴付麥兩碩捌㪷，至秋肆碩貳㪷；付粟壹碩貳，秋壹碩捌㪷。
張安定付麥壹碩肆㪷，至秋兩碩壹㪷；付粟陸㪷，秋玖㪷。
兵馬使馬定奴付麥壹碩肆㪷，至秋兩碩壹㪷；付粟陸㪷，秋玖㪷。
張住子付麥壹碩肆㪷，至秋兩碩壹㪷；付粟陸㪷，秋玖㪷。
劉醜子付麥壹碩肆㪷，至秋兩碩壹㪷；付粟陸㪷，秋玖㪷。
馬定德付麥壹碩肆㪷，至秋兩碩壹㪷；付粟陸㪷，秋玖㪷。
（紙背）
團家欠麥貳㪷，欠肆㪷。
於團家殘粟捌㪷，麥肆㪷。

說　明

本件前缺，失事由及紀年。但本件與伯三九五九「社司付社人粟黃麻麥曆」、伯一四一〇「庚戌年閏四月佛堂頭壘薗墻轉帖」爲同社之物，據此可知本件爲「社司付社人麥粟曆」，時間在公元九五〇年前後，理由均見「社司付社人粟黃麻麥曆」說明。

250　己未年二月十日社人便黃麻曆　　公元八九九或九五九年

（伯三一〇八背）

己未年二月十日□蒙三官□呈白黃麻不
足，再寄黃麻六斗，至秋（一）玖斗。取黃麻團頭
索延廷，知見人徐幸者，李通達並錄事同見。

及姚團頭知取黄麻人：價（賈）不勿，親見人徐幸者，姙紅慶、王住奴、延進同見。

李姿黄麻三斗，至秋四斗伍升；保定納地子黄麻二斗，秋三㪷；王賢者黄麻一斗，至秋一斗五升；張義通黄麻一斗，秋一斗五升；保定又取黄（麻）〔三〕八斗，至秋一石二斗。

說　明

本件用干支紀年，當屬歸義軍時期。在敦煌遺書中，歸義軍時期有兩個己未年，即光化二年（八九九）和顯德六年（九五九），本件當在二者之一。

校記

〔一〕至秋，據文義補。
〔二〕麻，據文義補。

251 丁丑、己卯年間程流定還常樂家社等油曆〔斯五四六五〕

公元九一七或九七七，九一九或九七九年

丁丑年十月十一日程流定

邊得油二升，還常樂家

社用。又後得油一升，還馬

平水兄弟社用。又後

得油半升，五月五日用。

又後得油一合子，七月十五日用。己卯年九月十日得油壹升，與新城陽押衙用。

說明

本件是支出油的帳目，事主不明，但可以肯定事主與社邑有經濟往來，姑將其附於便物曆類。本件紀年爲「丁丑」、「己卯」，内有「油一斤，與新城陽押衙用」。據陳國燦考證，「新城鎮」最早出現於張承奉時期，張承奉被立爲歸義軍節度使是在公元八九四年前後，真正執掌大權是在公元八九六年。據此，本件應在八九六年以後。在敦煌遺書中，八九六年以後有兩個丁丑、兩個己卯年，即貞明三年（九一七）和太平興國二年（九七七）；貞明五年（九一九）和太平興國四年（九七九）。本件中的丁丑、己卯當分别在九一七或九七七、九一九或九七九年。

252　公元九二五年前後欠油社人名（伯四八二〇）

兄弟欠油　錄事通盈祟出保住流奴巽郎保盈頋通僧會興

說　明

本件僅存一行，無紀年，不能確定此欠油是社人應納而未納，還是社人向社司便油，姑附於便物曆後。斯五五〇九「甲申年十二月十七日王萬定男身亡納贈曆」中有「社官蘇流奴」和「錄事張通盈」，當即本件之「錄事通盈」和

「流奴」，兩件可能係同社之物，其年代當相去不遠。該件之年代已考出在公元九二五年（參看該件説明），本件之年代應在九二五年前後。

(四)罰物曆

253 公元九九七年前後？　社司罰物曆　（伯三六三六一）

馬定子罰粟二斗，羅盈子粟一斗，馬清子罰粟三斗，田像奴罰粟四斗，令狐富達罰粟五斗，氾保住罰粟三斗，趙義盈罰粟三斗，張里七罰粟四斗，氾再達罰粟四斗，宋和信罰粟一斗，田義信粟一斗，田和國粟一斗，氾再住粟一斗，吳懷安粟一斗，張安六粟二斗，張鄉官粟一斗，吳王七粟二斗，程兵馬使粟一斗，就慶奴一斗，田王九粟二斗，馬安定二斗，闇保達粟二斗，吳懷實兩石四斗，田和晟一斗。

說　明

本件前缺，失事由及紀年。「田義信」見於斯六〇〇三「壬申年七月廿九日社人□晟新婦身故轉帖」，該件之年代已考出在公元九七二年（參看該件說明），如果這兩個「田義信」為同一人，本件之年代當與該件相去不遠。伯三六三六[2]「丁酉年五月廿五日社戶吳懷實託兄吳王七承當社事憑據」記吳懷實因違反社的規定受到處罰，並由其兄吳王七作為他的口承人。本件中亦有吳懷實和吳王七，故知本件當為他們兄弟二人所在社的「社司罰物曆」。據前引有關田義信的材料，「吳懷實託兄吳王七承當社事憑據」中之丁酉當為距九七二年較近的至道三年（九九七）。本件之年代當在此年前後。

(五)破曆及其它

254 辛亥年（九五一？）某社造齋等破油麵麥數名目

（斯三七九三）

辛亥年五月八日造齋，破油麵數名目如後：

春齋料，油貳斗，麵叁碩肆斗，已上細供肆拾貳分。已次粉拾分，料齋，連夫（麩）麵貳斗。七月十五日，佛盆料，麵壹碩捌斗，油陸升，粟七斗。十月局席，破麥壹碩伍斗，油伍升，破粟兩碩捌斗。已上三等破用，壹仰一團人上，如有團家闕欠，飯若薄妙（少），罰在團頭身上。其政造三等食飯，一仰虞候監察，三等料算會，一一爲定。爲憑。

說　明

本件雖未有社邑字樣，但據其中有團家、團頭、虞候以及局席等社邑中常見的名稱，可確定本件爲「某社造齋等破油麵麥數名目」。本件紀年爲「辛亥一」，翟理斯、唐耕耦都將其定在公元九五一年，然均未說明理由，兹暫從之。

255 乙卯年（九五五？）四月一日佛堂修薗衆社破除名目

（斯六一八八）

乙卯年四月一日佛堂修薗衆社破除名目如後：

平章壇地破粟五蚪；載堤日破麥陸蚪，破

破（破字衍）粟柒蚪；壘薗日破麥柒蚪，破粟柒蚪；

第二日破麥柒蚪，破粟壹碩；夜間頭破

粟叁斗。

說明

本件似為社邑幫助寺院修蔨等，寺院為供應社衆飯食而支出糧食的帳目，對瞭解寺院與社邑的關係，十分重要。本件紀年為「乙卯」，翟理斯、唐耕耦均將其定為公元九五五年，但均未言所據，兹暫從之。

256 天福六年（九四一）二月廿一日麥粟算會（斯四八一二）

天福六年辛丑歲二月廿一日算會：行像司善德所

欠麥陸碩柒斗，粟叁碩。餘者並無交加。為

憑。

社人兵馬使李員住（押）
社人兵馬使李賢定（押）
社人氾賢者（押）
社人押衙張奴奴（押）

（後缺）

說　明

本件事主不明，既有可能是行像司的算會，又有可能是社司的算會。在算會後簽名的，當爲行像社的社人。姑將本件附於破曆之後。

四、社文

(一)社日相迎書

257 社日相迎書(文樣)(伯二五五六(伯二六四六、伯三二八四、斯二二〇〇、斯四七六一))

社日相迎書　春秋八節，唯社最尊，略置小會，共當(賞)(二)旅情

諮屈，請便降臨，是所望也。謹走狀，不宣謹狀。

謹令

說　明

本件是在春秋二社社日時邀請社人參加聚會的通知書的文樣，存於河西節度使掌書記儒林郎試太常寺協律張敖所撰之「新定吉凶書儀上下兩卷」中。本件中有「共賞旅情」，似是通知供職河西的人們參加聚會活動。

本件共有五個本子，分存於伯二五五六、伯二六四六（天福八年寫本）、伯三二八四、斯二二〇〇（大中十年寫本）、斯四七六一中。據趙和平研究，包括本件的「書儀」流行於大中、天福年間，即唐後期至五代。茲以伯二五五六中之「社日相迎書」為底本，而以其它各本參校。依上列次序依次稱為甲、乙、丙、丁本。

校記

〔一〕當，當作「賞」，據甲、乙、丙本改。

258 社日相迎書（文樣）

（伯三五〇二背（伯三六九一、斯五六三六））

社人（日）[二]相迎書

春秋八節，唯社最尊，（畧）[三]置幸延，解其情況，謹令邀屈，請便降臨，是所望也。某乙狀上。

說明

本件是在春秋二社社日時邀請社人參加宴會的通知書的文樣。本件與伯二五五六等本中的「社日相迎書」畧有不同。它存於河西節度使掌書記試太常寺協律郎張敖所撰之「新集諸家九族尊卑書儀一卷」中。

本件計有三個本子，即伯三五〇二背、伯三六九一（在不知名撰「新集書儀」中）、斯五六三六（在「書儀」中）。據趙和平考證，第一個本子抄寫於唐大中年間，第二個本子抄寫於五代，則本件大致流行於唐後期至五代。

茲以伯三五〇二背中之「社日相迎書」爲底本，以其它二本參校。稱伯三六九一中之「社日相迎書」爲甲本，斯五六三六中之「社日相迎書」爲乙本。

校記

〔一〕人，當作「日」，據乙本改。

〔二〕畧，據甲、乙二本補。

(二)請賓頭盧波羅墮上座疏

259　乾德六年（九六八）十月社官陰乞德等請賓頭盧波羅墮上座疏

（斯六四二四背/1）

謹請西南方鷄提（足）〔二〕山錆（賓）頭爐（盧）波羅墮尚（上）座　和尚

右今月廿三日陰族兄弟就佛堂子内設供，於（依）

時　講（降）　假（駕）〔三〕，誓　受　佛　敕，不舍倉（蒼）生，興運

慈

國。

乾德六年戊辰歲十月　日社官陰乞德錄事陰懷慶記。

說　明

本件已殘爲三片，粘貼於「佛説八陽神咒經」背面。茲將三片拼合後録出。

校記

（一）捉，當作「足」，據文義及斯四六三二「曹元忠疏」改。

（二）講假，當作「降駕」，據文義及斯四六三二「曹元忠疏」改。

260 開寶八年（九七五）十月兄弟社社官陰幸恩等請賓頭盧波羅墮上座疏

（斯六四二四背/2）

謹請西南方鷄捉（足）（一）山賓頭盧波羅墮上座　和尚

右今月八日南贍部洲薩世界大宋國沙州陰族

兄弟，就於本居佛堂子准舊設供。伏願
菩授佛敕，不捨蒼生，
興運慈悲，依時
降假（駕）〔三〕護疏。

開寶八年十月　日兄弟社社官陰幸恩等疏。

說明

本件已殘爲三片，粘貼於《八陽神咒經》背面，茲將三片拼合後錄出。

校記

（一）捉，當作「足」，據文義及斯四六三二「曹元忠疏」改。

（二）假，當作「駕」，據文義及斯四六三二「曹元忠疏」改。

261 社官陰幸恩等請賓頭盧波羅墮上座疏　十世紀後半葉

（斯六四二四背/3）

（前缺）

右□世界大宋國

沙□舊設供，伏

願□

□□　□□□

慈悲，救人護國，謹疏。

□二年十月　日社官陰幸恩錄事陰懷慶等疏。

說明

本件已殘爲六片，粘貼於《八陽神咒經》背面。茲試作拼合後錄出。本件拼合後仍失事由、紀年，但本號尚有兩件（亦分别殘爲三片）社官請賓頭盧波羅墮上座疏，據之可斷定本件亦爲請賓頭盧波羅墮上座疏。本件中之「社官陰幸恩」見於本號「開寶八年十月兄弟社社官陰幸恩等請賓頭盧波羅墮上座疏」，「録事陰懷慶」見於本號「乾德六年十月社官陰乞德等請賓頭盧波羅墮上座疏」，此三件當爲一社之物。本件之年代亦應與這兩件相近，即十世紀後半葉。

(三)社齋文

262 社齋文

（伯三五四五（伯三一二八背、斯四九七六背/1-2））

社齋文　蓋聞光暉（輝）鷲嶺，弘佛（佛字衍）大覺以深慧，敷演龍宮，契天明之勝福。廣開方便之門，靡顯律（津）〔一〕梁之路。歸依者有障必除；迴向者無災不殄〔二〕。故知諸佛威力，其大矣哉！厥今坐前齋主，捧〔三〕爐啓願所申意者，奉為三長邑儀（義）〔四〕保（報）願功德之嘉會也。

伏惟諸社衆乃並是高門勝族〔五〕，百郡名家；玉葉瓊枝，蘭芬〔六〕桂馥。出忠於國，入孝於家；霊（令）〔七〕譽播於寰中。秀雅文（聞）（於）手（宇）内〔八〕。加以傾心三寶，攝念無生；越憂（愛）〔九〕染於稠林，悟真如之境界；替（體）榮華之非實，攬（覽）人事之虛無；志在歸依，情存彼岸。遂乃共結良緣，同增勝福，會齋凡聖，蓮坐花臺，崇敬三尊，希求勝

福。故能年三不闕，月六無虧。建豎壇那，聿修法會。是

日也，闢月殿，啓金感（函）〔一〇〕，轉天（大）〔一一〕乘，敷錦席；廚饌純陁之供，

爐

焚淨土〔一二〕之香；幡花散滿（於）〔一三〕亭中，鐘梵啾流於法席；以資（此）設

齋功德，無限勝因。先用莊嚴，上界四王，下方八部，

伏願威光熾盛，護國求（救）〔一四〕人，使主千秋，年豐歲稔。伏持勝

善，次用莊嚴，諸賢社即體，惟願災殃殄滅，是福咸臻；

天仙降靈，神祇效恥；菩提種子，配佛（性）〔一五〕以闢牙（芽）；煩惱稠林，

惠風飄而葉落。又持勝福，次用莊嚴，持爐施主即體，

惟願福同春卉〔一六〕，吐葉生花；罪等浮雲，隨風變滅。然後

三界六趣，有刑（形）無刑（形），俱休（沐）〔一七〕勝因，齊成佛果。摩訶般若。

說明

本件是僧人在三長邑義所設齋會上念誦的齋文文本。社齋文文本是依據齋儀中的社齋文文樣寫成，它一般要在文樣基礎上增加一些具體內容（參看郝春文「敦煌寫本齋文的分類與定名」及斯六一一四「三長邑義設齋文」說明）。社齋文文本具有文樣和實用文書的雙重性質。說它是文樣，是因它適用於所有社所設的齋會；說它具有實用性，是指當某個僧人拿它到某社邑所設的齋會上念誦時，它就成了實用文書。

本件計有三個本子，分存於伯三五四五、伯三一二八背和斯四九七六背/1-2中。其中伯三五四五社齋文背面有「睿宗忌日行香文」，說明此社齋文書寫於唐中、後期。伯三一二八背社齋文後有曲子詞十幾首，詞中有「曹公」，說明此社齋文大致書寫於歸義軍曹氏時期。所以，本文在敦煌流行的時限大體在唐中後期五代宋初。今以伯三五四五為底本，而以其它二本參校。稱斯四九七六背/1-2為甲本，伯三一二八背為乙本。

校記

〔一〕律，當作「津」，據乙本改。
〔二〕不殄，甲本作「忽彌」，乙本作「不電」。
〔三〕俸，乙本作「持」。
〔四〕儀，當作「義」，據甲乙本改。又，乙本無「三長」。
〔五〕惟，甲本作「伏惟」；諸社衆，乙本作「諸公」。
〔六〕芬，乙本作「芳」，近是。
〔七〕靈，伯四五三六背「社齋文」文樣作「令」，是。
〔八〕秀，伯四五三六背「社齋文」文樣作「風」；於，據甲乙二本補；手，甲本同，乙本作「掌」，當作「守」，據文義及伯四五三六背「社齋文」文樣改。
〔九〕憂，當作「愛」，據甲乙本改。
〔一〇〕感，當作「函」，據乙本改，甲本作「咸」，亦誤。

〔一一〕天，當作「大」，據甲乙二本改。

〔一二〕土，甲本同，乙本作「度」，誤。

〔一三〕於，據甲本補。

〔一四〕求，當作「救」，據甲本改。

〔一五〕性，據文義及斯五五七三社齋文補。

〔一六〕卉，甲本作「樹」。

〔一七〕休，當作「沐」，據甲本改。

263 課邑文 （斯五四三背/6）

課邑文

離生滅成無上菩提者，推我大雄世尊；救拔苦難出幽途者，

其能有調御也；不可測，不可量，難爲相而有也。然今坐前持爐

焚香施主設齋（所）（申）〔二〕意者，因為社邑所慶也。諸邑人等並上國良材，京華貴族。或山東英妙，或河北詞人；隨任金河，爭名玉塞。各叙鄉園之義，乃成連璧之交。他鄉旅情，結志恩重，義同花萼，禮逐溫恭。心慕佛田，智明惠鏡，知身四大，與水火而何堅？覺命懸絲，危同卵而何固，乃相率意，共竪齋因。就芳庭以飾衙筵，饌香飯而陳清供。魚梵演逸，香氣滿空；尊儀艷然，聖凡同會。以斯廣福，總所資勳，諸邑人等惟願福若須彌，遮於陋室；光同明月，照於蓬門。早弃塞上之憂，速赴帝京之路。門無九橫，財滿七珍。法界蒼生，齊登佛果。

說　明

本件是僧人在社邑所設齋會上念誦的齋文文本。本卷內還有「亡齋文」等其它佛文，但没有紀年，亦無吐蕃、歸義軍時期的習慣用語。從本文内容看，它的時代可能要早一些。這是一個由到邊地供職的中原人組成的社邑，他們設齋的目的，除了祈求己身與家人平安外，還希望早離邊塞，「速赴帝京之路」，這大概應該是吐蕃占領河西、敦煌以前的情況。所以，本件應流行於吐蕃統治敦煌之前。

校　記

〔一〕所中，據文義及其它「社齋文」例補。

264 社　文　（伯二二二六背（伯二三三一背、伯三七七〇））

社文

夫西方有聖，号釋迦焉。金輪滴（嫡）〔一〕孫，淨飯王子；應蓮花劫，續息千苗；影是（現）三才（身）〔二〕，心明四智。魔弓振動，擊法鼓而消形；獨〔三〕龍隱潛，覩慧光而變質。梵王持蓋，帝釋嚴花；下三道之寶階，開九重之底（帝）〔四〕綱；高懸法鏡，廣照蒼生，惟我大師威神者也。然今此會所申意者，奉為三長議（義）〔五〕之嘉會也。惟合邑人等，氣稟山河，量懷海岳；璞玉藏得（德）〔六〕，金石右（固）〔七〕心；秉禮義以立身，首（守）〔八〕忠孝以成性。故能結以（異）宗兄弟（弟）〔九〕，為出世親隣。憑淨戒而洗滌衆愆，歸法門而日新之善（業）〔一〇〕；冀福資於家國，永〔一一〕息災殃。每至三長，或陳清供〔一二〕，以茲〔一三〕設齋功德，迴向福因，先用莊嚴，合邑人等，惟願身如（一四）玉樹，恒淨恒明；體若金剛，常堅常固。今世後世，莫絕善根；此生他生，道涯（芽）（一五）轉盛。又持是福，即（一六）用莊嚴，施主合門居卷（眷）（一七）等，惟（願）三（寶）覆護（一八）。衆善莊嚴，災煒（障）不侵，功德圓滿（一九）。然後散占（霑）法戒（界）（二〇），布施蒼生，賴此勝因，齊燈（登）佛果。磨（摩）河（訶）般若（二一），利樂無邊。大衆軋（虔）成（誠），一切普誦。

說　明

本件是僧人在三長邑義所設齋會上念誦的齋文文本。其起首七行與伯二〇五八背「邑文」相同，而結尾部份又與斯五五七三「社齋文」相似。本件計有三個本子，即伯二二二六背「社文」，伯二三三一背「社文」和伯三七七〇「

「社文」。其中伯三七七〇「齋文文本集」中有爲吐蕃宰相及地方官節兒祈福的語句，可知此「齋文文本集」（包括「社文」）成於吐蕃統治敦煌時期。其它兩個本子都無紀年。今以伯二二二六背「社文」爲底本，以其它二本爲參校。稱伯二三三一背「社文」爲甲本，伯三七七〇「社文」爲乙本。

校記

〔一〕滴，當作「嫡」，據乙本改。

〔二〕才，當作「身」，據伯二五八八「社齋文」改。

〔三〕獨，甲本作「燭」，誤。

〔四〕底，當作「帝」，據乙本改。

〔五〕議，當作「義」，據乙本改。

〔六〕得，當作「德」，據甲、乙二本改。

〔七〕右，甲本同，乙本作「固」，當作「固」。
〔八〕首，甲本同，乙本作「守」，當作「守」。
〔九〕以，甲本同，乙本作「異」，當作「異」；第，甲本同，乙本作「弟」，當作「弟」。
〔一〇〕之，甲本同，乙本作「諸」；業，據乙本補。
〔一一〕永，甲本作「旦」。
〔一二〕清供，甲本作「情悕」，誤。
〔一三〕兹，甲本作「慈」，誤；乙本作「斯」。
〔一四〕如，甲本作「而」，「而」通「如」。
〔一五〕涯，乙本作「芽」，近是。
〔一六〕即，乙本作「次」，是。
〔一七〕卷，當作「眷」，據乙本改。乙本「合門居眷」下還有「表里姻親」四字。
〔一八〕頗，據甲本補；實，據甲乙二本補；覆，乙本同，甲本作「度」。

（一九）乙本「圓滿」下為「摩訶般若，利樂無邊」，全文結束。

（二〇）甲本「然後」下為「云云」，全文結束；占，當作「霑」，據斯五五七三「社齋文」改。

（二一）磨，當作「摩」；河，當作「訶」，均據文義及其它社齋文例改。

265 亡考文兼社齋文（伯二三四一背）

亡考　竊聞大聖法王，運一乘而化物；大雄利見，越三界以居尊；故能廣布慈雲，普洽無邊之潤；邐開慧日，咸輝有識之流；無中之天，為四生之父母；像外之像，建六趣之津梁；妙覺巍巍，理絕名言者矣。然今即席捧爐虔跪所為意者，齋雖一會，意有二端：一為　亡考忌辰之所設也。惟亡考英謩早聞，芳猷素遠；人倫領袖，朝野具瞻；夜壑俄遷，魂隨闕水。至孝等自惟薄福，上延亡考望得久住高堂，常堪孝養，何虧殃卒，

掩就崗亡。時運不停，奄經遠日。既居仁子，上戀情深。粉骨莫酬，灰身
難報，降延清衆，廣列齋壇。二爲合邑諸公等，或鍾鼎東家，羽儀資國；
或文參八坐，或武貫三軍。或千里專城，或一同攜辦。或六條毗化，或五美
傳風，或浪（迹）〔二〕丘園，或栖郭世表。莫不行業齊芳，方（芳）花爭秀。
　功名至拯，世所推
移。知火宅之不堅，悟三界之牢獄。是以三官啟發，合邑虔誠，罄捨珍財，
同修白業。是時也，列釋座，嚴尊容，燒海岸香，飡天廚饌。總思（斯）勝
　福，夫
何以加？先用莊嚴，亡靈所生魂路，捨不堅身，得金剛體，神遊淨域，識託
寶方。秉佛大乘，逍遙快樂；未來之際，還作善緣。莫若今生，愛別離苦。
又持勝善，奉福莊嚴，合邑諸公等惟願霧卷千殃，雲披百福，七珍具呈，六
度熏修，項陰慧光，心燃畫炬；前佛後佛，勝寶莊嚴，來生此生，善牙（芽）
增長。

說明

本件是亡考文兼社齋文。籌辦此齋會的齋主，必定是社邑成員，而且齋會所需也可能得到了社邑的支援。因爲社邑在舉辦齋會時，社邑成員一般都要出物品以爲齋資（參看本書中建福社司轉帖）。此外，在社邑成員及其家屬亡故時，社邑成員都要出人力、物力助葬（參看本書中的納贈曆與身亡社司轉帖），在社邑成員亡考忌辰時出資幫助建追福齋並兼營社齋，也在情理之中。

本件無紀年，但在本文前面的「燃燈文」中有爲「聖神贊普」祈福的詞句，說明這組齋文創作並流行於吐蕃統治敦煌時期。

校記

〔一〕逆，據文義補。

266 社 齋 文 〔斯五五七三〕

社齋文[一]

夫大覺能仁，處六塵而不著；吉祥調御，越（三）界以（居）尊[二]；濟五趣而證圓明，截四流而超彼岸；不生不滅，無去無來，神力難思，言不測者矣。厥今則有坐前施主，跪雙足，焚寶香，虔心設請（清）供所由（申）[三]意者，奉爲三長邑義過去各劫而種善根，今世之中會遇三寶，同興上願，敬設清齋之所施也。伏惟三官衆社等高門君子，塞下賢禮資身；

寬弘絶代，兩全（全）〔四〕忠孝，文武兼明；曉知坏幻，飛電不緊（堅）〔五〕，故能與竪良緣，崇藝勝福，會齋凡聖，蓮（生）（花）〔六〕臺，恭敬三尊，希求勝志（福）〔七〕。遂乃年三不闕，月六無虧；建竪（竪）〔八〕壇那，聿修法會。之（是）日也，開月殿，啟金函，轉大乘，敷錦席；厨饌純陁之供，爐焚淨土之香；幡花散滿於庭中，種（鍾）〔九〕梵啾流於法席。以（此）〔一〇〕設齋功德，無限勝因，先用莊嚴，上界四王，（下）〔一一〕方八部；願伏〔一二〕威光威還，福力殄增；國主千秋，萬年豐歲，伏持勝善，

又用莊嚴，諸社衆等即體，
伏願災殃殄滅，是福咸臻；
天山（仙）除（降）靈（一三）；神祈（祇）郊（效）恥（一四）；菩
提種子，配佛性以開芽，煩
惱稠（林）（一五），惠而几（風）瞟（飄）葉落（一六）。又持
勝善，伏（次）願（用）莊嚴（一七），持爐施
主即體，惟願三寶覆（護）（一八）
衆（善）（一九）莊嚴，災障不侵，功德
圓滿。然後散霑法界，普
及有情，遇此勝因，齊成
佛果。摩訶般若云云。

說明

本件是僧人在三長邑義所設齋會上念誦的齋文文本。本卷為對頁裝冊子本，内容包括印沙佛文、亡齋文、社齋文、臨壙文等，是一冊齋文文本集。從本件的内容看，它是由伯三七六五「社文」演變來的，從起首到最後，兩文相同之處甚多，起首一段則完全相同。但也採合進了伯三五四五「社齋文」的部份内容，如在陳述設齋目的時先要為當地統治者祈福等。本文的突出特點是具有地方特色。如在贊譽社人時，伯三七六五「社文」云社衆「並是高門君子，百郡名家」，而本文則云社衆「並是高門君子，塞下賢禮資身」。這就比前面的說法更切合敦煌的實際。所以，我們可以說本文是經過僧人進一步改造的具有地方特色的第二代社齋文文本。

本卷無紀年，但「社齋文」中有「國主千秋，萬年豐歲」等語。自唐至宋初，只有張承奉曾在沙州建立西漢金山國（公元九〇五至九一四？）。所以，本文應創作並流行於這一時期。今以斯五五七三為底本，以伯三七六五「社文」

與伯三五四五「社齋文」為他校。

校　記

〔一〕「社齋文」下有「能能仁處六六」六字雜寫，與本文無關，未錄。

〔二〕三、居，據伯三七六五「社文」補。

〔三〕請，當作「清」，據文義改；由，當作「申」，據文義及伯三七六五「社文」、伯三五四五「社齋文」改。

〔四〕金，當作「全」，據文義改。

〔五〕緊，似當作「堅」，據文義改。

〔六〕坐、花，據伯三七六五「社文」補。

〔七〕志，當作「福」，據伯三五四五「社齋文」改。

〔八〕堅，當作「豎」，據伯三五四五「社齋文」改。

（九）種，當作「鐘」，據伯三五四五「社齋文」改。

（一〇）此，據伯三五四五「社齋文」補。

（一一）下，據伯三五四五「社齋文」補。

（一二）願伏，據文義及伯三五四五「社齋文」當作「伏願」。

（一三）山，當作「仙」；除，當作「降」，均據伯三七六五「社文」、伯三五四五「社齋文」改。

（一四）祈，當作「祇」；郊，當作「效」，均據伯三七六五「社文」、伯三五四五「社齋文」改。

（一五）林，據伯三五四五「社齋文」補。

（一六）几，當作「風」；瞟，當作「飄」；而，應在「飄」字之下，均據伯三五四五「社齋文」改。

（一七）伏，當作「次」；願，當作「用」，均據伯三五四五「社齋文」改。

（一八）護，據伯二二二六背「社文」補。

（一九）善，據伯二二二六背「社文」補。

267 社文[一]

（伯三七六五（伯三二七六背、斯五九五七、伯四六〇八））

社文

夫大覺能仁，處六塵而不著；吉祥調御，越三界以居尊；濟五趣而證（圓）[二]明，截四（流）[三]而超彼岸；不生不滅，無去無來，神[四]力難思，言[五]不側（測）者矣。厥今[六]坐前施主，捧爐虔跪，設齋所申意者，奉為三長邑義保（報）願平安諸所建也。伏惟社衆等[七]，並是高門君子，百郡名家，玉[八]葉瓊枝，蘭芳桂馥[九]；出忠於國，入孝於家；靈（令）[一〇]譽播於寰中，秀雅文（聞）於掌（宇）內[一一]；替（體）榮華之非寶（實）[一二]，攬（覽）人事之虛無；志在歸依，情在[一三]彼岸。遂使共結良緣，同修勝福[一四]。會齋凡聖[一五]，蓮坐花臺（臺）[一六]，崇敬三尊，希憑福力[一七]。是日也，開月殿，啟金函，轉大乘，敷錦席。

厨饌純陁之供，爐焚百合(二八)之香，幡花散滿於庭中，梵唄啾流於(二九)此席。惟願以慈（兹）(三〇)設齋功德，迴向勝因，總用莊嚴，諸社衆等(三一)即體，爲（惟）願災（殃）殄滅(三二)，是福感（咸）臻(三三)；天仙降(三四)靈，龍神效恥(三五)；菩提種子(三六)，結集積於身田；智惠萌芽，永芬芳(三七)於意樹。又時（持）(三八)勝福，次(三九)用莊嚴，施(四〇)主即體，惟願福同春草(四一)，吐葉生花；罪等浮雲，隨風變滅。然後三界六趣，有形（無）（形）(四二)，俱沐勝因，同登聖果(四三)。摩訶般若，（利）（樂）（無）（邊）(四四)。

說明

本件是僧人在三長邑義所設齋會上念誦的齋文文本。它與伯三五四五「社齋文」是從一個文樣演變來的。這兩篇社齋文除起首數行不同外，大部分內容基本相同，這説明這類齋文在敦煌流行較廣。本文計有四個本子，分存於伯三七六五、伯三二七六背、斯五九五七和伯四六〇八中。除伯四六〇八只錄起首一行以外，其它三件基本完整，但伯三二七六背係抄件。在與伯三七六五「社文」同卷中，有「金山國天子轉經文」，張承奉在沙州建立的西漢金山國始於天祐二年（九〇五），大約在乾化四年（九一四）爲曹議金所取代。伯三七六五號卷子（包括我們錄的社文）當成於上述兩個年代之間。與伯三二七六背「社齋文抄」同卷的「社邑修窟功德記抄」中有「托西王」，這個「托西王」據榮新江考證是曹議金。曹議金稱王的材料，始見於長興二年（九三一），而他死於清泰二年（九三五）。上引「功德記抄」又云「大王儀遷仙路」，説明「功德記」成於議金死後不久。該卷中又有「社邑印沙佛文抄」，其年代已考出在公元九二八至九三一年間（參看該件説明），據此，伯三二七六背「社齋文抄」當亦成於曹議金時期。與伯四六〇八「社齋文」同卷有太平興國五年契約，説明這卷文書寫於宋初。看來，本文在敦煌流行的時代較晚，在五代宋初。今以伯三七六五爲底本，用其它各本參校。稱伯三二七六背「社齋文抄」爲甲本，斯五九五七「邑文」爲乙本，伯四六〇八「社齋文」爲丙本。

校記

〔一〕標題取自底本，乙本作「邑文」，甲、丙二本均作「社齋文」。

〔二〕圓，據乙本補。

〔三〕流，據乙本補。

〔四〕神，甲本作「福」。

〔五〕乙本「言」上有「名」字。

〔六〕甲本「今」字下有「時即有」三字。

〔七〕伏惟社衆等，甲本作「伏惟諸社衆等」，乙本作「惟邑人乃」。

〔八〕玉，乙本作「桂」。

（九）蘭芬桂馥，甲本「芬」作「身」，乙本「桂馥」作「馨福」，均誤。

（一〇）靈，伯四五三六背「社齋文」文樣作「令」，是。

（一一）秀，伯四五三六背「社齋文」文樣作「風」；掌，當作「宇」，據文義及伯四五三六背「社齋文」文樣改。

（一二）替，當作「體」，據乙本改；實，當作「實」，據甲、乙二本改。

（一三）在，乙本作「存」。

（一四）「遂使共結良緣，同修勝福」，「同」，甲本作「因」；乙本作「遂乃同崇勝福，共結良緣」。

（一五）會齋凡聖，乙本作「延請聖凡」。

（一六）臺，當作「臺」，據甲本改；「蓮坐花臺」，乙本作「虔誠供養」。

（一七）崇敬三尊，希憑福力，乙本無此八字。

（一八）百合，甲本同，乙本作「淨土」。

（一九）於，甲本作「求」，誤。

（二〇）慈，甲本作「茲」，乙本作「資」，甲本是，據改。

〔二一〕諸社衆等，甲本同，乙本作「社邑」。
〔二二〕爲，當作「惟」，據甲乙二本改；殃，據甲乙二本補。
〔二三〕是福，乙本作「福慶」；慼，當作「感」，據甲乙二本改。
〔二四〕降，甲本作「除」，誤。
〔二五〕龍神效恥，甲本作「龍神效所」，乙本作「神龍湊會」。
〔二六〕乙本「菩提種子」前有「惟願」二字。
〔二七〕芬芳，甲本作「芳芬」。
〔二八〕時，當作「持」，據甲乙二本改。
〔二九〕次，乙本同，甲本作「茲」，誤。
〔三〇〕施，乙本同，甲本作「齋」。
〔三一〕同，乙本同，甲本作「因」，誤；草，乙本同，甲本作「英」。
〔三二〕無形，據乙本補。
〔三三〕甲本無「然後三界六趣，有形無形，俱沐勝因，同登聖果」；乙本「聖果」下有「云云」。

（三四）利樂無邊，據甲本補；乙本無最後八字。

268 貞明六年（九二〇）二月社子某公爲三長邑義設齋文

（斯六四一七）

社邑文[一]

夫法身疑（凝）[二]寂，非色相之可觀[三]；實相圓明[四]，豈人天所[五]不惻（測）。不生不滅，越三界以居尊[六]；非色非相[七]，運六通而[八]自在；歸衣（依）者，無幽不燭[九]；迴向者[一〇]，有感必通[一一]。所以[一二]釋迦達（圍）遶，賢聖視之有則，其唯佛志大矣哉[一三]！

厥今開像廓，列珍儀，爐焚海岸之香，□饌者，有殊（誰）施作，時則有社子某公，奉為三長邑（一四）義，保（報）願平安之福會也。為（惟）合邑人等，並是鄉閭貴勝，四海豪族；衣纓子孫，孝弟（悌）（一五）承家；宣陽（揚）令得（德），博達古今；識亮（量）遠明。有知身是幻化，達命為空。若不崇斯福因，恐剎那將至。遂乃人人勵已（己）（一六），各各傾心，就此家廷（庭），廣崇擅命。是日也，幡花紛霏，珍施演溢；設香飯，焚寶香，延僧盡於凡聖，諸佛遍滿虛空，就此家廷（庭），一朝供養。以此設齋轉經功德，先用莊嚴，合邑人等，唯願悟衣中之無價，識額上之明珠；梵王珠（垂）（一七）福德之輪，帝釋下長年之算。又願福若輪王，貴而更貴。又持功德，行香助供人等，十善具備，百福莊嚴；有願剋從，無滅無應。

然（後）〔八〕竪通三界，傍括無崖（涯），賴此勝因，俱登佛果。摩訶不（般）〔九〕若，利樂無邊，大衆賢聖，一切普誦。

貞明陸年庚辰歲二月十、廿日金光明寺僧戒榮裹白轉念。

説　明

本件是貞明陸年（九二〇）庚辰歲二月十、廿日金光明寺僧戒榮在社子某公爲三長邑義所設之報願平安齋會上念誦的齋文文本。原有朱筆句讀。本件後另有朱筆書寫「戒榮文一本」。本件前下角殘缺，但其後有「貞明六年（或稍後）社邑文」文本一篇，亦是戒榮的文本。兩文除中間因設齋者不同而文字有所區别以外，其它部分完全相同，故據該文可補本件之缺。

校記

〔一〕文，據本號内「貞明六年（或稍後）社邑文」補。
〔二〕疑，當作「凝」，據本號内「貞明六年（或稍後）社邑文」改。
〔三〕非色相之可觀，據本號内「貞明六年（或稍後）社邑文」補。
〔四〕實相圓明，據本號内「貞明六年（或稍後）社邑文」補。
〔五〕豈人天所，據本號内「貞明六年（或稍後）社邑文」補。
〔六〕界以居尊，據本號内「貞明六年（或稍後）社邑文」補。
〔七〕非色非相，據本號内「貞明六年（或稍後）社邑文」補。
〔八〕運六通而，據本號内「貞明六年（或稍後）社邑文」補。
〔九〕燭，據本號内「貞明六年（或稍後）社邑文」補。
〔一〇〕迴向者，據本號内「貞明六年（或稍後）社邑文」補。
〔一一〕有感必通，據本號内「貞明六年（或稍後）社邑文」補。
〔一二〕所以，據本號内「貞明六年（或稍後）社邑文」補。

（一三）其唯佛志大矣哉，據本號内「貞明六年（或稍後）社邑文」補。
（一四）長邑，據文義補。
（一五）弟，當作「悌」，據本號内「貞明六年（或稍後）社邑文」改。
（一六）已，當作「己」，據文義改。
（一七）殊，當作「垂」，據本號内「貞明六年（或稍後）社邑文」改。
（一八）後，據本號内「貞明六年（或稍後）社邑文」補。
（一九）不，當作「般」，據文義及其它社齋文例改。

269 貞明六年（九二〇）或稍後社邑文　（斯六四一七）

社邑文

夫法身凝寂，非色相之可觀；實相圓明，豈人天所不惻（測）。不生不滅，越三界以居［尊］（二）；非色非相，運六通而自在。

歸衣（依）者，無幽不燭；迴向者，有感必通。所以釋迦達（圍）遶，賢聖視之有則，其唯佛志大矣哉！然今即席合邑人等，每年三長設齋之所崇也。合邑人等，並是鄉閭貴勝，四海豪族；衣纓子孫，孝悌承家；宣揚令德，博達古今；識亮（量）遠名（明），又知身是幻化，達命爲空；若不崇斯福因，恐剎那將至。遂乃人人勵巳（己）〔二〕，各各傾心，就此家延（庭）〔三〕，廣崇擅命〔四〕。是日也〔五〕，幡花紛霏，珍施演溢；設香飯〔六〕，焚寶香〔七〕，延僧盡〔八〕，於凡聖，諸佛遍滿靈空；就此家庭〔九〕，一朝〔一〇〕供養。以此設齋轉念功德，先用莊嚴，合邑人等，唯願悟衣中之無價，識額上之明珠；梵王垂福德之輪，帝釋下長年之筭。又願福若輪王，貴而更貴。又持功德，行香助供人等，十善具備，百福莊嚴，有願剋從，無滅不（無）〔二〕應。然後竪通三界，傍括無崖（涯），賴此勝因，俱登佛果。摩訶不（般）〔三〕若，利樂無邊。戒榮文本。

說明

本件爲戒榮在三長月時社邑所設齋會上念誦的齋文文本，中間畧殘，原有朱筆句讀。本件之前有「貞明六年二月社子某公爲三長邑義設齋文」，後題「貞明陸年（九二〇）庚辰歲二月十、廿日金光明寺僧戒榮褁白轉念」，說明這兩件社文是同一個僧人的文本，而本件的時代亦當在貞明六年或稍後不久。兩篇社文的內容除設齋者不同外，其它基本相同。故據前件可校補本件。

校記

〔一〕尊，據本號内「貞明六年二月社子某公爲三長邑義設齋文」補。

〔二〕人人勵，據本號内「貞明六年二月社子某公爲三長邑義設齋文」補；巳，當作「己」，據文義改。

〔三〕家，據本號内「貞明六年二月社子某公爲三長邑義設齋文」補；「就此家庭」下原有「一朝供養，以此設齋轉念功德」，傍有墨框，據下文，此係表示抄錯的勾銷符號，故未錄。

〔四〕命，據本號内「貞明六年二月社子某公爲三長邑義設齋文」補。

〔五〕是日也，據本號内「貞明六年二月社子某公爲三長邑義設齋文」補。

〔六〕飯，據本號内「貞明六年二月社子某公爲三長邑義設齋文」補。

〔七〕焚寶香，據本號内「貞明六年二月社子某公爲三長邑義設齋文」補。

〔八〕延僧侶，據本號内「貞明六年二月社子某公爲三長邑義設齋文」補。

〔九〕此家庭，據本號内「貞明六年二月社子某公爲三長邑義設齋文」補。

〔一〇〕一朝，據本號內「貞明六年二月社子某公爲三長邑義設齋文」補。

〔一一〕不，本號內「貞明六年二月社子某公爲三長邑義設齋文」作「無」，似當作「無」。

〔一二〕不，當作「般」，據文義及其它社齋文例改。

270　三長邑義設齋文（伯三一二二）

邑災　常聞三十

三〔一〕天崇法社，而成勝寶（報）〔二〕；五百王子承妙業〔三〕，以得同台（胎）〔四〕。是知尋因剋果，向應想（相）〔五〕酬。至哉，妙哉！可畧言矣。然今即席捧爐所申意者，奉爲三長邑義之所建也。惟合邑諸公等，並是流沙望族，（玉）〔六〕塞英猶；信義顯於香（香字衍）鄉間，意氣超於羣當（黨）〔七〕；知世榮之若電了，人我之皆空；嘆百年之須臾，念無常之悠忽。於是人人勵己，各各率心，敬設請（清）〔八〕齋，榮其妙供。是日也，嚴第宅，建道場，焚寶香，會凡聖。總斯勝業，莫限良緣，先用奉資官錄及諸公等，惟願蕩千哉（哉字衍）災，僧方福長善業；惠牙（芽）開，同種智之圓明，等法身□□；生生世世，同會良緣；當來之中，得遇彌勒〔九〕。又持是福，亦用莊嚴，齋主即體，惟願諸佛冥知，龍神潛護，災隨電滅，障□雲消；□年康吉，家春（眷）〔一〇〕大小，並沐□咸蒙福利。時衆虔成（誠），一切普誦。

説明

本件是僧人在三長邑義所設齋會上念誦的齋文文本。其起首與斯六四一七「社邑印沙佛文」相同，中間自第五行「奉爲」至第十行「妙供」與伯四〇六二「三長邑義設齋文」文樣畧同。這是一個從上述文樣演變而來的僧人文本，且是具有敦煌地方特色的文本。本卷無紀年，但從我們搜集到的各種社齋文來看，這類具有敦煌地方特色的社齋文文樣、文本，一般出現較晚，應在唐晚期五代宋初。

今以伯三一二二「三長邑義設齋文」爲底本，以其它兩本爲他校。

校記

〔一〕三十三，據斯六四一七「社邑印沙佛文」補。

〔二〕實，斯六四一七「社邑印沙佛文」作「報」，似當作「報」。

〔三〕業，據斯六四一七「社邑印沙佛文」補。

〔四〕台，當作「胎」，據斯六四一七「社邑印沙佛文」改。

〔五〕想，斯六四一七「社邑印沙佛文」作「相」，似當作「相」。

〔六〕玉，據伯四〇六二「三長邑義設齋文」文樣補。

〔七〕當，當作「黨」，據文義改。

〔八〕請，當作「清」，據伯四〇六二「三長邑義設齋文」文樣改。

〔九〕勒，據文義補。

〔一〇〕春，當作「眷」，據文義改。

271　邑　文〔一〕（伯二〇五八背（伯二五八八、伯三五六六））

邑文　夫西方有聖，號釋迦焉。金輪滴（嫡）〔二〕孫，淨飯王子；

應蓮花劫，續昔（息）〔三〕千苗；影現三千（身）〔四〕，心明四智。魔軍鎮（陣）動，擊法鼓而消形；獨龍應潛，覩慈光而遍（變）質。梵王持蓋，帝釋嚴花；下三道之寶皆（階），開九重之帝綱。高玄（懸）法界（鏡）〔五〕，廣照倉（蒼）生，為我大師威神者也。厥今即有座前（合）〔六〕邑諸公等乃妙因宿殖，善牙（芽）發於金（今）〔七〕生；業果先淳，道心堅於此日；知四大而無主，（識）〔八〕五蘊而皆空。遂乃共結良緣，同崇邑義，故能年三不闕，月六無虧；建豎壇那，聿修法會。於是幡花布地，梵向（響）陵（凌）天〔九〕；爐焚六殊，餐資百味。以一食施三寶，滅三毒，去三災；崇白〔一〇〕味，供十方；解十纏而資十力〔一一〕。與（以）此設齋功德，迴向福因，盡用莊嚴，惟願災殃殄滅，萬福咸臻；天仙降靈，神祇効耻；菩提種子，配佛（性）〔一二〕以開牙（芽）；煩惱稠林，惠風飄而葉落；妙因多劫，殖果金（今）〔一三〕生；須（雖）處愛河，常遊法海；知身如幻，非（飛）電不堅。故得預豎〔一四〕良因，崇斯福會；傾心寶刹，虎（虔）〔一五〕念僧祇；屈請聖凡，翹心供養。惟願三千垢累，沐法水以雲消；八萬塵勞，拂慈光而永散。功德寶聚，念念兹繁；福智善牙（芽），運運增長；上通三界，傍活十方；人及非人，齊登覺路。摩訶（般）（若）〔一六〕，（利）（樂）（無）（邊）〔一七〕，（大）（衆）（虔）（誠）〔一八〕，（一）（切）（普）（誦）〔一九〕。

說明

本件是僧人在社邑所設齋會上念誦的齋文文本。與本件有關的計有四個本子，即伯三六七八背「邑文」、伯三五六六「邑文」、伯二五八八「社齋文」和伯三三六二背「邑文」。其中伯三六七八背「邑文」是本件的文樣。它只有本件自「乃妙因宿殖」至「惠風飄而葉落」一段。此段中間在「資十力」下有

「云云」二字，而無「資十力」至「惟願災殃殄滅」之間的「以此設齋功德，迴向福因，盡用莊嚴」等語。顯然，要使伯三六七八背「社邑文」文樣能夠拿到社齋上宣讀，在它的前後和中間都要添加內容。而伯二〇五八背「邑文」和伯三五六六「邑文」、伯二五八八背「社齋文」正是在此文樣基礎上製成的僧人文本。伯三三六二背「邑文」文樣則是在伯三六七八背「邑文」文樣基礎上改寫成的具有敦煌地方特色的「社邑文」文樣。

這幾個本子上均無紀年，但伯三五六六「邑文」同卷中有為「太傅」追福的「臨壙文」，本件同卷中有為「令公」祈福的語句。「太傅」、「令公」都只在歸義軍曹氏時期才有，所以，我們大致可以說，本件流行的時期在五代宋初。至於伯三六七八背「社邑文」文樣，它出現的時間要早一些，可能在唐中、後期。

今以伯二〇五八背「邑文」為底本，以其它各本參校。稱伯三六七八背「社邑文」為甲本，伯三五六六「邑文」為乙本，伯二五八八「社齋文」為丙本，伯三三六二背「邑文」後半部與本文差異較大，另出錄文。

校記

（一）標題取自底本和乙本，甲本作「社邑」，丙本作「社齋文」。
（二）滴，當作「嫡」，據丙本改。
（三）昔，甲乙兩本同，丙本作「息」，似當作「息」。
（四）千，甲乙兩本同，當作「身」，據丙本改。
（五）界，甲乙兩本同，當作「鏡」，據伯二三三一背「社文」改。
（六）合，據乙本補。
（七）金，甲乙兩本作「今」，「金」通「今」。
（八）識，據甲本補。
（九）向，當作「響」；陵，當作「淩」，均據甲本改。
（一〇）白，甲本作「百」。
（一一）甲本「十力」下有「云云」二字。
（一二）性，據斯五五七三「社齋文」補。

（一三）全，當作「今」，據乙本改。

（一四）堅，乙本作「堅」，「堅」或通「建」，義亦通。

（一五）虎，乙本同，當作「虔」，據伯三三六二背「社邑文」改。

（一六）般若，據乙本補。

（一七）利樂無邊，據乙本補。

（一八）大衆虔誠，據乙本補。

（一九）一切普誦，據乙本補。

272 社文 （斯六九二三背/3（北圖八三三二背））

社文 （夫）〔一〕大覺能仁，處六塵而不着（著）；吉祥調御，越〔二〕三界以居尊；濟五趣〔三〕如（而）證圓明，截〔四〕四流而超彼岸；不生不滅，無去

無來，

神力難思，言不測者矣。厥今坐前執爐(五)齋主，捧(六)爐啟願所申意者，奉為三長邑義保（報）願功德之(七)加（嘉）會也。惟三官(八)諸社衆乃並是高門勝族，百郡名家；玉葉瓊枝，蘭芬桂馥；出忠於國，入孝於家；俊譽播於寰中，風雅文（聞）於手（宇）內(九)。加以傾心三寶，攝念無生，越

愛染之（於）(一〇)

稠林，悟真如之境界；曉榮華之非實，覽人事之虛無；志在歸衣（依），情存彼岸，故能共崇勝願，以建齋延，屈請聖凡，希求照（勝）燭（福）(一一)，

於是

幡花似錦，佛像巍巍；香饌而山，僧徒齊齊，經開半滿，梵響鈴鈴；福事既周，衆善斯集。總斯功德，無限勝因，俱用莊嚴(一二)，合人邑(一三)等，惟願身如玉樹，恒淨恒明。然後風調雨順，四塞清平，動值（植）生靈，俱登佛果。

説明

本件是與伯三七六五「社文」從同一文樣演變而來的僧人在三長邑義所設齋會上念誦的齋文文本。其主要部份與伯三七六五「社文」基本相同，但也吸收了伯三五四五「社齋文」的一些内容。結尾部份與其它「社齋文」不同。本件有兩個本子，即斯六九二三背/3和北圖八三二背，後者係抄件，僅抄起首五行。本件的兩個本子均無紀年，但伯三七六五「社文」已考出流行於五代宋初（參看該件説明），伯三五四五「社齋文」已考出流行於唐中後期五代宋初（參看該件説明）。據以上對本件内容的分析，本件的流行時代應在伯三五四五「社齋文」之後，而與伯三七六五「社齋文」同時或相近，即五代宋初。

兹以斯六九二三背/3爲底本，用北圖八三二背、伯三五四五等參校，稱北圖八三二背爲甲本。

校記

（一）夫，據甲本補。

（二）越，甲本作「戲」，誤。

（三）趣，甲本作「取」，誤。

（四）截，甲本作「藏」，誤。

（五）執爐，甲本無。

（六）捧，甲本作「奉」。

（七）之，甲本作「諸」，「諸」通「之」。

（八）三官，甲本無。

（九）手，當作「守」，據伯四五三六背「社齋文」文樣改。

（一〇）之，當作「於」，據伯三五四五「社齋文」改。

（一一）照燭，當作「勝福」，據伯三五四五「社齋文」改。

（一二）此句下有幾字雜寫，本行與下一行間亦有一行雜寫，因與本件無關，未錄。

〔一三〕人邑，據文義當作「邑人」。

273 社齋文 （斯五九五三背/1）

（前缺）

□孫遊；金色流暉，化萬靈而獨
□，□應遐通；道昏衢於惑侶。皈依
□大哉，我師名言罕側（測）者也。厥
□齋陳百味者，誰人主之。
□為　使主遐壽，國泰人安；次為合
□會也。伏惟三官諸社衆等，並是高
門勝族〔二〕，百郡名家〔三〕；玉葉瓊枝，蘭芬桂馥；出忠於國，入孝於家(三)；後塋墦(四)於裹中，風雅文（聞）於手（宇）內(五)。加以傾心三寶，攝念無生(六)；越愛染之稠林，悟真如之境界；曉榮華之非實，覽人世之不堅(七)；志在皈依，情存彼岸。故能共崇勝願，同建齋延，屈請聖凡，希求照（勝）燭（福）(八)。於是幡花似錦，佛像巍巍；香饌如山，僧徒儕儕；經闡半滿，梵響鈴鈴；福事既周，衆善咸集。總斯功德，無限勝因，俱用莊嚴，合邑人等，伏願身如玉樹，恒淨恒明；體若金剛，常堅常固；今世後世，莫絶善根；此生來生，道牙（芽）轉盛。然後風調雨順，四塞清平；動植生靈，俱登佛果。摩訶般若，利樂無邊；大衆虔誠，一時普誦。

說明

本件前上角殘缺，從所存内容來看，是僧人在社邑所設齋會上念誦的齋文文本。本文與斯六九二三背/3「社文」除起首幾行引語不同外，其餘大部分内容基本相同。這兩篇文字很可能從同一個文樣演變來的。另，本卷正面亦有「社齋文」一篇，但前部殘缺，僅存尾部四行，所存内容與本文尾部全同，故不重出錄文。

本件無紀年，但與本件内容基本相同的斯六九二三背/3「社文」已考出流行於五代宋初。且本件正面有奉唐寺給「令公阿郎」的上書。在沙州，只有在歸義軍曹氏時期，才有人被稱「令公」。據此，本件當亦流行於歸義軍曹氏時期，即五代宋初。

今以斯五九五三背/1殘「社齋文」爲底本，以前述兩本爲參校本。

校記

〔一〕門勝族，據斯六九二三背/3「社文」補。
〔二〕百郡名家，據斯六九二三背/3「社文」補。
〔三〕家，據斯六九二三背/3「社文」補。
〔四〕俊譽播，據斯六九二三背/3「社文」補。
〔五〕手，當作「宇」，據文義及伯四五三六背「社齋文」文樣改。
〔六〕無生，據斯六九二三背/3「社文」補。
〔七〕不堅，斯六九二三背/3「社文」作「虛無」。
〔八〕照燭，伯三五四五「社齋文」作「勝福」，近是。

274 社齋文　（斯五五六一）

社齋文　夫西方有聖，號釋迦焉。金輪王孫，淨飯王子；應蓮花劫，續息千昔（苗）[一]；影現三身，心明四智。魔宮（弓）振動，擊法鼓而消刑（形）；毒龍隱僭（潛）[二]，覩慈光而變質；下三道之寶階，開九重之帝網；高縣（懸）法智（鏡）[三]，廣照蒼生；唯我大師獨步斯矣。厥今焚香設齋（所）（申）[四]意者，奉爲三長邑儀（義）[五]保（報）願平安之福會也。唯官錄已下合邑人等，並是晉昌勝族，九郡名流。故能結異宗兄弟，是出世親隣。憑淨戒而洗滌衆僭（愆）〔六〕，歸法門而聿修諸善，既（冀）佰福資於家因（國）〔七〕，永息災殃。每至三長，用陳清供。唯願合邑人等，福用（同）〔八〕春樹，吐菜（葉）〔九〕生花；罪如秋林，隨風飄落；飢餐法食，渴飲禪漿；永離三塗，恒居淨土。摩訶般若，利樂無邊。

說明

本件是僧人在三長邑義所設齋會上念誦的齋文文本。本件前一部分有七行半與伯二〇五八背「邑文」、伯二二二六背「社文」的第一部分完全相同，中間也有一段與伯二二二六背「社文」相同。說明它有可能與這兩種社齋文是從同一個「社齋文」文樣演變來的。本卷無紀年，參照上述兩種社齋文的時代，本文大致流行於唐後期五代宋初。

今以斯五五六一「社齋文」爲底本，以前述二本爲他校。

校記

〔一〕苷，當作「苗」，據伯二二二六背「社文」、伯二〇五八背「邑文」改。

〔二〕僣，當作「潛」，據伯二二二六背「社文」、伯二〇五八背「邑文」改。

〔三〕縣，當作「懸」；智，當作「鏡」，均據伯二二二六背「社文」、伯二〇五八背「邑文」改。

〔四〕所申，據伯二二二六背「社文」補。

〔五〕儀，當作「義」，據伯二二二六背「社文」改。
〔六〕僭，當作「愆」，據伯二二二六背「社文」改。
〔七〕既，當作「冀」；因，當作「國」，均據伯二二二六背「社文」改。
〔八〕用，當作「同」，據伯三五四五「社齋文」改。
〔九〕莱，當作「葉」，據伯三五四五「社齋文」改。

275 社齋文（伯三五二一背）

夫玉毫騰相，超十地以孤遊；金色流暉，跨（化）萬靈獨出；權機妙用，拔朽宅之迷途；感應遐通，道昏衢依淨域。敬□如來功德，寂然難惻（測）者哉！厥今即有座前三官，焚香所申意者，爲（諸）社衆等報願功德之所施也。爲（惟）諸公乃並是流沙望族，玉塞英猶，妙惜善因，年年建福。於是幡花

布地，梵響凌天，爐焚六殊，餐資百味，以此勝因，無限良緣，□

（後缺）

說明

本件後缺，從所存内容看是件具有敦煌地方特色的社齋文文本，原有句讀。參照本書中所收其它社齋文，這種具有敦煌地方特色的社齋文應流行於五代宋初。

276　三長邑義設齋文　（斯六一一四）

（前缺）

□□□□□□聖（？）大（？）

雄演智，冠百億以標尊。洎乎漢夢宵通，微言再闡；周星夜隕，至教遐宣。由是惠日流暉，慈雲布潤。化城易憩，變現之力良多；朽宅難居，誘引之門不一。然今此會，謹陳勝願，以建齋延，邀屈聖凡，用酬厥德。則有合邑諸公等，

奉為三長邑義之福事也。

惟官錄等並是別宗昆季，追朋十室之閭；異族弟兄，託交四海之內。可謂邦家令望，鄉黨楷模。麗水無可棄之珍，荊山有見知之寶。尔復信根成就，惠

葉（業）熏修。怖三惡之長悲，愍四生之多苦。所以家家發菩提之意，各各起擅戒之心；共結勝因。僉（咸）[二]崇妙善。以此設齋功德，莫限良緣，總用莊嚴。諸公等惟願善根永茂，方成佛樹之榮；惠命逾長，更擬金剛之固。法財日富，給孫之寶盈家；天眼時嚴，提伽之縉滿庫。龍神助護，讚美空中；凡聖咨嗟，宣功冥路。尊親長宿，萬壽無疆；妻室子孫，千秋永茂。

為平安者，惟願命同金石，九橫之所不侵；財積丘山，五家莫之能饒。

難月者，惟願靈童易育，門副剋昌；母子平安，災殃永殄。

亡者，惟願遨遊淨土，舞身業於七

池；消散蓮臺，戲心花於八水。為道行者，惟願開（關）〔三〕山莫擁，道路無隅；再會本鄉而恒安，重榮快樂而無盡。

說明

本件前缺。從所存内容可以看出，它是依據伯二七六七背「齋儀」中之社文文樣寫成的社齋文文本。與伯二七六七背「社文」文樣相比，本文增加了一些具體内容。如前面增加了對佛法威力的讚譽之詞，又說明了齋會是三長邑義設齋建福。在中間和最後增加了設齋的目的是爲了給社邑諸公祈福的語言。這就使原來的文樣具有了實用性，僧人可以拿它到任何三長邑義所設的齋會上念誦。據其它社齋文，本件應到第二十一行爲止，後面幾項爲平安、難月、亡者、道行祈願的内容不屬社齋文，但後幾項前均無引言，當係借用社齋文的引言，故一併錄下，供參考。

校　記

〔一〕僉，當作「咸」，據伯二七六七背本文文樣及文義改。
〔二〕開，當作「闢」，據文義改。

277 社　願　文　〔伯四九六六〕

社願文　夫釋教幽玄，神功罕測。祭靈先於漢月，顯瑞迹於周星。遂得化自西垠，教流東鄙；生靈藉之而拯溺，品類資之而拔煩（凡）。鏡三界之迷途，行超苦海；祛六塵之緣覺，坐出愛河；迴布慈雲，則陰覃沙界；高懸惠日，則影洽鐵圍；秋鷹飛天，别熊而成寶塔。然則座前持爐三官已下諸社衆等，所申香供意者奉　爲合邑人　保祚平安之所會也。唯願諸公等，　並會夏蓮芳，沼餘象而葺花臺；鶯樹含春，垂芳條於鹿苑；禪林擢秀，聳禎幹於龍宮；步發披蓮，銷八難而淨六塵者，則燉煌貴社之福會也。然後二鼠四蛇而攝毒，證無生而騰火宅，直入鷲嶺；魚山之秀，鶴林奈苑之奇；三毒五根，遠離塵劫；羣生仰化，有識歸心者歟！摩訶般若，利樂無邊，大衆虔誠，一切普誦〔一〕。

說明

本件是僧人在社邑所設齋會上念誦的齋文文本，無紀年。

校記

〔一〕本文下還有「義通緣是俗擯，所有缺斷錯謬，仁慧改政（正）便了。」

「此與善勝安闍梨下。」等兩行文字，因與本文無關，未錄。

278 社　文　（北圖六八五五（原地字六十二號））

社文　夫聞運鍪昏衢津萬物者，佛也。破業障、生患牙（芽）、豁巨海、倒邪山者，法也。寔福田、竪量（量字恐）良因、崇舟檝者，僧也。始知三寶福田，其大矣哉。凡有歸依，皆蒙利益。然今焚香所陳意者，時有官錄已下諸公等，惟三長邑義之家（嘉）會也。惟諸公等，並是宗枝豪族，異姓孔懷，蘭是良朋，擇諸賢友，綴資勝業，廣竪珍修。持珠翠而施衆僧，奉今（金）鈿而獻賢聖。悟火宅之暑，共結良緣，知生滅以非真，建資勝福，資國家傍及三塗，有識有心，俱臻此祐。於是掃灑衢陌，懸列繒幡，嚴飾闍閻，數張寶座諸佛延名僧，陳百味之珍羞，焚六銖之芬馥。總斯福善，先用莊嚴，官錄已下諸公等，惟願無邊罪障，即日消除，無量善因，此時雲集，法財自富，惠命遐長，災害不入於門庭，障㑹勿侵於巷陌，家家快樂，室室歡娛。齋主助筵，咸蒙吉慶。然後干戈永息，風雨順時，法界蒼生，同霑兹福。

279 三長邑義設齋文抄　（斯一一七三背/1-2（本號内有複本一））

六和清衆。厨𣑽百味，供饌八珍，香散六銖，啟加（嘉）願者，有殊（孰）施焉。時即有合邑諸公等，奉爲三長邑義永報（保）遐筵之福會也。惟合邑諸公等，並叁茁靈族，五郡英儒；學富九丘，武當七富〔一〕禮，可謂知身虛假，若電覩之難留。又益慈親，建當來之妙果。是日也，盡心壇會，衣（依）於須達，窮波施於淨名，設供宜功德，行香勝因，盡用莊嚴，合邑諸公等即體，惟願福同五岳，專而遐壽。又持（持）〔二〕勝福，復用莊嚴，齋主合門居眷，表裏新姻等，休（伏）〔三〕願門來善述（瑞）〔四〕，宅納吉祥，家富人興安千載〔五〕。然後一毫十力之善，將七伐而俱犖（榮）〔六〕，六取（趣）〔七〕八難之余，遇此同死（登）波（彼）岸〔八〕。

說　明

本件是習字者抄錄的僧人在三長邑義所設齋會上念誦的齋文文本。因抄寫者水平有限，本件錯漏較多，抄寫者在本號內將本件連抄兩遍，第一遍原未抄完，兹以第二件爲底本，用第一件參校，稱其爲甲本。

校 記

〔一〕甲本無「富」字，是。
〔二〕詩，當作「持」，據文義及其它社齋文例改。
〔三〕休，疑當作「伏」，據文義改。
〔四〕述，當作「瑞」，據文義及斯五八七五「歎邑齋文」改。
〔五〕安千載，疑有脱文。
〔六〕筆，當作「榮」，據文義改。
〔七〕取，當作「趣」，據文義及其它社齋文例改。
〔八〕癶，當作「登」；波，當作「彼」，均據文義及其它社齋文例改。

280 綱社祈平善文 （伯二八二〇（本號内有複本一件））

綱社平善

伏以道師悲智，廣大難窮；非身應迹類（？）之身，無説暢隨機之説。取商主百千之價，客獲珍作大船，師（帥）〔一〕五百之綱賓得渡，即跪香英信，經商紫陌；涉磨紅塵；既賒雲水，還須仗佛僧之力。是以來寶剎，禮金像；朝霞與紺彩相暉，瑞氣共香煙天映。伏願休宜日積，所爲也，如願如心，禧貳（？）時臻。所（爲）〔二〕也，克通遂尊卑人美，門蘭（闌）盡清。人人皆鶴壽龜齡，各各盡松貞桂茂。然後風雨調序，烝（庶）〔三〕棃（黎）普安；法界有情，同霑巨善。

説　明

本號内有一本件之抄件，只抄起首四行，因其内容未超出本件範圍，不重出録文。

校　記

〔一〕師，疑當作「帥」，據文義改。
〔二〕爲，據文義補。
〔三〕烝，似當作「庶」，據文義改。

281　歎邑齋文（斯五八七五）

歎邑齋文　蓋聞大聖法王，處娑婆□物；靈尊正覺，越五濁以運人；神人難思，功研□巍巍蕩蕩，無以稱量者哉！然今合邑衆多施□悟無常迅速，知幻體以非真；斷貪愛以修齋，募賢良而結邑。於是嚴幡花而清（請）〔一〕佛，拂寶坐以延僧。每月翹懃，共崇壇會。焚香海岸，梵響陵（凌）空。廣大善根，莊嚴衆多施主等。門來善瑞，宅納吉祥；風送寶衣，雨合天眼；七珍流溢，百寶光盈；十善扶〔二〕，百靈影衛。然後上通三界，傍括十方，並穆（沐）良緣，咸登覺道。

校記

〔一〕清，當作「請」，據文義改。

〔二〕「十善扶」三字，疑有脫文。

282 三長邑義設齋文 （伯三九八〇）

三十結會，總登帝釋之初；五百因緣，皆同羅漢之位；諸佛舟航，不思議之力其大矣哉！厥今於開寶殿，龕現金人；僧請祇園，飯呈香積者，有誰施之？即有三長邑義爐焚寶香，廣豎良緣之加（嘉）會也。唯合邑之公等，天亭之美，月角為眉；雅量高遠，溫儀稟然；懷貴子之謀，習先王之禮典。故得如來受手，菩薩加威；內外咸安，尊卑納慶。與（以）茲啟願滅□徵茲敬設壇那之會。

283　社齋文　〔Ch.IOL.七七〕

（前缺）

□□□三長善攫（護），萬法誘花（化），贍一祥護，福無□

厥有心莫不咸轉，今則□天門席地未爐□

明香，合智啟願，虔跪（所）（申）(二)意者，則有官錄已下諸□

三長之月社所建也。惟公等嬰（英）豪令族，四海時□，

書則天子銀鈴，善射乃時稱貫石；或才□

倚馬辯，縱□□具，□閭鄉□

之譽；或連今（矜）接袖，共□衡括。歎芭蕉如

堅了，空化（花）之無實，皆惡即善，迴社為□

□三長月禁一菜（齋）(三)。於是金容滿座，香輅□

僧法共菌（圓），飯未香去，總斯多善，無限□□，

盡用莊嚴，合邑諸公等，願常修正邑□

信法門，盤（般）若為心，慈悲作量，平生指（垢）鄣，□

□水以長消，宿息塵縈。佛（拂）慧光而永散。□勝福，次用莊嚴，施主合家惟願□功德時增，法水洗而罪垢除，福力資□□壽命遠。然後合家大小，寂（？）保休宜，遠□之羅，咸蒙吉慶。摩訶般若，里（利）藥（樂）〔三〕無邊，大衆虔成（誠），一切普誦。

校記

〔一〕所申，據文義及其它社齋文例補。

〔二〕莱，當作「齋」，據文義改。

〔三〕藥，當作「樂」，據文義及其它社齋文例改。

284 三長邑義設齋文（斯一〇五六三）

（前缺）

□龍□

□花，下三道之寶階(一)，□

□玄（懸）法鏡，廣照倉（蒼）生，□

□厥今坐前施主□

三長邑義保（報）願功德之齋會也(二)。□

□等，並是別宗貴位，追□

□合鴈黃，首託□

絜（結）良緣，同心證果□

□古是富道之門，故能□

□屶政道，諫良友□

業之賢，共集隣里，□

□開(三)月殿，慶金咸（函），轉大乘，□

□爐焚百和之香，番（幡）□
□留（流）於此席。

說明

本件前缺，上下殘。從所存内容看是三長邑義設齋文文本。其起首部分與伯二二二六背「社文」同。

校記

〔一〕階，據文義及伯二二二六背「社文」補。
〔二〕三、齋會也，據文義及其它社齋文例補。

（三一）開，據文義及斯五五七三「社齋文」補。

285 社齋文 （斯八一七八）

（前缺）

□佛見劫（潔）濁未清，若輪而不息，法雖無得，緣則常慈大，聲隨類而必
□物而皆洽，志聖之作，豈詿也哉！然今此會齋主某公長跪持盧（爐）
□爲在坐合邑諸官寮（僚）等報願功德之所崇設。敬惟諸公等，
□□挺烈，威德標奇，有負佐時之才，有懷濟代之量。乃相謂曰：夫益者
□□，合契一志，雖居世網之內，而慮出形體之外，遂胥現生之津路，聚來
□□互習，六齋的（循）環累月。今茲會者，即其事歟？惟齋主某公宿善
□知因果，敬信爲念，崇重居懷，所願國安人泰，家吉社宜，是以徑捨珍
□之引，供於是（釋）釋（氏）廷（庭）宇儼尊容，盧（爐）焚海拚（岸）香，

供烈（列）天廚撰（饌），相此殊夫何以加？先用莊嚴，合邑諸公等，惟願獲功德身，成菩提心，拔煩惱生死之□，解脱堅牢之果。又持是福，（次）（用）〔一〕莊嚴，坐端齋主，惟願身安體固同山岳，慶，□福益命，增等靈泉而不竭，合家大小，並報（保）清宜，遠近支羅，咸蒙吉□□法界，並施無壃（邊），沐此威因，咸登覺道。

校　記

〔一〕次用，據文義及其它社齋文例補。

286　社　文〔一〕（文樣）

（伯二七六七背（伯二五四七、伯三八〇六））

社邑　然今社邑諸宿老等，寔謂五陵豪族，六郡名家。或代襲簪纓，或里稱冠蓋，或三明表異，或八俊標奇。知芥城之易空，悟藤井之難久。共崇至福，各契深誠。

課邑　惟某並家傳杞梓，代襲冠纓。丈夫云居少長之中，尊處鄉閭之重望；女婦之節儉貞柔，溫仁善教。慕善如不及，遠惡如探湯；結彼岸之良緣，契菩提之勝侶。於是共敦誠素，各罄珍財；冀彌勒於道初，供釋迦於季運。功德云云〔二〕　惟某等並是別宗昆季，追朋十室之間；異族弟兄，託交四海之內。可謂邦家令望，鄉黨楷模。麗水無可棄〔三〕之珍，荊山有見知之寶。尔後信根成就，惠業熏修。怖三惡之長悲，愍四生〔四〕之多苦。所以家家發菩提之意，各各起擅戒之心〔五〕，共〔六〕結勝因，咸〔七〕崇妙善。功德云云〔八〕　惟願善根永茂，方成佛樹之榮；惠命遐長，更擬金〔九〕剛之固。法財日富，給孤之實盈家；天眼時嚴（臨）〔一〇〕，提伽之繒滿庫。龍神助

[護]〔一一〕，讚美空中；凡聖咨嗟，宣功異路。尊親長宿，萬壽無疆；妻室子[孫]〔一二〕，[千][秋][永][茂]〔一三〕。

說明

本件存於齋儀（關於齋儀請參看郝春文《敦煌寫本齋文及其樣式的分類與定名》，載《北京師範學院學報》一九九〇年第三期）中，除本件外，還包括許多其它佛文，如願文、患文等。齋儀中的佛文並非實用文字，而是供念誦佛文的僧人參考的文樣。僧人們在這些佛文基礎上接頭續尾，寫成文本，就可在社齋上念誦了。斯六一一四「社邑文」，就是在本文基礎上改寫而成的僧人文本。本件共三個本子，分存於伯二七六七背、伯二五四七和伯三八〇六背中。其中伯二五四七原為對頁裝的小冊子，其內容包括實用文、公事文、祈禱文等，原有句讀，梅弘理已考出本卷寫於八世紀中葉。伯三八〇六背則全為佛文、實用文與公事文。在本文文前的患文中，有為讚普祈福的語句；在一篇願文中又有稱頌釋門教授的語言。故伯三八〇六背的書寫時間可能要比伯二五四七晚一些，應寫於吐蕃統治敦煌時期。伯二七六七背亦全為各種佛文，目前尚不能確定其寫於何時，但從其紙質甚差來看，很可能寫於唐晚期五代或宋初。所以，我們大體上可以說本文在敦煌流行的時限是八世紀中葉至宋初。今以伯二七六七背為底本，而以其它二本參校。稱伯二五四七為甲本，伯三八〇六背為乙本。

校記

〔一〕本文標題取自乙本。

〔二〕功德云云，甲、乙二本均作「功德如上」。

〔三〕無可棄，甲本同，乙本作「不可棄」。

（四）四生，甲本同，乙本作「死生」，近是。

（五）之心，據甲、乙二本補。

（六）共，據甲、乙二本補。

（七）咸，甲乙二本均作「僉」，時敦煌「僉」或通「咸」。

（八）功德云云，甲、乙二本均作「功德如上」。

（九）擬金，據甲、乙二本補。

（一〇）天眼時嚴，甲本同，乙本作「天眼時臨」，近是。

（一一）助護，據甲、乙二本補。「龍神助護」，甲、乙二本均作「神龍助護」。

（一二）孫，據甲、乙二本補。

（一三）千秋永茂，據甲、乙二本補。

287 遠忌文並邑文（文樣） （伯三七二二背）

遠忌並邑 嘗（常）聞天長地久，尚有傾倫（淪）；日月復明，猶閉敕食，況乎無常熾火，貴賤同焚。生死業同，賢愚等吹，至如深波大海，由受業田；假合成身，安能長保。自非神凝造化，心契八源，果證三清，功齊九聖，豈得離夫生滅，免此受悲者乎！今此齋意者，一爲亡妣，遠忌之辰設齋追薦，又爲邑願功德，因此崇修。考稟山岳之精，總陰陽之氣，履仁履義，唯孝唯忠。妣形儀令淑，稚憲幽閑，泉石比其清貞，蘭桂方其芬馥。何圖奄從萬古，長逝九泉，光陰驟遷，俄經遠忌。至孝痛深同樹，悲貫蓼莪，終身之戀不追，關情之悲何及。是乃爰憑上善，援救悦魂，奉爲亡靈設齋追福。又

滅淨財，
造某功德。又合邑人等，天生靈智，深達苦空，知三寶之可憑，體五家之
非有，作津
梁於即日，樹福善於今時，常以共立勝因，敬崇邑義，故於今日同建芳筵，
仰希聖
澤，垂（以）慈（此）[二]證明功德持是云云。願亡考長辭八難，永離三塗，駕
紫鳳而上朱宮，控頳
鱗而遊丹霄，逍遥自在，解脱無爲。合邑諸信士等，願三光之聖，恒賜扶
持，九府
神兵，常隨勝德，無窮之命，永固嵩華，莫限之財，頃盈倉庫，合家可幼，
願正氣
傍流，靈津有閏（潤），體無三障，身免千災，宅舍安謐，衰殃殄滅，男貞
女孝，夫穆妻
邕，學官高遷，財貨盈樓。然後胎卵四生，三塗五苦，同霑斯福，並賴齋功；

有識有
情，俱登正道。

說明

本件是遠忌文並邑文文様，無紀年，從内容看，可能成於唐中期，吐蕃佔領敦煌以前。舉行此類齋會的齋主，當爲邑義成員。本件説明當時將遠忌追福齋會與邑齋合辦者爲數不少。

校記

〔一〕垂慈，疑當作「以此」，據文義及其它齋文例改。

288 社邑文（文樣）（伯二四九七）

社邑　　既而啟信法雲，輸誠佛日。常恐識風騰鼓，苦海波濤。所願家族平安，無諸災鄣；廣樹真業，成乎此齋云云。　荷慈波之鴻融，願致福於羣有。故於是日，廣建良齋云云。　我國家聰明文思，光宅天下，奄有四海，垂衣萬方，及春彼黎，人擇用良。又匡理王道，簡在帝心，一境庶類，罔不休悅。發揮佛事，未若金園云云。此一段可通社邑用。

說明

本件是齋儀中之社邑設齋文文樣，無紀年。從內容看，當在唐中期，吐蕃佔領敦煌之前。

289 社齋文（文樣）（伯四五三六背）

合邑人等並是高門勝族，百郡名家；玉葉瓊枝，蘭芬桂馥；出忠於國，入孝於家；令（譽）〔二〕播於寰中，風雅聞於宇内。加以傾心三寶，攝念無生；越愛染之檮林〔三〕，悟真如之境界；體榮華之非實，鑒〔三〕人事之虛無；志在歸依，情存彼岸。故能共崇邑儀（義），同結良緣。每歲三長，建資福會。於是灑庭宇，嚴道場，焚名香，列珍饌。總斯多善，莫限良緣，奉用莊嚴，合邑諸公等即體，霧（卷）〔四〕千央（殃），雲披百福，七珍滿室，六度熏修，果糧自隨，福壽延遠。又願年無九横，月遣三災；命比大春（椿）而不彫，壽齊劫石而無盡。

說明

本件是「社齋文」文樣，與伯三五四五「社齋文」（該文有三個本子）．伯三七六五「社文」（該文有四個本子）、斯六九二三背/3「社文」（只一個本子）和斯五九五三背/1「社齋文」等幾個文本都有淵源關係．上述四種本子內容並不全同，特别是開頭與結尾，但中間核心部分都有本件起首四行半這一段內容．這一段是叙述社人的身份及爲甚麽要建齋，而這些內容應該說是任何一篇社齋文的中心．所以，前述四種文本很有可能都是依據本件寫成的．鑒於斯六一一四「三長邑義設齋文」文本與伯二〇五八背「邑文」文本都是全部抄錄了其文樣的內容，在文樣基礎上接頭續尾，改寫成文本（參看兩文本說明），而本件與它有關的三種文本只是部分相同，並未全部被抄錄，故前面的推測僅是一種可能．本卷無紀年．參照與本件有關的四種本子的時代，本文當成於唐中、後期．

兹以伯四五三六背「社齋文」爲底本，以與其有關的三種文本爲他校．

校記

〔一〕謈，據伯三五四五「社齋文」、伯三七六五「社文」、斯六九二三背/3「社文」補。

〔二〕之擣，伯三五四五「社齋文」、伯三七六五「社文」、斯六九二三背/3「社文」均作「於裯」。

〔三〕監，疑通「鑑」，伯三五四五「社齋文」、伯三七六五「社文」、斯六九二三背/3「社文」作「覽」或「攬」。

〔四〕卷，據伯二三一四背「亡考文兼社齋文」補。

290 邑文〔一〕（文樣）（伯三三六二背（伯三六七八背））

社邑　乃妙因宿植〔二〕，善牙（芽）發於今生；業果先淳，道心堅於此日；知

四大

而無主，識五蘊而皆空。遂乃共結良緣，同崇邑義。故能年三不闕，月

六無虧；建豎壇那，崇[三]修法會。於是幡花布地，梵響凌天；爐焚六珠（殊）

[四]，

飯[五]資百味。以一食，施三寶，滅三毒，去三災，崇白[六]味，供十方，解十纏

而資

十力云云。惟願災殃殄滅，是福咸臻；天仙降靈，神祇効恥；菩提種子，配

佛（性）[七]以開牙（芽）；煩惱稠林，惠風飄而葉落。妙因多劫，殖果今

生；雖

處愛河，常遊法海；知身如幻，非（飛）雷（電）[八]不堅。故得預豎良因，崇

斯福

會；頃（傾）心實剎，虔[九]念僧祇；延屈[一〇]聖凡，翹心供養云云。惟願三千沍（

垢）[一一]累，沐

法水以雲消；八萬塵勞，拂慧光而永散；功德寶聚，念念滋繁；福智善牙（芽），

運運增長。並是流沙士子，塞下賢豪；挹人（仁）義於交遊，孰信行於隣里；溫恭元夫，禮樂周身。知泡幻之不堅，悟乾城之非固，所以更相召集，結託良緣，建此齋延，以祈勝福。是時也，三長令月，十齋良時，開月面（殿）之真容，聚星羅之清衆。香飯雲下，天花雨空，追賢友命良朋同壽。

說明

本件是從伯三六七八背「社邑文」文樣演變而來的具有敦煌地方特色的「社齋文」文樣。本件全部抄錄了伯三六七八背「社邑文」文樣的內容（自起首至第六行「惠風飄而葉落」），又吸收了伯二〇五八背「邑文」（在伯三六七八背「社邑文」文樣基礎上改寫而成的僧人文本）的內容，讀者可參看伯二〇五八背「邑文」錄文及說明。最值得注意的是本文增加了「並是流沙士子，塞下賢豪」等一段內容，這就把原來能在全國各地通用的「社齋文」文樣變成只能在敦煌地區使用的文樣。説本文仍是文樣是由於它還不能拿到社邑的齋會上去念誦，與前錄的伯二〇五八背等「邑文」文本比較，本件的起首與結尾均須添加內容，中間第五行、第八行的「云云」也應換成相應的具體內容。

本文無紀年，但由於它是從伯三六七八背「社邑文」和伯二〇五八背「邑文」基礎上演變而來的，故其時代不會早於這兩種本子。伯二〇五八背「邑文」已考出它流行於五代宋初（見該件説明），本文亦當成於這一時期，而本件所包含的伯三七六八背「邑文」，可能成於唐中、後期。

鑒於本件包含了伯三六七八背「社邑文」文樣的全部、伯二〇五八背「邑文」的大部，故以上述二本作為本文的參校本。茲以伯三五六二背「社邑文」為底本，稱伯二〇五八背「邑文」（另有單獨錄文）為甲本，伯三六七八背「社邑文」（不再單出錄文）為乙本。

校記

〔一〕標題取自甲本，底本、乙本均作「社邑」。

〔二〕植，甲、乙二本作「殖」。

〔三〕崇，甲本作「聿」。

〔四〕珠，甲、乙二本作「殊」。

〔五〕飯，甲、乙二本作「餐」。

〔六〕白，乙本作「百」，似當作「白」。

〔七〕性，據斯五五七三「社齋文」補。

〔八〕雷，甲、乙二本作「電」。

〔九〕虔，甲本作「虎」，誤。

〔一〇〕延屈，甲本作「屈請」。

〔一一〕洉，當作「垢」，據甲本改。

291 社齋文（文様）（伯四〇六二）

邑社　乃妙因宿植〔二〕，善芽發於今生；業果光淳，遺心堅於此日；知四大而無主，識五蘊而皆空。遂乃共結良緣，同崇邑義。故能年三不闕，月六無虧，建豎壇那，崇修法會。於是幡花布地，梵響陵天；爐焚六殊，飡資百味；以一食，施三寶，滅三毒，去三災，崇白味，供十方，解十纏而資十力〔三〕。惟願災殃殄滅，是福咸臻，天仙降靈，神祇効駈，菩提種子，配佛性以開芽；煩惱稠林，惠風飄而葉落。

妙因多劫，殖果今生，雖處愛河，常遊法海；知身如幻，非（飛）電不堅。故得預堅良因，崇斯福會；傾心寶剎，虔念僧祇；延屈聖凡，翹心供養云云。惟願三千垢累，沐法水以雲消；八萬塵勞，拂惠光而永散，功德寶聚，念念滋繁，福智善牙（芽），運運增長。並是流沙士子，塞下賢豪；挹仁義於交遊，熟信行於隣里；溫恭元夫，禮樂周身。知泡（幻）之（不）堅，悟乾城之非固。所以更相召集，結託良緣，建此齋筵，以祈勝福。是時也，三長令月，十

齋良時，開月面殿之真容，聚星羅之清衆，香飯雲下，天花雨空，□
惟願七枝葉淨，□智清圓□，□之壽□
泡之軀，若□多福。由是□
□妙果，懇求舉族康强。□佛慈□
□命同金石，體固松筠□美□
□因遐劫日，悟士□□之理，□非堅，若□
既而啟信法雲，輪城（誠）佛日，常恐識風騰鼓，苦海波濤，所願□
□慶，值弘正因□之法會，蒼□
冀合門□之清和乃建齋筵云云。

說明

本件因寫紙已黑，甚難辨識，從能辨認出的内容來看，其前大半部分與伯三三六二背「邑文」文樣全同，其後面的一小部分當是對前文的續尾工作。故本文亦當爲具有敦煌地方特色的「社齋文」文樣，其時代亦應在五代宋初（參看伯三三六二背「邑文」文樣説明）。

茲以伯四〇六二「社齋文」爲底本，辨識不清之處，則據伯三三六二背「邑文」校補。稱伯三三六二背「社邑文」爲甲本。

校記

（一）本件所有（）内補字均據甲本，不一一注明。

292 社衆弟子設供文（文樣）（伯二八二〇）

社衆弟子設供

右所申意者，伏為自身安樂，家眷無災。遂乃啟顧誠，今辰酬賽。於是財袖五分，供備六和；牛巡海衆之前，魚梵逸嬌梁了；石勝利既作諸佛，必鑒於丹冊（冊字衍）誠；景福斯隆，賢聖照臨於私懇。然後自今向去，經求而所作業和。眷屬親姻內外而咸蒙吉慶。

293 三長邑義設齋文（文樣）（伯四〇六二）

邑德奉為三長邑義之所設也。惟邑士等並是流沙望族，玉塞□儻，知世榮之若電了，人我之皆空，數百年之須臾，念無常□設清齋，營其妙供。

說　明

本件是具有敦煌地方特色的三長邑義設齋文文樣。同號中有一以「邑社」為題的「社齋文」文樣，該件之年代已考出在五代宋初，本件之筆體與該件同，當亦抄於五代宋初。

(四)社邑印沙佛文

294 貞明六年（九二〇）或稍後社邑印沙佛文 （斯六四一七）

印沙佛文　常聞三十三天崇法社，如（而）成勝報；五百王子承（妙）〔一〕業，巳（已）〔二〕得同胎。是諸（知）〔三〕尋因剋果，向應相酬。至哉，妙哉，可畧言矣。厥今時即有義社之（諸）公等，故於年常上春之月，各各率心，脱塔印沙啟加（嘉）願者，諸福會也。惟合邑諸公等，並是燉煌勝族，辯纖碧鷄；俱持文武之能，久承鄉曲之譽；結朋友而崇妙善，希求過見勝因；今生種來世之津，見身託當來之福；脱塔則迎新送故，印沙乃九横離身；罪垢若輕雪而飛消，三業等秋霜如（而）解散。以兹少善功德，總用莊嚴，三官合邑諸公等，惟願三千垢累，沐法水

以雲消，八萬塵勞，弗（拂）㈣慈光如（而）永散；功德寶聚，
念念慈繁，智惠善芽，運運曾（增）長。然後合家大小，
俱崇清淨之因；內外枝羅，並受無壃（疆）之福。
摩訶般若，利樂無邊；時衆虔成（誠），一切普誦。

戒榮文一本。

說明

本件是僧人戒榮之社邑印沙佛文文本。原有朱筆句讀。印沙佛，就是在河岸沙灘上以印印沙，爲塔形象；或以七俱胝佛像塔印，用印香泥沙上紙上。佛教認爲舉行這樣的活動具有與念誦經文一樣的功德。社邑印沙佛文是社邑舉行印沙佛活動時請僧人念誦的文字。本件前面的「三長邑義設齋文」題云「貞明六年（九二〇）庚辰歲二月十、廿日金光明寺僧戒榮裹白轉念」，則本文亦當

寫於貞明六年或稍後不久。

本文起首兩行半與斯五五九三「社邑印沙佛文」及伯三一二二「三長邑義設齋文」起首相同。尾部又有兩行與伯二〇五八背「邑文」結尾相同。今以斯六四一七「貞明六年或稍後社邑印沙佛文」爲底本，以與其有關的各本參校。

校記

〔一〕妙，據伯二一二二「三長邑義設齋文」補。

〔二〕已，當作「已」，據文義改。

〔三〕諸，當作「知」，「諸」通「知」。

〔四〕弗，當作「拂」，據伯二〇五八背「邑文」改。

295 公元九二八至九三一年社邑印沙佛文抄（伯三二七六背）

竊以釋迦大聖，願力誓度於閻浮；千眼慈尊，悲濟同化於南瞻。分真實體康康，現相之多，般演秘齋，乘力又說淺□之三種真。或深悟觀，見曉實理，速出生死之因。淺智瞻觀，發敬信，必獲元（無）〔一〕邊之福。希奇能仁，大覺確威不可測談者哉。厥今年初上月，共發精心，脱佛印沙度誠啟願者

有誰云云。則有座前持爐三官與社邑等，奉為殄玄冬之嚴冷，送舊歲之災殃，應奉氣之陽和，迎親（新）年之偽（瑞）福之所作也〔二〕。惟社衆乃天生異質，地傑高才。於家懷存道之心，匡國抱忠佐之意，早智（知）〔三〕色身不實，夙曉四大非賢（堅）〔四〕。悦樂真定，敬崇三寶。令（今）則俱來沙岸，選擇平淨之場。脱諸佛之真容，印如來之妙相。香花焚供於上界，賢聖無取而遥霑；鈴梵佛鳴於下方，六趣皆聞西（悉）伏恩；燈（燈）〔五〕

光朗晥，普照阿鼻；食散四方，濟飢十類；將斯莫計勝福，並令迴施資熏釋梵以（與）部龍神，舒慈每灌於家國。又持云云：我府主令公貴壽，伏願位齊仙鶴，壽等神龜，宮中內外金枝，常保安康之樂。又持云云：唯社衆等即體，唯願三千垢障，沐法水以雲消；八萬塵勞，彿（拂）〔六〕慧光而永散。功德寶聚，念念慈繁；如吞花智，詮己善芽，運運增就而（如）秋菜（葉）〔七〕。又持云云：主人合家大沙（小）〔八〕俱衆（中）清淨之因，七祖靈魂，並獲無壃（疆）之福；致使飛定小（水）〔九〕陸帶性之從，咸悟真如，早登三根。

說明

本件是社邑印沙佛文抄。文中有爲「令公」祈福之語。據榮新江考證，敦煌地區最早使用「令公」稱號的是曹議金，其時是公元九二八年至九三一年，以後曹元忠、曹延恭、曹延祿也都使用過這一稱號。但本件前有一「結社修窟功德記」抄，其中提到「托西王」，並云這位「大王儀遷仙路」。「托西王」也是曹議金使用過的稱號。曹議金死於九三五年二月。上述「功德記」當成於此後不久。據此，本件中之令公當亦指曹議金，則本件當成於九二八至九三一年。本卷内還有「社邑印沙佛文抄」一篇，「社齋文抄」一篇，「社邑燃燈文印沙佛文抄」一篇，「結社修窟功德記抄」一篇，計存五篇有關社邑的文書。

校　記

〔一〕元，當作「無」，據文義改。

〔二〕親，當作「新」；偽，當作「瑞」，均據文義改。

〔三〕智，當作「知」，據文義改。

〔四〕賢，當作「竪」，據文義改。

〔五〕嬁，當作「燈」，據文義改。

〔六〕弗，當作「拂」，據伯二〇五八背「邑文」改。

〔七〕菜，當作「葉」，據文義改。

〔八〕沙，當作「小」，據文義改。

〔九〕小，當作「水」，據文義改。

296 社邑印沙佛文抄（伯三二七六背）

社齋文　夫人（大）〔一〕覺能仁，處六塵而不差（著）〔二〕；吉祥調御，越三界以居尊，濟五趣而〔三〕超彼岸；不生不滅，無去無來〔四〕。厥今印成萬佛拜謁，一心䠒跪，而捧香祈福，而啟願者，即座前持爐社衆某等，蓋為春冬更改，年歲相交，送古（故）〔五〕新懇，設斯善之所作也。伏惟社衆乃僧則志靈精朗，胱通八藏之五乘；俗則神識迥然，討盡九經之史。可謂緇倫獨步傳智燈，為釋衆之股肱；可謂俗類英流，抱貞清作君侯之心眼。而又識過去之因果，崇未來之善緣。遂結邑義之良朋，逐載修崇之福。乃今值舊年已末，新歲初開，祈福瑞而資身，蕩災痾而遠體。共發淨意，各起清心；脫寶相於河源，印金容於沙界。香焚上供，祈八部而遥霑；燈照下方，拔三塗而獲益；散食遍施，十類蒙餐；鈴梵和唱，八難苦息。將斯福並用莊嚴，先資園（國）〔六〕土乃民；次益社衆體氣。伏願龍天八部，蜜（秘）護城隍；釋梵四王，冥扶社稷；我府主壽齊仙鶴，八表歸投；大將韓門，忠情納効，又持云云。（以下原缺文）

説明

本件原題「社齋文」，實爲社邑印沙佛文文本抄，原未抄完，中間亦有脱文。本件無紀年。與本件同卷的幾件社文均成於曹議金時期（參看本號内其它幾件社文的説明）。本件可能也成於上述時期。又，本件起首部分與斯五五七三「社齋文」相同，可用其參校。

校記

〔一〕人，當作「大」，據斯五五七三「社齋文」改。
〔二〕差，當作「着」，據斯五五七三「社齋文」改。
〔三〕據斯五五七三「社齋文」，「而」下有脱文。
〔四〕據斯五五七三「社齋文」，「來」下有脱文。

〔五〕古，當作「故」，據文義改。

〔六〕圖，當作「國」，據文義改。

297 社邑印沙佛文 （伯二八四三）

印沙佛文

夫曠賢大劫，有聖人焉。出釋氏宮，名薄伽梵，心凝大寂，身意無邊。慈氏（示）〔一〕衆生，號之為佛。厥今齊年，合邑人等，故於三春上律，四序初分，脫塔印沙，啟嘉願者，先奉為國泰人安，法輪常轉；次為巳（己）窮（躬）共保清吉之福會也〔二〕。惟三官社衆，乃遂為妙因宿殖，善芽發於今生；業果先停（淳）〔三〕，道心堅於此日，知四大而無注（主）〔四〕，梳（識）〔五〕五蘊而皆空。脫千聖（之）〔六〕真容，印恒沙之遍跡。以兹脱佛功德，啟願勝因，先用莊嚴，梵釋四王，龍天八部，伏願威光盛運，福力彌增，興運慈悲，救人護國。願使主延壽，五穀豐登，四塞清平，萬人安樂。又持勝善，伏用莊嚴，諸賢社等，伏願身如玉樹，恒清恒明；體若金剛，常堅常固；今世後世，莫絶善緣；此世他生，善牙（芽）增長。然後散霑法界，普及（有）(七)情，賴此勝因，齊登佛果。

說　明

本件是社邑印沙佛文文本，與斯四四五八「社邑印沙佛文」除中間幾行不同外，其餘大部分内容完全相同。這兩件文本很可能從同一文樣演變來的。本文中間又有兩行與伯三三六二背「社邑文」文樣的起首兩行相同，説明本件與這個齋文文樣也有淵源。

本卷除本件外，還有「大乘淨土讚」等佛教讚文多種，並有一篇「臨壙文」。卷背題云「維大宋太平興國四年（九七九）己卯歲十二月三日保集發信心寫親讚文一本記耳」。這裏的「讚文一本」，指的應是本卷正面包括本文在內的佛教文字。

茲以伯二八四三「社邑印沙佛文」爲底本，用與其有關的兩個本子參校。

校記

〔一〕氏，當作「示」，據伯四四五八「社邑印沙佛文」改。

〔二〕已，當作「己」；窮，當作「躬」，均據文義改。

〔三〕停，當作「渟」，據伯三三六二背「社邑文」改。

〔四〕注，當作「主」，據伯三三六二背「社邑文」改。

〔五〕梳，當作「識」，據伯三三六二背「社邑文」改。

（六）之，據文義補。

（七）有，據伯四四五八「社邑印沙佛文」補。

298 社邑印沙佛文（斯四四五八（斯六九二三背/2））

（夫）〔一〕曠賢大劫，有聖人焉，出釋氏宮，名薄伽梵。心凝大寂，身意無邊；慈示衆生，號諸（之）〔二〕爲佛。厥今乃於齊年邑義〔三〕，故於新年首朔，四序初分，脱塔印沙啟嘉願者，先奉爲國安人泰，四界清平諸福會〔四〕也。伏惟諸社衆〔五〕乃英靈俊傑，應閭超輪（倫）〔六〕；忠孝兩全，文武雙具〔七〕。曉知五藴，倏忽不亭（停），脱塔印沙，禳災却殄。更能焚香郊外，請凡聖於福事之前。散食香餐，遍施於水陸之分，以茲印佛功德，啟願勝因，先用奉資，梵釋四王，龍天八部，伏願威光轉勝，護國救人。郡主官僚，並延遐壽，伏持勝善，此用莊嚴，諸賢社（等）（即）〔八〕體，惟願身如玉樹，恒淨恒明；體若金剛，常堅常固；今世後世，莫絶善緣；此世他生，善牙（芽）增長，然後散霑法界，溥（普）及有情，賴此勝因，齊登覺道〔九〕，摩訶般若，離（利）落（樂）元（無）邊〔一〇〕；大衆虔誠，一切普誦。

說明

本件是社邑印沙佛文文本，與伯二八四三「社邑印沙佛文」除中間幾行不同外，其餘大部分內容完全相同。這兩種文本很可能是從同一個文樣演變來的。

本文計有兩個本子，即斯四四五八「社邑印沙佛文」、斯六九二三背/2「社邑印沙佛文」。這兩個本子均無紀年。伯二八四三「社邑印沙佛文」寫於太平興國四年（九七九），本件之年代應與之相去不遠，亦可能在宋初。

今以斯四四五八「社邑印沙佛文」爲底本，用斯六九二三背/2「社邑印沙佛文」參校，稱其爲甲本。

校　記

〔一〕夫，據甲本補。

〔二〕諸，甲本作「之」，「諸」通「之」。

〔三〕厥今乃於齊年邑義，甲本作「厥今執爐三官諸社衆等」。

〔四〕福會，甲本作「所」，疑甲本「所」下脱「建」字。

〔五〕諸社衆，甲本作「三官諸社衆等」。

〔六〕輪，當作「倫」，據甲本改。
〔七〕雙具，甲本作「兼備」。
〔八〕等即，據文義補；「諸賢社等即體」，甲本作「諸社衆等」。
〔九〕覺道，甲本作「佛果」。
〔一〇〕元，當作「無」，據文義改。

299 社邑印沙佛文（斯六六三）

印沙佛文

夫曠賢大劫，有聖人焉，出釋氏宮，名薄伽梵，心凝大寂，身意無邊，慈氏（示）衆生〔二〕，號之為佛。厥今生前社邑等，故於三春上律，四序初分，脫塔印沙，啟加（嘉）願者，奉為（己）〔三〕躬，保（報）願功德之福會也。唯公乃金聲夙鎮，玉譽早聞；列位名班，昇榮憲職。遂乃妙因宿殖，善牙（芽）發於今生；業果先淳，道心堅於此日。（知）四大而無注（主）〔三〕，曉五蘊而皆空。脱千聖之真容，印恒沙之遍蹟。更能焚香郊外，請僧徒於福事之前；散餐遍取於水陸之分。以此印佛功德，迴向福因，先用莊嚴，梵釋四王，龍天八部，伏願威光轉勝，福力彌增，救人護國。願使聖躬延受（壽），五穀豐登，管内人安，歌謡滿城。又持勝福，伏用莊嚴，施主即體，唯願身而（如）玉樹，恒淨恒明；體若金剛，常堅常固；今世後世，莫絶善緣；此世他生，善牙（芽）增長。然後散霑法界，普及有情，賴此勝因，齊成佛果。摩訶般若。

說　明

本件是社邑印沙佛文文本，與伯二八四三「社邑印沙佛文」相同之處甚多，這兩個文本當是從一個文樣演變來的。此外，本文與斯四四五八「社邑印沙佛文」亦有不少相同之處。

本卷無紀年，但在本文前的一篇齋文中，有爲「太保」祈福的語句。據榮新江考證，在歸義軍時期，張議潮在死後被「詔贈太保」，曹氏則有五位節度使被封或自稱「太保」。本卷内的齋文是爲在世的「太保」祈福，故本卷（包括本文）應抄寫於歸義軍曹氏時期。

今以斯六六三「社邑印沙佛文」爲底本，用與之有關的兩個本子參校。

校記

〔一〕氏，當作「示」，據斯四四五八「社邑印沙佛文」改。

〔二〕乙，據伯二八四三「社邑印沙佛文」補。

〔三〕知，據伯二八四三「社邑印沙佛文」補；注，當作「主」，據伯二八四三「社邑印沙佛文」改。

300 義社印沙佛文（斯五五九三）

常聞三十三天崇法社，如（而）成勝保（報）；五百王子承（妙）〔一〕業，以（已）得（同）〔二〕胎。是之（知）尋因客（剋）過（果）〔三〕，向應相酬。除（至）哉〔四〕，妙哉，可勒（畧）言矣〔五〕。

厥今時則有義社諸公等〔六〕，故因年常上春之月，脱塔印沙啟加（嘉）願者，奉為合邑人等，保願平安諸福會也。惟

三官乃並是甲門君子，百
郡毫（豪）宗；玉葉卦（瓊）(七)枝，蘭芳
圭（桂）福（馥）(八)；出忠於國，入孝良（於）(九)家；
靈（令）以（譽）跛（播）於還（寰）(一〇)中，秀雅文（聞）於
障（宇）内(一一)；體榮華之美（非）(一二)實，攬（覽）
人使（世）(一三)之虛無；指（志）(一四)在歸依，情存
彼岸。遂乃印恒砂之妙積（蹟）(一五)，
脱千聖之真容；散食香餐，
焚香文（郊）外。以慈（兹）脱佛功德(一六)，迴(一七)
向巡遠勝因，總用莊嚴(一八)，上(一九)
界天仙，下方龍鬼；伏願威積
宿物，降福貞祥；滅攙槍於
天門，罷刀兵於地護。伏願
三災不染，九横無侵；福隨日

次增榮，罪彫林而變滅。然後獸通猪狗，傍刮（括）十方，賴此勝因，齊鄧（登）〔三〇〕覺果。

說　明

本件是社邑印沙佛文文本，無紀年。起首四行與斯六四一七「貞明六年或稍後社邑印沙佛文」及伯三一二二「三長邑義設齋文」起首相同，中間對社人身份及品性的描述又與伯四五三六背「社齋文」文樣大致相同，本件與其當有淵源。

茲以斯五五九三「義社印沙佛文」爲底本，用與之有關的各本參校。

校記

（一）妙，據伯三一二二「三長邑義設齋文」補。

（二）同，據斯六四一七「貞明六年或稍後社邑印沙佛文」補。

（三）客過，當作「剋果」，據斯六四一七「貞明六年或稍後社邑印沙佛文」改。

（四）除，當作「至」，據斯六四一七「貞明六年或稍後社邑印沙佛文」改。

（五）勒，當作「畧」，據斯六四一七「貞明六年或稍後社邑印沙佛文」改；言矣，據斯六四一七「貞明六年或稍後社邑印沙佛文」補。

（六）諸公等，據斯六四一七「貞明六年或稍後社邑印沙佛文」補。

（七）卦，當作「瓊」，據伯四五三六背「社齋文」改。

（八）圭，當作「桂」；福，當作「馥」，均據伯四五三六背「社齋文」改。

（九）良，當作「於」，據文義及其它社齋文例改。

（一〇）靈，當作「令」；以，當作「譽」；跋，當作「播」；還，當作「寰」，均據伯四五三六背「社齋文」改。

〔一一〕障，當作「宇」，據伯四五三六背「社齋文」改。

〔一二〕美，當作「非」，據伯四五三六背「社齋文」改。

〔一三〕使，當作「世」，據伯四五三六背「社齋文」改。

〔一四〕指，當作「志」，據伯四五三六背「社齋文」改。

〔一五〕積，當作「蹟」，據斯六六三一「社邑印沙佛文」改。

〔一六〕功德，據伯二八四三「社邑印沙佛文」補。

〔一七〕迴，據文義及斯六六三「社邑印沙佛文」補。

〔一八〕嚴，據斯六四一七「貞明六年或稍後社邑印沙佛文」補。

〔一九〕上，據文義及伯三一二二「三長邑義設齋文」補。

〔二〇〕鄧，當作「登」，據文義及其它社邑印沙佛文例改。

301 社邑印沙佛文（文樣？）　（伯四〇一二）

（前缺）

四方，祇□□□者，有□

奉為龍天八部，護國護人；佛日恒明，法輪常轉；刀兵罷散，四海通還；勵疫不侵，欃棒（槍）〔一〕永滅；司徒寶位，以（與）五岳而長存；刺史玉翼，此貞松而不變；諸郎君等俊折，懷文武以臨人；小娘子，姊娘清兼，長承大蔭；諸社衆等並報（保）安和，隨喜見聞，同增上願諸福會也。惟公乃云云。

加以妙因宿殖，善芽發於今生，業果先登，道心堅於此日，知四大而無注（主）〔二〕，曉五蘊（而）〔三〕皆空；料體性而不堅，似雷光而速轉。昔聞童子聚砂上，有成佛之功，能懇佈鳴門，賴福因布而疇算。遂乃脱萬像之真容，印恒沙之遍跡；更能更能（更能衍）焚香郊外，請凡聖於福事之前；散食香餐，遍施於水陸之利。已（以）斯脱佛功德，盡用莊嚴，梵釋四王，龍天八部，伏願威光轉勝云云。又持勝福，次用莊嚴，司徒云云。尚書等郎君昆季，輔忠孝以奉明王；小娘子内外宗枝，寵同金燧。又持勝福，次用莊嚴，社衆等即體，惟願三寶覆護云云。然後三邊罷甲，盡九横於海隅；疫癘消飛，送飢荒於地户。

說　明

本件前缺，似是社邑印沙佛文文樣。依據其它社邑印沙佛文，如是文本，不應有類似本件的「惟公乃云云」、「司徒云云」等，這裏的「云云」係省畧了具體内容。但本件的内容又較社齋文文樣具體。本卷僅此單件，無紀年，中有為「司徒」、「尚書」祈福的語詞。據榮新江考證，歸義軍時期「司徒」與「尚書」並存，只在歸義軍張氏時期出現過兩次。一是張議潮入朝以後，被授以「司徒」，當時留在沙州主政的張淮深，於公元八七二年自稱户部尚書，但同年張議潮病故，被詔贈「太保」。二是在索勛主政時，曾虛尊張承奉為「司徒」，自己在公元八九三年以後稱刑部尚書，次年被殺。本件當在上述兩個時間之一。

本文中間有兩行與伯三三六二背「邑文」文様起首兩行相同，這兩個文様之間或有淵源。

校記

〔一〕棒，疑當作「槍」。

〔二〕注，當作「主」，據伯三三六二背「邑文」改。

〔三〕而，據伯三三六二背「邑文」補。

(五)社邑燃燈文

302 社邑燃燈文

（伯三七六五（斯五九五七、伯三一七二、伯二八五四背））

燃燈文〔一〕　竊以惠鏡揚輝，朗三朋（明）〔二〕者，志炬〔三〕；勝場流濁，摧八難者，法輪。於是廣照慧源，無幽而〔四〕不燭；遐開妙軌，實有感而〔五〕斯通；故使巨〔六〕夜還朝，返迷津而悟道；重昏再曉，駞（馳）〔七〕覺路以歸真；赫弈難名，傾哉，罕測〔八〕者也。厥今合邑諸公等乃於新年上律肇啓加（嘉）晨〔九〕，建淨輪於寶坊〔一〇〕，燃惠燈於金〔一一〕地者，有誰施作，時即[有]官錄已下諸社衆等〔一二〕，保（報）願平安諸〔一三〕福會也。[惟][三][官]（乃）〔一四〕天生俊骨，神假〔一五〕英靈，文武雙全，忠（孝）（兼）（備）〔一六〕。[須]（雖）[居]

欲納（網）之内(一七)，心攀正覺之書(一八)。但以清歲推人，白駒過隙(一九)；
未免(二〇)三途之苦，常飄四瀑之流。況於四序初晨(二一)，三春上
律(二二)。遂輪則宏開月殿(二三)，竪曉燈輪；建慈力之誓蹤，契
四弘之滿願。（加）（以）（虔）（恭）（正）（覺）(二四)，（拔）（訴）（能
）（人）（仁）(二五)；（每）（歲）（良）
（辰）(二六)，（燃）（燈）（啓）（願）(二七)。其燈乃神光破闇，寶燭除昏，諸佛
　爲之
剜身(二八)，菩薩上（尚）自燃臂。遂使千燈普照，百焰俱明，賢
聖遥觀，隨燈而集鐵圍山内。賴此光明，黑闇城中，蒙斯
光(二九)照。是以二萬億佛，同號燃燈；三千定光，皆同一字。以此(三〇)燃燈
功(三一)德，迴向福因。先用莊嚴，上界四王，下方八部，伏願威光
轉勝（勝字衍）威，福力彌增，國泰人安(三二)，永無征戰。又時（持）(三三)勝福，
　伏用
莊嚴，施主即體，惟願蕩千災，增萬福，善葉（業）長(三四)，患牙（芽）

開，同種智之圓名（明）[35]，等法身之堅固。然後四生九類，包括塵砂，俱休（沐）[36]芳因，齊成佛果[37]。摩訶般若。

說明

本件是僧人在社邑舉行燃燈供佛活動時念誦的燃燈文文本。本件計有四個本子，分存於伯三七六五、斯五九五七、伯三一七二、伯二八五四背等諸號中。其中伯二八五四背「社邑燃燈文」所在卷正面的「國忌行香文」和「先聖皇帝遠忌文」中都提到河西節度使臣張議潮，而「堅幢傘文」中又有為「當今大中皇帝」祈福之語，這都說明正面文書寫大中年間。背面「燃燈文」後有歸義軍節度使張僕射於正月十二日為先聖恭僖皇后忌辰設齋追福的行香文。查《新唐書》，恭僖為穆宗的皇后，死於會昌五年。行香文後的另一件文書中又列有僖宗等八朝皇帝的忌日。因未列昭宗，故知此文書寫於文德元年（八八八）昭宗繼位以後，又張淮深死於大順元年（八九〇），此後張氏節度使無稱僕射者。所以，「行香文」中的張僕射應指張淮深。而在「行香文」前面的「燃燈文」當寫於大中至大順元年之間。在與伯三七六五「社邑燃燈文」（原有句讀）同卷文書中，有「金山國天子轉經文」。張承奉在沙州建立的西漢金山國，始於天祐二年（九〇五），大約在乾化四年（九一四）為曹議金所取代。伯三七六五號卷子（包括「社邑燃燈文」）當書寫於上述兩個年代之間。其它兩個本子沒有紀年，但我們大致可以推定，本文流行於歸義軍張氏時期。

今以伯三七六五「社邑燃燈文」為底本，而以其它各本參校，稱斯五九五七「社邑燃燈文」為甲本，伯三一七二「社邑燃燈文」為乙本，伯二八五四背「社邑燃燈文」為丙本。

校記

〔一〕燃燈文，丙本同，甲本作「燈文」，乙本作「燃燈文一本」。
〔二〕朋，當作「明」，據甲、乙、丙三本改。
〔三〕志炬，乙本同，甲本作「炬志」，丙本作「皆炬」。
〔四〕而，甲本同，乙、丙二本作「如」，「如」通「而」。
〔五〕而，甲本同，乙、丙二本作「如」，「如」通「而」。
〔六〕丙本「巨」前有以字，疑衍。
〔七〕馳，當作「馳」，據甲、乙、丙三本改。
〔八〕測，丙本同，甲、乙二本作「側」，「側」通「測」。
〔九〕諸，乙、丙二本同，甲本作「之」，「之」通「諸」；於，甲、丙二本同，乙本作「以」。
〔一〇〕坊，甲、丙二本同，乙本作「方」。
〔一一〕金，甲、丙二本同，乙本作「今」。
〔一二〕即，甲、丙二本同，乙本作「則」；有，據甲、乙、丙三本補。「官錄已下」，甲、丙本同，乙本作「三官」。

〔一三〕諸，乙、丙二本同，甲本作「之」，「之」通「諸」。

〔一四〕惟三官乃，據丙本補。甲、乙二本作「惟公乃」。

〔一五〕假，甲、乙二本同，丙本作「遐」。

〔一六〕孝兼備，據甲、乙、丙三本補。

〔一七〕須（雖）居，據甲、乙二本補；納，乙本同，甲本作「綱」；須（雖）居欲納（綱）之內，丙本作「往依佛前」。

〔一八〕書，甲、丙二本同，乙本作「盡」，疑誤。

〔一九〕隙，據甲、乙、丙三本補。

〔二〇〕免，甲、乙二本同，丙本作「逸」。

〔二一〕晨，甲、乙二本同，丙本作「神」。

〔二二〕律，乙、丙二本同，甲本作「首」。

〔二三〕遂輪則，甲本作「遂乃」，乙本作「遂則」；宏開月殿，甲、丙二本同，乙本作「宸闢因厥」。

〔二四〕加以虔恭正覺，據甲本補。

〔二五〕披訢能人（仁），據甲本補。

〔二六〕每歲良辰，據甲本補。

〔二七〕燃燈啓願，據甲本補。

〔二八〕之，乙本同，甲本作「此」，丙本作「次」；劍，甲、丙二本同，乙本作「割」。

〔二九〕光，據乙、丙二本補。

〔三〇〕此，甲、乙二本同，丙本作「次」。

〔三一〕功，據乙、丙二本補。

〔三二〕人安，原作「安人」，據乙、丙二本及文義改。

〔三三〕時，當作「持」，據甲、乙、丙三本改。

〔三四〕長，甲、丙二本作「障」。

〔三五〕之，丙本同，甲本作「而」；名，甲、丙二本作「明」，是。

〔三六〕休，乙本同，當作「沐」，據甲、丙二本及其它齋文例改。

〔三七〕成，甲、乙二本同，丙本作「登」；甲本「佛果」下有「云云」，全文結束。

303 公元九三〇年（？）三長邑義燃燈文抄　（伯二二三七背）

然（燃）燈文　仰啓三身四智，十二部經，十地十心，四向四果，龍天八部，
犯（梵）識（釋）(一)
四王，興慈運悲，證明功（德）(二)。厥今即有叁長知賢邑義等謂（爲）施知（
之）。
一謂（爲）龍天八部光讀（擁）護檣（疆）長（場）(三)，貳各謂（爲）比宮保
（報）願延祥知（之）所施
也。惟賢邑乃自云長居大也，榮故昏，火宅恨以重關嶮路矢（失）
其明。敬將願但藥王知先貴道，喜見諸高縱，遂能憍
智相於玄門。啓（乞）成佛於仁道。乃於新年啓示之日，初春上月，

諸神員施，久忍之倫，當於寶塔之側，期登乃每良惠狗。娥如西漢相連，壹湅横開，律共煙假（霞）競遠，宜燈土（吐）其誅（珠）焰，禮日爭明，龍燭了其周暉，更義金剛知吉。法才（財）日富，給孤知（之）寶盈家；天眼時嚴，滿月齊眼空鐘（中）九蘭，上通有頂，知天虚慮，令龍下昭阿毗地狱。惟願慈喜滿成（城），定惠僧（增）榮，爲蒼生之潛良，洪作法之住（柱）食（石）。又持勝善，此用莊嚴（以下原缺文）

説明

本件是三長邑義燃燈文文本抄，尾部原未抄完。本文前後是「脱服文」等其它齋文文本抄，在「脱服文」之前有「天成五年歲次」等文字，這幾個字筆體與本文相似，説明本文抄寫於天成五年（九三〇）或其後不久。

校記

〔一〕犯識，疑當作「梵釋」，據文義改。
〔二〕德，據伯二〇五八背「社邑燃燈文」補。
〔三〕護，似當作「擁」；橿，當作「疆」；長，當作「場」，均據伯二〇五八背「社邑燃燈文」改。

304 社邑燃燈印沙佛文抄（伯三二七六背）

厥今（三）〔一〕春首朔，四序初分，建燈輪於佛像之前，捧金爐而陳情啓願着（者）〔二〕，有誰所作，時則有座前持爐某社衆等一則湯舊年之災禍爾，滅非邪迎新歲之貞祥；普臻瑞應者之所作也。伏惟我持爐使君與社衆等並金枝誕質，玉葉際生，各懷文武文之全（全）〔三〕才，盡負神姿之美體，加以深謀志榮，能怗淨於四方；恤愛乃民，專佐輔於一主。而乃悟世榮是結苦之本，曉福事爲恒樂之因，兼不違之先祖願心，於年初而同增勝善，是日早上向何（河）沙岸上，印萬佛之真容；夜間就梵刹精宫，燃神燈之千盞，其燈乃日明晃晃，照下界之幽塗，光炎巍巍，朗上方之仙刹。更乃舉步而巡遶佛塔，虔恭而和念齊声舉，捧香花供部之聖賢〔四〕；振玲梵徹下類之耳界，五音齊奏，八樂叙平，鞞（？）声声動梁上之塵埃；拍拍驢迴鸞之儛（舞）道。將斯上善，無限良緣，盡（用）〔五〕莊嚴，迴施資益，先奉爲國安仁（人）奉（泰）〔六〕，社稷恒昌，佛日重開，普天安樂。又持云云。

説明

本件是社邑燃燈印沙佛文文本抄，原未抄完。社邑把印沙佛與燃燈活動合併舉行的材料，僅見此一件。本文無紀年，但與本件同卷的幾件社文均成於曹議金時期（參看本號内其它幾件社文之説明），本件或亦成於是時。本件的齋主爲「使君」，此使君可能是沙州刺史，其成員「並金枝誕質，玉葉際生」，「專佐輔於一主」，可能是曹議金的親屬與僚佐。

校記

〔一〕三，據文義及其它燃燈印沙佛文例補。
〔二〕着，當作「者」，據文義及其它齋文例改。
〔三〕金，當作「全」，據文義改。

〔四〕此句「一部」上有脱文。

〔五〕用，據文義及其它齋文例補。

〔六〕奉，當作「泰」，據文義改。

305 社邑燃燈文（伯二〇五八背）

燃燈文　夫仰啓蓮花藏界，清淨法身，百億如來，恒沙化佛。清涼山頂，大聖文殊，鷄足巖中，得道羅漢，龍宮秘典，鷲嶺微言，道眼他心。一切神聖惟願發神足，運悲心，啓慈德，證明功德。厥今坐前社衆等，

乃

於新年上律，肇啓嘉神（神字衍）晨，（建）〔二〕淨輪於寶方，然（燃）條燈於

金地者，先奉

為龍天八部，擁護疆場，國泰人安，田蠶善熟。令公延壽，寶祚長興。次為

合

邑人等，無諸災障之福會也。惟願（願字衍）社衆乃並是甲門君子，孝悌名家，

禮樂資

身，文武絶代，知身虚幻，非（飛）電不堅。況於四序初晨，三春首朔，同增

上願

建福然（燃）燈，其燈乃神光破闇，寶燭除昏。諸佛為之觀（剜）身，菩薩尚

自然（燃）臂，

遂使千燈普照，百焰俱明。賢聖遥瞻，隨燈而集鐵圍山内，願此光明，黑闇

城中，蒙斯燈照。是（以）二萬一（億）佛㈢，同號然（燃）燈，八千定光，

皆同一字。以此然（燃）燈功德，

迴向福因，盡用莊嚴，衆社即體，惟願身如藥（玉）㈢樹，恒淨恒明，體

若金剛，常堅常固；今世後世，莫絶善緣；此世他生，善牙（芽）

增長；門來善瑞，宅納吉祥；天降奇珍，地開覆藏。然後休兵霸（罷）甲，

鑄戰銷戈，人修十善之因，都離三塗之苦。摩訶。

說明

本件是社邑燃燈文文本，無紀年。但文中有爲「令公」祈福之語，據榮新江考證，自公元九二八年起，曹議金開始在敦煌使用令公稱號，以後曹元忠、曹延恭、曹延祿也都使用過這一稱號，據此，本件之年代在九二八年至一〇〇二年間。

本文中間有部分内容與伯三七六五「社邑燃燈文」相同，尾部爲社衆祈福之語又有兩行與伯二二二六背「社文」相同。今以伯二〇八五背「社邑燃燈文」爲底本，以與有關的兩個本子參校。

校記

〔一〕建，據伯三七六五「社邑燃燈文」補。

〔二〕以，據伯三七六五「社邑燃燈文」補；一，當作「億」，據同上燃燈文改。

〔三〕藥，當作「玉」，據伯二二二六背「社文」改。

306　社邑燃燈文　（伯三二八二背）

燃燈文　竊聞神光破闇，寶燄除昏；諸佛為之挽（剜）身，菩薩為之燒臂。千燈普照，萬炎俱明，狀若空裏而分星。□天邊而布月。龍仙夜覩，浮影飛來；賢聖遥瞻，垂空降集鐵圍山下。藉此燈明，黑闇城中，賴斯光照。是以二萬億佛，同號燃燈；三千定光，皆同一字。然今厥有合邑諸公等，故能人人例（勵）己，各各率心，就此寶方，燃燈供養。願此功德，並用莊嚴，合邑諸公等即體，惟願三千垢果，沐法水以雲消；八萬塵勞，拂慧光而永散。功德寶聚，念念兹繁，福智善牙（芽），運運增長，然後上窮有頂，傍括元（無）(二)涯，賴此勝因，齊成佛果。摩訶般若，拔苦濟危。時衆虔誠，一切普誦。

説　明

本件是社邑燃燈文文本，年代不詳。它的前半部分與伯三七六五「社邑燃燈文」的第十四至十七行大體相同，這兩個文本可能是從同一個文樣演變來的。但其尾部爲邑人祈福之語。又有與伯二〇五八背「邑文」及伯三二七六背「社邑印沙佛文」相同之處。

校記

〔一〕元，當作「無」，據文義改。

307 社邑燃燈文抄 〔斯五九二四〕

夫攘災却難者，莫大於正覺雄尊；致福延祥者，寔資於真乘法藥。是知佛日開也，昏衢契鑒而長耀；法雲興也，火宅清涼而永息。故知佛日威力其大矣哉！厥今青陽膺氣氣（氣疑衍），官僚欽慕於仙巖，兔月正圓，衆社詣迎於寶地，夜陳銀燭，龕晃耀而星攢（潛）〔二〕；盡獻珍羞，萬佛空中而應供；常年上窟，累歲燃燈之福會也。伏惟三官衆社等 並是高門上族，

禮樂資身，
謙謙懷君子之風，
各各抱忠貞之操。
又持勝福，次用莊嚴，
捧爐施主伏願
身如藥（以下原缺文）

說　明

本卷僅此單件，是社邑燃燈文抄，尾部原未抄完，中間亦有脫漏，無紀年。

校記

（一）僣，當作「潛」，據文義改。

308 社邑燃燈文（伯三四九一）

（前缺）

□遂能□

□光普照，萬炎俱明；若多二果之分呈，似高天之布□光明；照□法界，東徹滿月之鄉；炎照三千，西覆阿彌陀之國。其中稱揚讚善□獄，因此停酸梵響，法陰（音）諸天聞之側耳。今乃光明不用，夜炎正高，憧卧百天於庭前，横十丈材而息（悉）坟（焚）於此時（二）。□臺置像，實□□注神香，弘揚大聖，以此功德資益合邑人等，從今向去，身如□

而俱存，智力高明等須彌之勝遠，六根清淨如皎月之昇天，身若蓮花之映水。又資皇帝金輪永化萬□，□明十善教人□

竪通三界，橫亘四生，同出苦原，齊成佛身。

說明

本件前缺，下部畧殘。從所存內容來看，是社邑燃燈文文本，無紀年。

校記

（一）息，當作「悉」；坆，當作「焚」，均據文義改。

(六)社司功德記

309 敦煌官品社於莫高窟素畫功德讃文抄　　吐蕃時期

（伯二九九一）

莫高窟素畫功德讃文

瓜沙境大行軍都節度衙幕府判釋門智照述

竊聞諸行無常，衆生有著；溺情五慾，流道忘歸；謀意六塵，執迷長往。是以大雄方便，廣開不二之門，作舟檝於愛河，溺沉淪於苦海；建六通於大聖，作三聖爲浮囊。素畫真儀，闡張化蹟；前佛後佛，言教不差；國而淨穢不同，住壽短長有異。五眼十力，布於有窮；四攝三明，布於來際。修六波羅蜜，救度塵之河；行四無量心，身登菩薩之岸。則有燉煌官品社某公等某人彩集崇建矣。上爲贊普（以下原缺文）

說明

本件是社邑素佛畫功德讚文抄，尾部原未抄完。這類功德文本是書於社邑所素佛畫旁，但在正式書寫前先要將功德文寫在紙上作爲手稿，本文當係手稿之抄件。

本件無紀年，但文中有「上爲贊普」四字，故知其成於吐蕃統治敦煌時期。本文前是「敦煌社人平詘子一十人剏於宕泉建窟一所功德記抄」，文成於金山國時期。可見，本卷是由不同時代的不同内容粘貼在一起的，目的是利用這些文書的背面抄寫齋文集，理由見「敦煌社人平詘子一十人剏於宕泉建窟一所功德記抄」說明。

310 光啟三年（八八七）五月十日文坊巷社肆拾貳家拗修私佛塔記抄
（伯四〇四四）

維大唐光啟叁年丁未歲次五月拾日文坊巷社肆拾貳家　拗修私佛塔者，奉爲當今　帝主聖壽清平，次及我　尚書永作河湟之主，社衆願見平安，先亡息苦，一切有靈，總霑斯福；次願城惶（隍）萬姓永故（固），社稷清平。渫（彩）畫畢功已後，子孫男生，不違先人，須與修營。今緣蒼

生轉轉作福，謹抄
肆拾貳人名目，具録如後：
社官樊寧子　　社長
已上都計肆拾貳人建造佛塔。
右件社人初從下手至
畢功，當時兢兢，在爲
佛道之心，修治私塔滐（彩）
畫，爲及本郡，兼四方
邊鎮，永故（固）千年。

說　明

本件是社邑修私佛塔功德記抄，抄件省畧了社人名目。這類功德文本是刻在社邑所建佛塔之塔壁或塔旁的石碑上。但在刻寫之前先要將功德記寫在紙上作為手稿，以供工匠照刻。本文當係手稿之抄件。本文後有一件金山國時期（一九〇五至九一四？）的「修文坊巷社再緝上祖蘭若，標畫兩廊大聖功德讚並序抄」，此抄件與本文抄件筆體相同。說明本件雖成於光啟三年，但卻抄寫於金山國時期。

311 公元九〇五至九一四年（？）敦煌社人平詘子一十人剏於宕泉建窟一所功德記抄　（伯二九九一）

燉煌社人平詘子一十人剏於宕泉建窟一所功德記

西漢全（金）〔二〕山國頭聽大宰相清河張公撰

蓋聞崇福者莫越於繕修，資　國資家者莫過於建作。所以，大雄流教，廣誘於郡（羣）〔三〕迷；化度有情，致蒼生於壽域。今則有邑人義社某公等十人至慕 空王，情求出離。發菩提之心，俱撥樊籠之絆。乃於兹地鋤建一龕，華飾儼然，粉繪將畢。門臨月窟，以危崿而當軒；戶枕仙巖而靈蹤並秀。於是龕內素（塑）釋迦佛一軀，二上足二菩薩，蓮臺寶座，拂師子之金毛；閭牖鈴音，砌徹風而響振；諸壁上變相，悉像維城；侍從龍天，皆依法製。社衆等建修之歲，正遇艱難；造窟之年，兵戎未息。於是資家為 國，鋤建此龕；鐵石為心，俱無過取。手為功德已畢，慶讚營齋。讚詠斯文，將傳千載。恃蒙相公而銘讚曰：

昭昭佛浪　朗朗明時　資家為國　鋤此靈塞　鑿龕鋤窟
憑福所依　衆心堅固　以畢為期　星霜再換　功就不遲　家財
咸撤　決無改移　龕成華灑（麗）　淨室光輝　龍天加護
福就巍巍　千秋萬歲　蹟繼邊陲　畧標數字　以助
慈悲。

說明

本件是社邑修窟功德記抄，成於西漢金山國時期（九〇五至九一四年？），本文後是「敦煌官品社於莫高窟塑畫功德讚文抄」，該文成於吐蕃統治敦煌時期。本卷内還有「官齋行道文」、「靈俊和尚邈真讚」等其它内容。這些文書原非一紙，每篇筆體亦不同，各篇之間也不連貫。而卷背是齋文集，内容前後連貫。這説明本卷正面的内容所以連在一起，是因需利用這些已用過的紙卷的背面來寫齋文集。

校記

（一）全，當作「金」，據文義改。
（二）郡，當作「羣」，據文義改。

312 公元九〇五至九一四年(?)修文坊巷社再緝上祖蘭若標畫兩廊大聖功德讚并序
（伯四〇四四）

修文坊巷再緝上祖蘭若，標畫兩廊大聖功德讚并序：

蓋聞渡生定死，須要法船；火宅之車，唯憑惠智。大不過陽名陰免之精，聖不過於佛長。尊修十善之名，永絶五濁之患；累世廣劫，乃可生於彼方。魏魏（巍）光相，三十二分；湯湯金容，八十種好。化成金地，擒品便生；樹景樓臺，聞鍾應現。厥有

修文坊巷社燉煌耆壽
王忠信、都勾當伎術院
學郎李文建(二)知社衆等
計卌捌人，抻（抽）(三)減各己之財，
造斯功德。專心念善。
精持不二之言，探賾桑門。
每嘆苦空之義，互相
諫謂，都無適寐之愆。
今綴緝上祖蘭若，敬繪
兩廊大聖，兼以鴒鏤
總畢。奉爲我　拓西
金山永作西垂（陲）之主，
大霸稷興，降壽彭祖
之載；同堯舜之年。八

雖迴生佛因，五濁飜成寶池；仙人駕鶴，降瑞烝於階庭；風不鳴條，雨不破塊；順三農以潔汙，表稼穡以禎祥。長聖日不昧，一同皇王。次願社内先亡考妣，勿落三塗，往生安樂之國。次為見存合邑義合家等共陟仙墻，高

（後缺）

說明

本件是社邑再緝上祖所建蘭若，標畫兩廊大聖功德讚並序抄，無紀年。但文中有爲「金山王」祈福之語。自唐至宋初，只有張承奉在沙州建立西漢金山國（九〇五至九一四年？），故本件應成於這一時期。本件前還有一件「光啟三年五月文坊巷社肆拾貳家刱修私佛塔記抄」，兩件筆體相同，均抄於金山國時期。

校記

〔一〕建，原文先寫作「進」，又在原處塗改爲「建」。

〔二〕抻，當作「抽」，據文義改。

313 社邑造佛像功德記抄　（斯四七四）

夫玉毫騰相，超十地以孫猶；金色流暉，誇（跨）〔二〕萬靈如（而）獨出。權機妙用拔朽宅之迷途；感應遐通，道惛衢成（成字疑衍）之或（惑）侶。歸依者苦原必盡，迴向者樂果其深。大哉！法王名言所不測矣。厥今橫開月殿，廣竪真場，有誰施作，時則有三官社衆等，於當坊闌（蘭）若內塑釋迦牟尼佛並二菩薩阿難迦葉二金剛神等一坐。先奉為龍天八部，擁社稷而堅牢；次為我使主尚書，長登寶位，福慶貞祥；三為合邑保（報）願平安之福會也。合邑人等，並盡高門勝族，玉塞英猶；信義滿於鄉閭，意氣超於羣黨，其佛乃相好嚴身，暉流百億。造之者業或（惑）雲消，頂禮者塵羅霧卷。所以窮丹青之妙質，極畫飾神功；刁塗始就，四八之相宛然。甘髮殊暉，彌光耀於堂宇，莊嚴具之妙體。又持是福，次

用莊嚴，合邑人等，願蕩千災，憎（增）〔三〕萬福。（以下原缺文）

說明

本件是社邑造佛像功德記之抄件，尾部似未抄完。本件無紀年，但文中有為「使主尚書」祈福之語。據榮新江考證，在歸義軍時期，張氏有數位節度使稱「尚書」，曹氏僅曹仁貴一人稱過尚書，而他又處在張曹二氏過渡之際，故本文的時限當在歸義軍張氏時期或曹氏之初。

校記

〔一〕誇，當作「跨」，據文義改。

（二）憎，當作「增」，據文義改。

314 公元九三五年或稍後結社修窟功德記抄 （伯三二七六背）

結社修窟　功德記　　社節度押衙

竊以佛本有願，拯拔無私；慈濟生靈，悲深宿植。散真身於法界，流教化於大千；使歸依者滅累劫之蓋纏，懇仰者獲無邊之勝利。莫不應緣與福；若谷響之傳弃；剋念赴心，若似當空之檻影。是以　君王致敬，感國土之昇平；士庶虔誠，必恒霑於妙果。近則希四趣之厚報，遠躋則三祇菩提，竪畢竟之津梁，結後邊之妙本者，斯一社之謂矣。粤有托西王曹公諱某德符咸一，雅葉丰干，心機朗而恒恒，相貌異而偘偘；可謂作天大柱，為國嘉祥。獨居百乘之尊，迴拔諸俟之上。莫不結隆正法弘化，金田堅修。誘勸牧人，人助善興。居處靚慈（兹）一窟壞經年(二)。爰命衆人，同心再建。內龕隘窄，鑿石開寬；外廈單衰，新裝重樣。莫不匠徵鄙手，巧出班心。鏤栱彫（雕）養，鸞飛鳳舞。營檀已就，丹雘未施。豈期大王，俄昇仙路。次當有我（以下原缺文）

說明

本件是社邑修窟功德記的抄件，原未抄完。本件無紀年，但文中有「托西王曹公」，據榮新江考證，托西王爲曹議金，而曹議金死於清泰二年（九三五），本文提到「托西王曹公」恰在窟將修成時死去，說明本件成於清泰二年或其後不久。

本卷中除本文外，還有社齋文、社邑燃燈文、社邑印沙佛文、社邑燃燈印沙佛文等抄各一篇。

校　記

〔一〕慈，當作「兹」，據文義改；此句疑有脱文。

315 社邑修功德記（伯四九九五）

（前缺）

可籌量□鏤上侵□

樞直接靈傍。將鷹

皇王壽域，寰瀛内外寧

康。先資令公寳位西陲，早願封王社稷，慶千年慶吉，城隍萬載無殃。夫人仙顔恒茂，似蓮出水舒光，寵蔭日新日厚，恩榮月勝月昌。社衆道芽引蔓，菩提枝機抽芳。過往先亡獲盖（益），神遊七寳之床。並願承斯福祐，極樂國内稱揚。鄧軍使轅門綱紀，防範恒鎮邊疆。計畧能過萬亮，機謀直盈韓光。處處多施功幹，凡事稟奉公方。季集榮社内尊長，萬事總辦祇當。今載初修功德，社人説好談量。麵飯早夜少喫，

都來不飲黃湯；教訓樂行徒
弟，每日優事 君王。承受先人謌
調，齊吹並沒低昂。便是樂營果報，
必合壽命延長。身才一似餓鬼，行
步似失兒母狼；養甚十男九女，時
常乾走乾忙；牙齒早年踈陋，坐處
先索盘腸。劉生社內錄事，計料土
公（工）無妨。先看良晨（辰）吉日，然後占
卜相當；日常行坐啼哭，毛（？）來勤
拭眼光；忽然兩手停罷，坐處滴
得一潰。壬似正心修善，日日參斗
盈倉。鄧押衙匈當酒料，。猥地半個
□聒聒旦暮，便作一
□有脂

後缺

說明

本件前後均缺，從所存内容來看爲社邑修功德記。從文中提到「計料土工」來看，所修功德爲修窟造像之類。文中有爲「令公」祈福之語。據榮新江考證，自公元九二八年曹議金始在敦煌地區使用「令公」稱號，公元九三一年後進稱大王。後又有曹元忠、曹延恭、曹延祿使用這一稱號。但曹延祿稱「令公」時是集「太師、令公、大王」於一身，而本件中的「令公」並未稱王，故文中有「早願封王」。曹延恭在位時間較短，有關他稱「令公」的材料僅見於公元九七六年，本件中的「令公」是延恭的可能也不大。曹元忠稱「令公」始於公元九五六年，公元九六四年進稱「大王」。據此，本件之年代應在公元九二八至九三一年或九五六至九六四年。

316 社邑修窟功德記抄 （伯二九八二背）

厥今深崇妙理，轉成七珍；修窟宇於仙嵓，建精藍於石磧者，社人施主爲保無危，合府靈民，同霑吉慶。加以傾心齋範，志重靈嵓。釋七珍而優慎大王，仰三乘而矜長者。年年則城晝，寺寺不別而（如）天宮；歲歲乃窟宇鐫龕，龕龕有同鷲嶺；仙嵓禮謁，還駕宮城。選磧顯異之勝，平誘親佽（友），共崇於佛齋。舉口而五百王子，同契一心；齊聲而三十三天，俱願戮力。席稱殿剎，備功利而立成；標畫兩廊，似祇園而化出。今則爐焚百寶，路騰披肝，合掌虔恭。慶陽（揚）功德。

說　明

本件是社邑修窟功德記抄，無紀年。但本卷正面是「顯德四年（九五七）九月梁國夫人翟氏施捨疏」，依據正面先寫、背面後寫的通例，本文當成於顯德四年九月以後。

317　社邑建蘭若功德記並序（斯四八六〇背/1）

功德記 並序　蓋聞大慈闡化，溥蹟無邊；智覺流蹤，塵沙罕測。故知有本不有，執有如電焰，覩之非堅。空本不空，著空三災，動之不懷（壞）〔二〕。昏迷闇路，悲光照而超途；苦海洪波，慈舟運而達岸。然則百王製格，詎能離癡網之中；我佛惠鋒，孰不斷邪貪之賊。現生示滅，寔為凡流。大哉能仁，不可思議者矣。

厥有當坊義邑社官某等貳拾捌人，並龍沙貴族，五郡名家；六順淳風，訓傳五教；英靈美貌，合邑一模。孝實安親，忠能　奉國。或則文超七步，才富三冬；或則武亞由基，穿楊之妙。偶因閑暇，湊槊俱臻。忽思幻軀，如同夢想。三官謂衆社曰：今欲卜買勝地，剏置伽藍，功德新圖，進退忍怩，未知衆意。社衆等三稱其善，雅愜本情，上唱下隨，同心興建。遂乃良工下手，剋日修全。有爲之力易成，無爲之業圓滿。蘭若内素（塑）釋迦牟尼尊佛並侍從，繚畫功畢。東壁畫降磨（魔）變想（相）〔二〕，西辟（壁）絲大聖千臂千眼

菩薩一鋪。入門

兩邊畫如意輪不空羂索。門外簷下繪四天大王〔三〕及侍從，四廊繪千賢聖。所畫變想（相）等，並以畢功。洞闌（闊）〔四〕滿月，相好金容。映耀千光，蓮

釋百神

通十聖，敷寶座以安祥；護界天王，擁八部而圍遶。庭坐菡萏，將同雁塔之儀；梵響知鳴，直像祇園之會。福所備資益我

節度使曹某（保）〔五〕祚安邊，永保乾坤之壽，次爲合邑衆社，身如劫石齊寧，

法界倉（蒼）生，並獲（免）〔六〕三途之難。余以寡拙，難免相邀，狂簡斐然。

乃申頌曰：

大哉智覺　神勇無邊　慈深塵劫　悲含三千　昏迷詎耀　苦海舟船
現生示滅　雙樹寂圓　安國定難　貴社人賢　能忍幻厭　知曉逝川
梛修精宇　旬日畫全　丹青圖繪　紫磨莊鱗　周圍賢聖　入座四禪
逢來（萊）兜率　淨土祇園　福資家國　願保堯年　含靈獲益　俱離苦源
余慙才寡　滯筆難言　恨容嫫姆　羞見鏡前

說　明

修建蘭若功德記本應是刻在社邑所建蘭若內的石碑或墻壁上，但在刻寫前先要請人撰寫初稿以供工匠刻寫。本文或即其初稿。

本件無紀年，但文中有爲「節度使曹某」祈福之語，説明本文成於歸義軍曹氏時期，即五代宋初。

校記

〔一〕懷，當作「壞」，據文義改。

〔二〕磨，當作「魔」；想，當作「相」，均據文義改。

〔三〕四天大王，疑當作「四大天王」。

〔四〕開，當作「開」，據文義改。

〔五〕保，據文義補。

〔六〕獲，當作「免」，據文義改。

(七)社祭文

318 甲辰年(八二四)四月廿九日社官翟英玉等祭蘇氏文

(伯二六一四背)

維歲次甲辰四月庚辰朔廿九日戊申社官翟英玉等以清酌之奠，敬祭於□□子蘇氏之靈。惟靈柔以懷恩，□能守節，九族來依，六親歸悦。□以全諸母德，義達和人，長居□表，永播慈仁。何圖光移一夕，奄神於春，庭前匪有，地下及塵。英玉等久當陪社，久處親隣，□以傷歎之痛憤心魂，奠斯郊外□重茵。尚饗！

說明

社祭文是社邑祭祀已故成員或親屬時宣讀的祭文。本件是社官翟英玉等祭蘇氏時用的祭文。「翟英玉」見於斯二〇四一「大中年間儒風坊西巷巷社社條」。這個社條由不同時期的四部分組成。翟英玉出現在第二部分，時間是在吐蕃時期的巳年（參看該件說明）。吐蕃時期只有一個甲辰年，即長慶四年（八二四）。本件中的翟英玉是社官，上引社條中亦云「村隣等就翟英玉家結義相和」，也表明他是社邑的負責人。可見這兩個「翟英玉」是同一個人，其年代當相距不遠。上引材料還說明社條中的巳年在本文的甲辰之前，因社條中反映的情況是村隣在翟英玉家「結義相和」，而本文則是在翟英玉主持下開展活動了。在長慶四年以前最近的一個巳年是元和八年（八一三），社條中的巳年當即此年。

除本件外，本卷內還有兩篇「社祭文」，本卷情況，請參看本號中之「丙午年二月十六日社官張加晟等祭似氏文」說明。

319 庚子年（八八〇）十月十四日社長王武等祭文抄
（伯三三一〇背）

維歲次庚子十月巳（巳）〔一〕朔十四日壬午社長

王武等以蘇藥之莫，敬（以下原缺文）

說　明

本件是社祭文抄，但只抄錄了起首二行。「社長王武」見於伯三五四四「大中九年九月廿九日社長王武等再立條件」，這兩件當爲一社之物，年代亦當相近。與大中九年較近的庚子年是廣明元年（八八〇），本件之庚子當即此年

校記

（一）巳，據文義補。

320 甲辰年二月二日社長孫景華等祭宋丈人文 （伯二六一四背）

維歲次甲辰二月辛亥朔二日壬子社長孫景華等

以茶漿之真， 敬祭於

宋丈人賢者之靈。伏惟 靈名行立

身，清廉備體，悟悉苦空，修禪自制。

每載修營，澄心如刘，將比永處禪

石，祭子孫之孝禮。景華等忝倍子邑，悲

悴（心）誰量？備單盤之路佐（左），跪祭茶漿。

伏〔二〕惟　　　　尚饗！

說明

本件紀年爲「甲辰」，其絶對年代尚待考證。除本件外，本卷内還有兩篇「社祭文」，本卷情况參看本文之前的「丙午年二月十六日社官張加晟等祭似氏文」説明。

校記

〔一〕伏，據文義及其它祭文例補。

321 丙午年二月十六日社官張加晟等祭似氏文（伯二六一四背）

維歲次丙午二月己亥朔十六日甲寅社長
□官張加晟等以清酌之奠，敬祭□□
□人夫人似氏之靈。惟　靈儀範孫標〔一〕
□聲秀異，節婦之謀，其忠有志，四
德〔二〕濟身，常懷終始。纔遘疾患，千方
治痢（療）〔三〕，病居腸內，寮（僚）使悲傷，昨者人〔四〕
間，今爲新鬼，思悲隕扰而淵淚，魄〔五〕
散荒田，魂隨逝水，庭宇寥寥，悲來填〔六〕
氣，使昆季兮腸斷，令孫女兮無倚〔七〕，
加晟等忝同社邑，久欽高義，心□□〔八〕
思，郊外相送，臨歧設祀，薄酒三澄〔九〕
願神不恥，靈兮有知，整一來降。
尚〔一〇〕饗！

說明

本件原有句讀，紀年爲「丙午」。其絕對年代尚待考證。本卷背面爲一組祭文，其中有三篇「社祭文」（包括本文）。本卷正面是占筮書，雖首尾均缺，但内容連貫。而卷背除祭文外，間雜有其它内容，且有倒書。這説明卷背文字寫於正面文字之前。這批祭文連同其它内容原非一紙，只是後來因需利用這批文書的背面來抄寫占筮書，才將這些已用過的廢紙粘貼成卷。

本件與北圖周字五十三號「乙丑年正月十二日社老周説等祭曹氏文」除設祭者與被祭人不同外，其它内容大致相同。可用其校補本文所殘者。

校記

〔一〕孫㯹，據文義及北圖周字五十三號「乙丑年正月十二日社老周説等祭曹氏文」補。

〔二〕四德，據文義及北圖周字五十三號「己丑年正月十二日社老周説等祭曹氏文」補。

〔三〕方，據文義及北圖周字五十三號「己丑年正月十二日社老周説等祭曹氏文」補；痢，當作「瘵」，據文義及上引文改。

〔四〕人，據文義補。

〔五〕魄，據文義及北圖周字五十三號「己丑年正月十二日社老周説等祭曹氏文」補。

〔六〕來填，據文義及北圖周字五十三號「己丑年正月十二日社老周説等祭曹氏文」補。

〔七〕無侍，據文義及北圖周字五十三號「己丑年正月十二日社老周説等祭曹氏文」補。

〔八〕懷悲，據文義及北圖周字五十三號「己丑年正月十二日社老周説等祭曹氏文」補。

（九一）瀝，據文義及北圖周字五十三號「乙丑年正月十二日社老周說等祭曹氏文」補。

（一〇）尚，據文義及其它祭文例補。

322 丁未年十月卅日社長翟良友等祭王丈人文

（北圖周字六十五號）

維歲次丁未十月　朔卅日　社長翟良友等謹以□疏之奠，祭於故太原王　丈人之靈，惟靈辭家萬里，爲國西征，英雄壯志，千代留名。性直恭謹，惠布恩情，鄉閭美德，善着聲名。一生四海，百載深情，陳雷義重，管鮑心淳。何圖忽染時疾，藥餌無徵，長辭仁（人）世，永別

千春，寒風漸凍（動），白雪分分，轜車啟路，奠祀郊局，靈神不昧，來此歆馨。伏惟

（後缺）

323 己丑年正月十二日社老周說等祭曹氏文 （北圖周字五十三號）

維歲次己丑正月己卯朔十二日庚寅，社老周說等謹以清酌之奠敬祭於

□曹氏之靈，惟靈儀範孫標，聲□[秀][異](二)，節婦之謀，其中有志，四德備身，[常][懷](三)終始。纔搆疾痛，向經半祀，冬來漸加，春來致死。千方百療，病居骨髓，針灸不損，顏容披靡，魄散荒田，魂隨

逝水。庭宇寥寥，悲來填氣。使昆季兮腸斷，令幼女兮無侍。說等忝同社邑，久欽高義，是日言殞，心懷悲息。郊外相送，臨歧設祀，罇酒三瀝，顧神不恥。

（後缺）

說　明

本件紀年爲「己丑」，其絕對年代尚待考證。本件與伯二六一四背「丙午年二月十六日社官張加晟等祭似氏文」除設祭者與被祭者不同外，其它內容大致相同，可用其校補本件。本件原有句讀。

校記

〔一〕秀異，據伯二六一四背「丙午年二月十六日社官張加晟等祭似氏文」補。
〔二〕常懷，據文義及伯二六一四背「丙午年二月十六日社官張加晟等祭似氏文」補。

(八)祭社文

324 祭社文 （斯一七二五背/1-2）

祭社文

敢昭告於社神，惟神德兼博厚，道著方直，載生品物，含養庶類。謹因仲春，祇率常禮，敬(一)以制弊，犧齊粢盛，庶品備兹明薦，用申報本。以后土勾龍氏配神作主。（尚）（饗）(二)！

敢昭告於后土氏，爰兹仲春，厥日惟（惟）(三)戊，敬循恒士（事）(四)，薦於社神。惟神功著水土，平易九州，昭配之義，寔惟通典(五)。謹以制弊(六)，犧齊粢盛，庶品式陳，明薦作主侑神。（尚）（饗）(七)！

敢昭告於稷神，惟神播生百穀，首兹八政，用而不遺（匱）(八)。功濟萌黎，謹(九)以制弊，犧齊粢盛，庶品祇奉。舊章備兹瘞禮，謹(一〇)以后稷棄配神作主。（尚）（饗）(一一)。

敢昭告於后稷氏，爰以仲秋（春）(一二)，敬修恒禮(一三)，薦於稷神，惟神功業稼穡，善〔四〕修農政，允兹以〔五〕從祀，用率舊章。謹以制弊〔六〕，犧齊粢盛，庶品式陳，明薦作主配神。（尚）（饗）〔七〕！

祭社　要香爐四并香　神席四　氈廿領　馬頭盤八　疊子廿　壘子廿　小床子三　椀三　杓子三

手巾一　弊布八尺　餜食四盤子　酒　肉　梨一百課（顆）

行禮人三　鉸兩張　乘（黍）〔八〕二升　香棗二升　修壇夫二　瓜廿〔九〕

右前件等物，用祭諸神，並須新好，請處分。

牒，件狀如前，謹牒。

年月日張智剛牒。

說　明

本卷內容分為兩部分，第一部分為祭諸神文，包括「釋奠文」、「祭社文」、「祭雨師文」、「祭風伯文」等。第二部分為向有司申報前述幾項祭祀活動所需人、物的牒文。今僅錄其中的「祭社文」及祭社所需物品，其它從略。祭社文與「通典」卷一二一「開元禮纂類」十六「諸州祭社稷」中所載「祝文」大致相同，故這篇「祭社文」有可能是沙州祭春秋二社時行用的文書。而祭社所需物品，為「通典」所無，可補文獻記載之缺。今以斯一七二五「祭社文」為底本，而以「通典」中的祭社祝文參校，稱其為甲本。

校記

（一）敬，甲本作「恭」。

（二）尚饗，據甲本補。

（三）推，當作「惟」，據甲本改。

（四）敬循恒事，甲本為「敬修常事」。

（五）寔惟通典，甲本為「實通祀典」。

（六）制弊，甲本無。

（七）尚饗，據甲本補。

（八）遺，甲本作「匱」。

（九）謹，甲本作「恭」。

（一〇）謹，甲本無。

（一一）尚饗，據甲本補。

（一二）仲秋，甲本在「仲春」下均有「仲秋」二小字，說明春秋二社通用。但本文前三處均用「仲春」，唯此處用「仲秋」，故亦應改爲「仲春」。

（一三）敬修恒禮，甲本作「恭修常禮」。

（一四）善，甲本作「闡」。

（一五）以，甲本無。

（一六）制弊，甲本無。

（一七）尚饗，據甲本補。以下爲「祭雨師文」、「祭風伯文」等計十六行，未錄。

〔一八〕乘，疑當作「黍」，據文義改。

〔一九〕以下有「祭風伯一生，祭雨師兩生」，未錄。

五、社狀牒

(一)投社狀

325 咸通七年（八六六）八月三日投社人王贊贊狀

（斯二五九六背/1）

投社人王贊贊：

右贊贊□送之日，贊贊先開（？）三官錄事等許贊贊投社，當日筵（延）屈社人。已後社內若有文帖行下，贊（贊）(二)依例承文帖知承三馱。伏望 官錄希犖垂 處分。

咸通七年八（月）三日投社人王贊（贊）(三)。

說明

投社狀係欲入社之人向社司遞交的入社申請狀，本狀事主王贊贊所要加入的是一個立有「三馱名目」的私社。

校記

〔一〕贊，據文義補。

〔二〕月、贊二字均據文義補。

326　顯德二年（九五五）正月十三日投社人何清清狀

（伯三二一六2）

投社（人）何清清㈠　狀

右清清不幸薄福，父母併亡，更無至親老婆侍養，不報恩德。忽爾異路，敢見父母之恩，須（雖）緇俗不同，宮門□一。幸諸大德和尚等，攝衆生之實意，□□慈深，矜捨小覺，欲同接禮，後入社者一延（筵），□□伏望三官錄事，乞賜收名，伏請處分。

（卷背）

牒件狀如前，謹牒

顯德二年正月十三日□□。

校記

〔一〕入，據其它投社狀例補。

327 投社人張願興王祐通狀　　（伯四六五一）

投社人張願興王祐通

右願興祐通等生居末代，長值貧門，貪訃社（邑）〔二〕，不恪禮節。今見龍沙貴社，欲疑（擬）投取，伏乞

三官收名入案。合有入社格禮，續便排備。

特賜　處分。　　牒件狀如前，謹牒。

（後缺）

校記

（一）邑，據文義補。

328 投社人馬醜兒狀（伯二四九八）（伯二四九八背）

投社人馬醜兒狀

有（？）□長□□□

鶯鸞失伴（伴）（二），壹隻孤飛，今見貴社齋集，

意樂投入。更有追凶逐吉，於帖丞了。若有

入社筵局，續當排備。伏乞三官衆社等乞

賜收名入案。不敢不申，伏聽　處分。

牒件狀如前，謹牒。

□酉歲□

說明

本號背面書有本件部分文字，起「件」，至「伏聽　處分」，中間文字全同。不再重出錄文。另有不完整的社司轉帖抄件。

校記

（一）件，當爲「伴」，據文義改。

329 投社人董延進狀稿（伯三二六六背）

投社人董延進：　右延進父母生身，並無朋有（友），空過一生。全無社邑。金（今）過貴社，欲義投入，追凶逐吉。伏望三官乞賜收名入案於條，賢（？）聖追逐，不敢不身（申）。伏請處分。　某年某月某日社子董延進謹狀。伏禮請處分。

說　明

本狀中之紀年用「某年某月某日」，非實用文書，疑爲狀稿。

330 投社人某乙狀（文樣）　（伯三一九八2）

投社人某乙：

右某乙貧門賤品，智淺藝疏，不慕社邑之流，全闕尊卑之禮。況聞明賢貴邑，國下英奇，訓俗有立智之能，指示則如同父母。況某乙然則愚昧（以下原缺文）

說　明

本件是書寓投社狀時參考用的文樣。

(二) 退社狀

331 癸酉年（八五三？）三月十九日社司准社戶羅神奴請除名狀（斯五六九八）

癸酉年三月十九日，社戶羅神奴及男文英義子三人，為緣家貧闕乏，種種不員，神奴等三人，數件追逐不得，伏訖（乞）[一]三官衆社賜以條內除名，放免寬閑。其三官知衆社商量，緣是貧窮不濟，放却神奴，寬免後，若神奴及男三人家內所有死生，不關衆社。

說明

本件是社司批准不堪承擔社事的社戶退社之狀。關於社人退社，幾乎每個社條都有相應規定，而社人請求退社並得到社司批准的實例，則僅此一件。本狀用干支紀年，當在歸義軍時期。但癸酉究在何年，僅據本件難以判斷。伯二七三八背有「咸通十年己丑六月八日男文英母因是（以下原缺文）」，文抄一行。在敦煌遺書中，以文英為名者很少見，上引文中的男文英很可能就是本件中的男文英，如是，本件中的癸酉就應是接近咸通十年（八六九）的大中七年（八五三）。

校記

（一）訖，當作「乞」，據文義改。

（三）社司狀牒

332 申年五月社司罰請處分狀　吐蕃時期　〔斯一四七五背1-2〕

社司　　狀上

五月李子榮齋，不到人，何社長，劉元振並齋麥不送納；

不送麥，成千榮；行香不到，羅光進。

右前件人齋及麥、行香不到，准條合

罰，請處分。

牒件狀如前，謹牒。

申年五月　日趙庭琳牒

（判）附案准條處分，庭璘。

廿一日。

說明

本件是社司對設齋不到及不按規定納物行香的社人準備按社條規定進行處罰而提出的請示文狀。對了解社條的執行情况和社邑的運營情况具有重要價值。狀内用地支紀年，屬吐蕃統治敦煌時期。本狀後面又有一社司轉帖、一社狀，從其所載社人姓名來看，這三件文書是一社之物。本狀前面存一社狀尾部，這個狀尾的判文筆體與本狀同，上狀人及下判者亦同，可見也是同一社之物。因本卷原非一紙，後需利用這些紙的背面抄寫佛經疏釋，故本卷文書往往交錯粘貼，内容並不連續。所以這裏廿三日反在廿一日之前。關於本卷的具體情况，請參看本號「社人王奴子等狀」説明。

333 申年五月趙庭琳牒　　吐蕃時期　　（斯一四七五背/1）

（前缺）

牒件狀如前，謹牒。

申年五月　日趙庭琳牒。

（判）附案准條處分，庭璘。

廿三日。

說　明

本件僅存牒尾及判。本號情況請參看本號「申年五月社司罰請處分狀」及「申年五月王奴子等狀」說明。

334　申年五月社人王奴子等狀　　吐蕃時期

（斯一四七五背/2-3）

社司　　狀上

右奴子等，先無兄弟（弟）姊妹男女至親及遠行
條件鎮腳。今因李子榮齋，對社人商量，
從武光暉遠行及病損致酒，社人置條件：
社內至親兄弟姊妹男女婦遠行、迴及亡逝，人各
助借布壹疋弔問。遠行壹千里外，去日，緣公事送
酒壹瓮；迴日，鎮腳置酒兩瓮，如有私行，不在送
限，請依此狀為定。如後不依此狀，求受重罰，請處
分。如有重限出孝，內（納）(二) 酒兩瓮。
牒件狀如前，謹牒。

申年五月　　日社人王奴子等牒
社人李明俊（押）
社人王奴子（押）

社人安庭光（押）

社人馬榮國

社人楊元進（押）

社人羅光進（押）

社人成千榮

社人張進暉

社人王榮朝

社人李子（榮）[二]

社人張溫（押）

社人楊懷興

社人常進（卿）[三]

社人□□□

（後缺）

說明

本件是社人們在原定社條之外新增鎸脚與亡逝吊問活動的補充規定。狀用地支紀年，屬吐蕃時期。本狀前面，另有三件社文書，從文書中的人名與本狀的社人名大體相同來看，這幾件文書當係一社之物。本狀後面又有十幾件買賣借貸契約。這批文書，原非一紙，只是後來需要利用它們的背面抄寫佛經疏釋，才將其粘貼成卷。這一點可從背面的佛經疏釋連貫成篇，而正面的牒狀、契約並不連續，往往交錯粘貼，間或有殘缺得到證實。陳國燦考證出本卷内十四件便麥契的具體年代，並指出本狀及本卷中其它幾件社文書中的申年當是與便麥契年代最接近的丙申（八一六）年。但如不能確定這幾件社文書與便麥契除粘貼在一卷上以外的更多關係，則文書上的申年除丙申（八一六）外，也還有係吐蕃時期其它的申年的可能。

校記

〔一〕内，當作「納」，據文義改。
〔二〕禁，據本件同一社的「申年五月社司罰請處分狀」補。
〔三〕卿，據本件同一社的一〔申年〕五月廿一日社司轉貼」補。

335 寅年十一月社司月直令狐建充次違例牒　吐蕃時期
（斯五八二三）

社司月直令狐建充次
右件人次當充使，不依衆烈（例）。往日已前所差者並當日營造，今被推延，故違衆烈（例）。
請處分。

牒件狀如前，謹牒。

寅年十一月　日楊謙讓　牒。

說　明

本件是月直令狐建推延了社司所派差使，社的首領楊謙讓提出請求處分的文狀。牒用地支紀年，屬吐蕃統治時期。此社在敦煌地區十分活躍，僅我們所見，敦煌遺書中保存了四件該社文書。除本牒外，還有斯五八二五「社司五日設齋轉帖」、斯五七八八「社司再限納物轉帖」、Ch. IOL. 八二背「社司十五日設供轉帖」。另，斯五八三一「殘社司轉帖」中也有楊謙讓之名，但其他社人名均與本社不同。

336 卯年八月錄事索榮國牒　吐蕃時期　（斯二五九〇背）

（前缺）

請處分。□

牒，件狀如前，謹牒。

卯年八月　日錄事索榮國牒

（判）付案准條，廿七日。

什德□□

衆付使□□□

說明

本狀前缺，事由不明，從其用地支紀年來看，當屬吐蕃統治時期。

337　社司不承修功德狀　九世紀中葉（？）　（斯五八二八）

在城有破壞蘭若　及故破佛堂等。
社内先來無上件功德修理條教。忽然放帖，
集點社人，斂索修理蘭若及佛堂。於他衆
人等情裏（理）不憘（喜）〔二〕勸修理。□
何不相時，只如本社條件，每年正月十四日各令
納油半升，於普光寺上燈，猶自有言語，遂
即便停。已經五六年來，一無禁蓋。近日却置
依前税油上燈，亦有前却不到。何况條外抑
他布施。從今已後，社人欲得修功德及布
施財物並施力修營功德者，任自商量，
隨力所造，不關社□
若有社司所由匠（？）□
理塔舍，並不在集□

壹碩，將充社內□

（後缺）

說明

本件是社司向寺院所上的拒絕承修蘭若、佛堂的文狀，聲明不再以社司名義修營燃燈以外的任何功德。本件是了解敦煌私社與寺院之間關係的重要材料。本狀後部殘缺，未存紀年。竺沙雅章推斷其在吐蕃時期至歸義軍初期。

校記

〔一〕憘，當作「喜」，據文義改。

338 社人索庭金等狀 （斯五七五九）

社人索庭金等

右社內有人遠行□

饌，所行人事，用上勤勞，□

從今已後，有洗饌及□

直家生，如其有洗饌者，□

看臨事便宜破除。□

今日已後，一依此狀爲定。□

罰一席，請處分。

（後缺）

說 明

本件是社人對社內的洗饌活動的有關規定提出的修改建議。因下部及尾部殘缺，沒有留下紀年。

339 社司罰社人判（斯五八三〇）

准條案合罰酒壹瓮，合決十下。留附。

說　明

本件係社狀後的判文，是依據社狀對違反社邑規定的人所做的處理決定，但前面的社狀已失。本判後有倒書文字兩行，不能確定與本判有無關係，照錄於後，供參考。

餘七斗七升買肉

酒兩瓮粟兩石八斗餘一斗四升　油二升麥四斗胡餅卌麥四斗

340社牒稿　九至十一世紀　（伯二三五八背）

牒某乙　五縣面墻一方，僧（曾）未盜家之祿，得樓高流喘己，捫心未曾失禮。昨社人商量，修營小佚，意在延上官錄，呈表中懷。未擬思設衆人尊卑，一季撥昨營造已乞（訖），社官不來。某乙佇立街衢，支迎重涉，社官已緣事不至。某乙是不能覆會，諸公雜然破匪，仰攝疏□隹，何謂反罪小人時不

（後缺）

説　明

本件不是實用文書，乃是社人撰寫社牒的草稿或供社人起草社牒參考的文樣。本件之前是一組吐蕃時期的釋門文樣，本件時代的上限亦當在吐蕃時期。

(四)其它

341 開元十四年（七二六）二至四月沙州勾徵開元九年懸泉府馬社錢案卷

（伯三八九九背）

（前缺）

白□

「依判，諮，欽示，

十二日。」

「依判。虔示，

十二日。」

連，俊白。十三日。

沙(一)州

前校尉判兵曹張袁成注五團欠開九年(三)馬□

數內徵張袁成□

捌仟陸伯（佰）捌拾文徵前府史翟崇明欠未納。

敦〔三〕煌縣主者得府牒稱：前校尉張袁成經州陳牒稱，

牒懸泉府校尉遣判兵曹事，徵前件馬社麥，當衙〔四〕

士貧弊，徵索不得，已後徵得前件麥數，納貳拾伍碩陸斗〔五〕

與氾貞禮、翟崇明等，給得文抄見在，所有欠物並

君護等諸人上。袁成為年滿六十，倚團已後，府司

所由將作物在袁成腹內，□當時佔獨徵袁成錢。

欠數合出諸人。今蒙開元十三年十一月十日

制：諸色逋懸欠負官物，合當免限，謹以諮陳。請乞

處分者。刺史判，付府勘會虛實申者。謹依各追所〔六〕

由人等到，問得款稱，欠負不虛，並自立限伏納。

數內捌仟肆佰伍拾壹文，勘問所由，並不臣伏，袁成

自立限伏納，具檢如前，請處分者。開度〔七〕九年馬社前校尉判〔八〕

兵曹張袁成專徵，馬社既欠闕未填，社錢所由未納，□□
得錢便五團，既不將輸，府司申州，下縣徵納，張袁成
［　］借注五團，奉判勘會欠由，今問並皆臣伏，各自
［　］納者，勘如前者。刺史判，着攝
［　］□處問錢，此月廿日内納了。
［　］徵者，懸泉府主帥張［　］
［　］縣，依限徵納訖申。［　］
［　］狀下縣，宜准狀，符［　］
佐
［　］史氾魯
開元十四年二月十日下
二月十五日錄事
尉判主簿 倹 付司圀[九]
倹

「張袁成等欠馬社錢
帖所由，限三日內
納。倓白，
十六[日](三)。」

牒
瞿崇明欠馬社錢貳佰肆仟柒伯捌拾文，又捌仟陸□
張袁成捌仟肆佰伍拾壹文。
右被符令徵前件錢，頻徵，各自立限，□
違不納，事恐阻違，請處分。
牒件狀如前，謹牒。
二月　日史索忠牒。
「催，倓白，
廿七日。」

（中空約三行）

倓

牒檢有事至，謹牒。

三月　　日史宋仁牒。

「連。俊白，

四日。」

俊

司〔三〕戶

懸泉府馬社錢壹佰叁拾壹貫叁佰伍拾伍文所由府史翟崇明。

右件錢州司已判下府徵訖，謹錄狀上。

牒〔三〕　件狀如前，謹牒。

開元十四年三月　　日史氾光宗。

參軍判司戶賈履素。

「問，既用官馬，何得牒追不納」━，着謹審。

右錢既就州陳訴，其錢判下府徵馬錢已就，餘欠柒□

文在前由典氾禮處，見在州楪項推問，請乞檢，判案日□

錢，馬式足在案内填付，乞限今日案前將馬錢到縣□

違限，求受重杖卌，被問依實，謹牒。

　　開元十四年三月　　日品子翟崇明（牒）〔三〕。

「頻追不得，決十下，限取狀。當〔四〕

日不了，史決付本典。度□，

四日。」

後

前校尉張袁成負馬社錢八千四百文（已送納七千七百文　欠七百文）

前府史翟崇明欠馬社錢八千六百文〔五〕

取府馬用填錢處。

牒件狀如前謹牒〔六〕。

開元十四〔七〕年三月　　日史氾思會

參軍判司户賈履素

「付司。既欠不足，

決十下。度示。

四日。」

三月四日録事

尉攝主簿俊付司兵。

「檢納□糧[三]白，四日。」

「檢，俊白，

四日。」

俊

前府史翟明欠馬社錢貳佰□文。前徵

一百卅一貫三百五十五文，得州史氾光狀，出□

七十三貫三百廿五文欠目，限今日得了，狀

後徵捌仟陸佰文，得州史范魯狀，中馬一疋，用填錢處。

前校尉張袁成又捌仟肆佰文七千七百文得州史范魯狀納訖。欠七百文長官泱十下。

右先被符徵上諸錢，比日徵催，具已納未納

如前。

牒件檢如前，謹牒。

三月　　日史宋仁牒

「付庫，檢納。糴白。」

「瞿明等欠錢，今日

不了，明朝唱過。俊

白，

四日。」

俊

牒，檢有事至，謹牒。

三月　日史宋仁牒。

「連。俊白，

六日。」

付司，既催納，限十日

內納訖。如違，注追，帖

長□

六日。」

俊

前校尉張袁成負馬社錢柒佰伍拾壹文，

右件錢今日納足。

牒件狀如前，謹牒。

開元十四年三月五日范思魯牒。

參軍判司户賈履素。

「付司。度示。

帖　　五日。」

三月五日錄事

尉攝主簿俊　付司兵。

連，俊白。

六日。」

付庫收領，納訖。連□

□六日

「檢六日，耀白。」

俊

懸泉府馬社錢柒拾叁仟貳佰肆拾伍文

右件錢得府狀稱，所由典氾禮欠者，刺史判付司
推問徵者，其人見在州推徵，錢不在翟明處。
牒件狀如前，謹牒。
開元十四年三月　日史氾光宗牒。
參軍判司户賈履素。
「付司問，如没州
符，官下云有欠，
當何罪，度示，
六日。」
三月六日錄事
尉攝主簿俊　付司兵。
俊
「准判問，俊白，
六日。」
馬社錢前後徵貳佰壹拾叁貫貳佰捌拾文

問，被符徵上件錢，今得州吏氾光、范會狀，合出府家，並
折馬價，和後更有符下覆徵，求受何罪，仰答者，謹審
被符徵上件錢壹佰叁拾壹貫叁佰伍拾伍文，州符下者，然秋
出千人柒拾叁仟貳佰肆拾伍文，今徵所由典氾禮，今人在州
枷項推徵，其錢不在崇明腹內；捌仟陸佰文，中馬一疋便折填還。
其上件錢等，如後更有符徵崇明上件錢，求受重杖六
十，仍請准法科罪。被問依實。謹牒。「度」。
開元十四年三月　日品子翟崇明牒。
、明、
「勘。俊白。
六日。」
七十三千二百卌五文，州檢見
牒縣司，神山金（今）是土鎮兵，合着五番上，金（今）已
謓仕，謹牒、神沙鄉燉煌縣(一九)。

中空一行

翟明馬社錢貳佰壹拾叁仟貳佰捌拾文，

（後

一百卅一千三百五十五文，州狀出懸泉府；

七十三千二百卅五文，州狀見徵氾禮；

八千六百文，州狀中馬一疋便折填還。

張袁成八千四百文，州狀稱納了。

右檢案內被符徵上件錢者，今得州史氾光、氾魯等狀稱具件如前。又問翟明，得款，錢壹佰叁拾壹〔二〕貫叁佰伍拾伍文，州符下府，至秋均出千人；柒拾叁仟貳佰〔三〕肆拾伍文，合徵與氾禮，今見在州枷項，捌仟陸佰文，中馬一疋便折填還。其錢如後更有符徵，崇明求受重杖六十，仍請准法科罪者。件勘如前。

牒件狀如前，謹牒。

三月　日史宋仁牒。

「被符合徵前府史翟

俊

明等錢，州檢得報，

錢出府兵及納了，

具審，慮恐虛矯，重問

縣錢送州，氾。

款如前，如後更有符，

准款依數科決。諮，弘俊

白。

六日。」

「依判。度示。

六日。」

翟崇明馬□錢□□拾□

（中空約四行）

懸泉府

前府史翟崇明欠馬社錢捌仟陸佰文，前校尉判兵曹張袁成欠馬社錢叁仟肆佰伍拾文

燉煌縣得折衝都尉藥思莊等牒稱，檢案內前件人等

欠(三二)上件社錢，頻徵不納，先已錄狀申州。州司判，下縣徵，

月廿日內納了。依檢，其錢至今不納，事須處分

者，翟崇明負府司社錢，違限不納，准狀牒燉

請垂處分者。今以狀牒，牒至准狀。謹牒。

開元十四月（年）(三三)四月廿三日。

府

折衝都尉莊

史李崇英

「廿六日禮。」

四月廿六日錄事

尉攝主簿倓　付司兵(三四)

倓

「檢案。倓白，

廿七日。」

〔牒〕〔二五〕　檢　案　連　如　前，謹　牒。

四月　　日史慶仁。

「檢。後白，

廿七日。」〔二六〕

（後空約三行，再後缺）

說明

本件是唐開元十四年二月至四月沙州敦煌縣勾徵開元九年懸泉府存案的馬社錢的文書。《資治通鑑》卷二〇四天授二年九月乙亥條胡三省注云「凡官文書可考據者皆曰案」。由於本件有符、有牒、有判，故名其為案卷。本件文書對了解唐代馬社及勾徵、折衝府、州府（折衝府）縣關係等問題，都有重要價值。盧向前在《馬社研究》（載北京大學中國中古史研究中心編《敦煌吐魯番文獻研究論集》第二輯）一文中對本件作過全面研究，此件錄文、說明、校記都參照了他的研究成果。

校記

〔一〕沙，據文義補。
〔二〕開九年，開元九年之省稱，下同。
〔三〕敦，據文義補。
〔四〕衛，據文義補。
〔五〕斗，據文義補。
〔六〕所，據文義補。
〔七〕押縫原在文書背面，下同。

〔八〕判，據文義補。

〔九〕兵，據七九行補。

〔一〇〕日，據文義補。

〔一一〕司，據文義補。

〔一二〕牒，據文義補。

〔一三〕牒，據文義補。

〔一四〕當，據文義補。

〔一五〕六百文，據第十行當補為「六百八十文」，但據第六九行體例，僅補省文。

〔一六〕牒件狀如前，謹牒，據文義補。

〔一七〕開元十四年，據文義補。

〔一八〕糴，據九一行補。

〔一九〕一四四至一四六行似為後人添加，與本件無關。

〔二〇〕壹，據一三五行補。

〔二一〕佰，據一三六行補。
〔二二〕久，據文義補。
〔二三〕開元十四月，當爲「開元十四年」，據文義改。
〔二四〕兵，據一二九行補。
〔二五〕牒，據文義補。
〔二六〕文書上鈐「沙州之印」，「燉煌縣之印」十餘方。

342 沙州祭社廣破用判　公元八世紀後半葉（伯二九四二）

沙州祭社廣破用

艱虞已來，庶事減省。沙州祭社，何獨豐濃？稅錢各有區分，祭社不合破用。更責州狀，將何填陪牛直？將元案通。

又判：自屬艱難，萬事減省。明衣弊帛，所在不供，何獨沙州廣爲備物？酒肉菓脯，已費不追，布絹資身，事須却納。

說明

本件是河西節度使判文集中的一通，因其中有周逸與逆賊僕固懷恩書，故知其時在安史之亂後至吐蕃佔領河西之前。此判對沙州祭社廣破用一事提出批評，並作出處理決定。從本件看，其時沙州乃至河西仍在舉行由官府主持的官社祭社活動。

343 顯德五年（九五八）二月社錄事都頭陰保山等團保牒（伯三三七九）

（前缺）

令狐粉堆［左手中指節］
令狐保住［左手中指節］
令狐神慶［左手中指節］
石幸通［左手中指節］
闞定子［左手中指節］
陌其友［左手中指節］
令狐富盈［左手中指節］
押衙索留住［男左中指節］
楊安政［左手節］
楊文德［左手中節］
王殘奴［左手中指節］
康來兒［左手中節］
賀山子［左手中節］
令狐慶住［左手中節］

令狐憨奴［左手中指節］
令狐保昇［左手中指節］
張粉堆［左手中指節］
石富通［左手中指節］
劉保子［左手中指節］
令狐富達［左手中指節］
劉萬友［左手中指節］
索富員［左手節中］
楊擖棰［左手中指節］
楊友員［左手中指節］
王員住［左手中指節］
安醜胡［左手中節］
張祐慶［左手節］
令狐盈君［左手中指節］

令狐苟兒［左手中指節］
令狐再盈［左手中指節］
張友住［左手中指節］
高富員［左手指節］
孟伯通［左手中指節］
令狐富悦［左手中指節］
馮神德［左手中指節］
索友定［左手中指節］
楊氾五［左手中節］
楊員子［左手中指節］
王富昌［左手節］
張善才［左手中指節］
張富通［左手中節］
令狐富盈［左手中指節］

王赤頭〔左手中指節〕　王順子〔左手節〕　薛苟子〔左手中指節〕

右通前件三人團保，或有當保盜竊，不敢覆藏，後有敗露，三人同招愆犯。謹錄狀

上。

牒件狀如前，謹牒。

顯德五年二月　日社錄事都頭陰保山等牒。

說明

本件是社人三人團保以防社内有人偷盜的文狀。從牒紙騎縫及尾部所鈐三方「瓜沙等州觀察使新印」來看，此牒似是官社文書。這裏的社邑，是封建政府維持地方治安的工具。本件對了解社邑與官府的關係，十分重要。

344 丁酉年（九九七？）五月廿五日社户吳懷實託兄王七承當社事憑據

（伯三六三六²）

社户吳懷實自丁酉年初春，便隨張鎮使往於新城。其乘安坊巷社内使用三贈，懷實全斷所有，罰責非輕，未有排批。社人把卸綿綾二丈，無一物收贖。今又往新城去。令遣兄王七口承，比至懷實來日，仰兄王七追贈，或若社衆齊集，破罰之時，着多少罰責，地内所得物充爲贈罰。若物不充，便將田地租典，取物倍（賠）社。或若懷實身東西不來，不管諸人，只管口承人王七身上。恐後無人承當社事，故勒口承人押署爲驗。

丁酉年五月廿五日。

社人吳懷實（押）

口承人男富盈（押）

口承人兄吳王七（押）

見人吳永佳（押）

說明

本件是社戶吳懷實因出使而託兄王七代其承當社事的憑據。因用干支紀年，當屬歸義軍時期。歸義軍時期計有三個丁酉年，即乾符四年（八七七）、天福二年（九三七）、至道三年（九九七）。文書中有「隨張鎮使往於新城」一語，據陳國燦考證，「新城鎮」最早出現於張承奉時期（參看《唐五代瓜沙歸義軍軍鎮的演變》，載《敦煌吐魯番文書初探二編》）。張承奉被立為歸義軍節度使是在公元八九四年前後，真正執掌歸義軍大權是在公元八九六年，這就排除了本憑據在乾符四年的可能性。伯三六三六，是與本件同屬一社的「社司罰物曆」，該件中之「田義信」見於斯六〇〇三「壬申年七月廿九日社人□晟新婦身故轉帖」，此「壬申」已考出在公元九七二年（參看該件說明），如果這兩個田義信為同一人，本件之丁酉應為距九七二年較近的至道三年（九九七）。

345 社邑文書（文樣？） 公元九世紀（？） （斯四三七四）

（前缺）

月日社子□

社長　社官　錄事〔二〕□

說明

本件前缺，失事由，性質不明，暫附於社狀牒類之後。又，本件未書具體月日，社子、社長、社官下均未書姓名，其後是「分書」和「從良書」文樣，推測本件亦為文樣。

校記

〔一〕事，據文義補。

附錄

一、與社邑有關的文書

1 開皇三年（五八三）十月八日優婆夷邑造經題記（藤井有隣館）

開皇三年十月八日優婆夷邑敬造供養。

說明

本件轉錄自池田溫《中國古代寫本題記集錄》。

2 開皇十四年（五九四）四月廿五日邑人淨通師劉惠畧等造經題記

（伯二〇八六）

開皇十四年四月廿五日　邑人淨通師　劉惠畧
許慶集　賈曇淵　賈黄頭　郝士茂　高子何
賈元邕　賈伯憐　郝迴洛　弓長通　劉幼紹
劉善才　張願光　董明月　張三王　趙阿好
高勝蠻　封雲娥　高阿光　王姜兒　張洪敬
郭玉姿　賈善英　榮貴娥　賈叔女　侯妍暉
趙唯那　王華容　張元妃　榮阿漢　冀芙蓉

夫三界皆苦，爲法俱空，自非捨身命財，爲求八字滅苦，幽闇四等，出彼欲海者哉！畧等希玄正路，爲修三佛，出世橋梁，度濟含識，同證惠眼。勸化邕（邑）〔二〕人，共造無漏法船，願度苦海。歲次甲寅癸巳朔敬造佛名經一部，流通在世。便法輪常轉，廣開法目，悟道群籍，願爲三界廿八天，閻羅苦趣，師僧父母君王，諸邑檀越，家國含零（靈），同歸法界，體性如如一依，獨出玄路，果德圓備，種性朗現，俱成妙覺。

校記

（一）邑，當作「邑」，據文義改。

3 優婆夷邑造經題記

（北圖昃字八五號）

公元六世紀（？）

優婆夷邑敬造。

大興善寺邑長孫畧等卅一人造經題記　公元六世紀末

（北圖〇七一九）

大興善寺邑長孫畧等卅一人敬造一切經。

4 長安三年（七〇三）前後敦煌縣牒

（日本京都龍谷大學圖書館藏大谷文書二八三八）

（前缺）

鄉，耕耘最少，此由社官村
正，不存農務。即欲加決，正屬
農非，各決貳拾。敦煌、平康、龍勒、
慈惠肆鄉，兼及神沙，營田稍
少，符令節級科決，各量決

拾下。洪池鄉，州符雖無科責，
檢料過非有功，各決五下。
其前官執祭，諮過長官，
請量決罰訖，申諮。意（？）示。
十六日。

（紙背）
二月十六日，社官村正到。
（中空約十行）

總承鄉
合屬鄉見社官村正到.

5 比丘惠德等合社敬寫妙法蓮華經題記　公元七世紀前半葉（？）

（BTII一〇〇〇）

蓋聞一乘妙理，法界傳通；十二部經，金口所演。況復□
嶺真空之教王，滅罪之文，火宅方便之言，險□
善權之說，莫不受持。頂戴即福利無邊，書□
弘宣還生萬善。今有佛弟子比丘惠德、齊□
歡德、趙永伯、范守□、趙眾洛、范阿隆、趙願洛、宋客仁、□
洛、趙延洛、張君信、索緒子、張憧信、范歷德、趙隆軌、王傷□
劉常洛、范慈隆、趙武隆、張豐洛、張定緒、張君德、范□
范進住、趙隆子、竹根至、劉明伯、趙惡仁、范黑眼等，敬人□
往劫，重正法於此生，棄形命而不難，捨珍財而轉□
遂即人人割寶□各□由珍，敬寫法華一部。其經□
耳聞消煩蕩穢，心念口誦證寂滅樂。用斯□
願合社七祖魂靈，覲奉世雄，見在尊重□

天（？）兒自身福備。家口善益小果，悟大真常□

倍加福祐。外道歸正，龍鬼興意，有識□

□□唅（含）靈，俱霑聖道。

說明

本件轉錄自池田溫《中國古代寫本題記集錄》，吐魯番出土。

6 天寶十二載（七五三）五月廿三日優婆夷社寫經題記

（天津博物館二七）

天寶十二載五月廿三日優婆夷社寫。

7 未年正月社人張庭休寫經題記　　公元九世紀前期

（北圖珍字八四號）

未年正月社人張庭休寫，一心供養。

8 王瀚寫社經題記　　公元九世紀前期　　（北圖果字六七號）

社經　　王瀚寫。

9 邑人石論子施錢寫經題記　　公元九世紀前期

（香港中文大學文物館）

邑人石論子施錢一千文，寫大佛名經一卷。為七代先亡，離苦解脫，見存眷屬，並願平安，法界衆生，同霑此福。

10 乾寧二年（八九五）三月十一日營葬牓　（伯二八五六）

營葬　　牓

僧統和尚遷化，今月十四日葬，准
例排合葬儀，分配如後：

靈車仰悉殄潘社　　慈音律師　　喜慶律師
香轝仰親情社　　法惠律師　　慶果律師
邈轝仰子弟　　慶林律師　　智剛律師
鐘車仰中團　　以連□　□□未神□
九品往生轝　　諸僧尼寺各一
生儀轝　　仰當寺

紙幡　紹通
納色　喜寂律師　道濟
大幡兩口　龍蓮各一口
淨土開元各幢一對
　右件所請諸色勾當者，緣葬日近促，不得疏慢，切須如法，不得乖恪者。乾寧二年三月十一日。
　　　　　　僧政
　　　　　都僧錄
　　　　　都僧錄　賢照
　　　　　僧政
　　　　　僧政

11 天復八載（九〇八）四月九日布衣翟奉達寫經讚驗功德記題記（伯二〇九四）

於唐天復八載歲在戊辰四月九日，布衣翟奉達

寫此經讚驗功德記，添之流布。後爲信士兼往

亡靈及見在父母合邑等，福同倉（滄）海春草，罪若秋苗，必定當來，俱

發佛會。

12 丙寅年（九六六）二月牧羊人元寧狀（伯三二七二）

牧羊人元寧

伏以今月十六日李家立社用白羊羯壹口，未蒙

判憑，伏請

處分。

丙寅年二月　日牧羊人元寧。

爲憑。十八日。（押）

13 辛丑年（一〇〇一？）某寺入布曆　（伯三九九七）

辛丑

年正月廿三日昌褐壹疋，鄧縣令經儭領入，願。二月四日白
昌褐壹丈貳尺，佛出施入。八日白褐壹段，畔蘇施入，願。
三月廿三日布壹疋，索押牙羅衫價領入，願。四月十五日白昌褐叁
仗（丈）於窟社施入，願。五月日布壹疋、褐壹疋，官齋領
入，願。九日布壹疋、昌褐壹疋，秋　官齋領入，願。

14 辛亥年五月便粟人名目　（Дх一二七八）

辛亥年五月日名目：

董押衙便粟兩石，至秋三石；

盧友信便粟兩石，秋三石；

宋進成便粟一石，秋一石五斗；

氾社官便粟一石，秋一石五斗；

王押衙白强四錢（？），斷参粟八㪷；索保子腰□一个，斷参粟一石五斗。

15 亡妣文　（伯三四九一）

妣文　夫以降魔百億，現影威（滅）〔一〕於雙林；獨位人間，□遣刑（形）於道

備〻無

常力大，有識同歸；生死義寬，聖凡俱感（滅）〔三〕．然今生前至孝等，□

自為沒故，亡妣捨化以來，經今某七，不知神識□生何道，思念□

□福是資，故能割感（滅）〔三〕珍財，奉為亡妣設齋追〔四〕福．遂即焚香清□□

至，延僧就此家庭，建斯壇會．以此勝福，並用莊嚴，亡妣魂路，唯願

亡者，生西方，見諸佛，聞正法，悟無生．昔昔來世，還與至孝等作

菩提卷（眷）屬，不壞良緣；莫若今生，愛別離苦．又將功德莊嚴，至孝

合家大小，遠近因（姻）親及合邑人等，唯願從今向去，諸佛加備，眾善

莊嚴，災障清除，福壽長遠．然後上窮九項，傍括無邊，同出□□，

齋成佛果．

說明

本件是亡妣文文本，但文中有爲「合邑人等」祈福之語，説明設齋者爲社邑成員，或者是社邑爲其成員亡妣設齋追福。

校記

〔一〕戚，當作「滅」，據文義改。

〔二〕戚，當作「滅」，據文義改。

〔三〕戚，當作「滅」，據文義改。

〔四〕追，據文義補。

16 便粟麥曆

（Дх一〇二六九）

李闍梨便粟肆碩，秋六石；吳大□便粟三石，

五斗；新佛社人便粟兩石五斗，秋三石七[斗]（一）

寺家貸便粟兩石，秋三石；唐胡胡便粟兩

唐員奴粟一石一斗；義通粟一石五斗；孔家

張家粟五石；鄧闍梨麥六石；寺家麥肆石

鄧□子麥一石，秋一石五斗；張定奴麥

（後缺）

校記

（一）斗，據文義補。

17 狀 抄（？） （伯二四五〇背）

（前缺）

□難□節門閭里罕候□

□理合住持請依重昏為□

□舊墟壓土，僧房多年頹毀，社人請僧修住

勸導，一無修崇，頗有佛堂多年彩成，新舊材□各

齊舉功□被備，利益全無，頻被火侵，居住難保。年□□

叩根閑耳聾，依賴小師，且偷餘命，日漸修崇，足可勸導。

精持盈□□，長時抱病，要藉似□覆水難杖，理無再覆。忽

承判，敢不披陳？□□□□□隱往來不閣諮里日□

□休供承人情，不在更多，一狀實號勝□，如要老大□□

賢良，任請諮迎，終頃息□目當月鄙□忽□□

□斷絕分□，如□律管儀際（以下原缺文）

18 不知名文（？）　（伯二八〇九背）

君逢生來不得了大家　水使入城報
城通河叨暫坡臺看下圓檏
清行自□音官示□犬家頂
寺覓取□一舍田地□全
城日巳得甲丁遺巳火□赤□
行廣至□安言魚來□□□
魚一个月座社□熱如火丁頭者
下鞋脚皮眼全瘊□盡□
東行足生却踏不石皮

說　明

本件甚難辨認，雖經查閱原卷，仍有若干字辨識不出。已釋出之錄文文義難解，未敢擅加標點。

19 西幢寺狀（？）（伯二六一四背）

西幢□□寺　　右前件寺今爲墻壞，先是□□張時（？）等一十八人供養。

今爲墻壞社

□內重□□修治，無人知□道□使一其社內□錄□至商量請本，

□福。伏望　和尚起大慈悲，

請處分。□

20某年二月八日執倉司法律定願手下麥粟破曆（伯三九五六）

□年二月八日執倉司法律定願圓供扶例社人食飯准舊麥

□㪷，酒本粟叁碩伍㪷。

21某 田 曆（北ＪＤ一二七八背）

張苟奴某一步，

汜社官某一步，董押衙某一步。

22淨名經關中疏卷上題記（斯六八一〇）

言十七者，一社頻證寂衆。

二、涉及社邑的文書的有關部份

23王梵志詩　初唐（？）　（斯七七八（斯五七九六））

遥看世間人，村坊安社邑。一家有死生，合村相就泣。張口哭他屍，不知身去急。本是長眠鬼，暫來地上立。欲似養兒氈，迴乾且就濕。前死深埋却，後死續即入。

24開元（七一三至七四二）戶部格　（斯一三四四）

敕　如聞諸州百姓，結構朋黨，作排山社，宜令州縣嚴加禁斷。

景龍元年十月廿日。

25 天寶七載（七四八）册尊號赦　（斯四四四六）

又閭閻之間，例有私社。皆預畜生命，以資宴集。仁者之心，有所不忍，亦宜禁斷。仍委州縣長官，切加捉搦。

26 齋琬文序目　公元七七〇年前後（？）　（伯二九四〇）

九　賞祈讚（祈雨、賽雨、賽雪、滿月、生日、散學、闕字、藏鈎、散講、三長平安邑義、脱難、患差、受戒、賽入宅。）

27 吐蕃時期文書　北圖五〇〇〇背

節兒下十人　社人廿人　營事（？）人十五人　薩允　索直者　安陳

令狐復四　董大　道袁母並兄二人　張什三

28 同光三年（九二五）正月沙州淨土寺直歲保護手下諸色入破曆算會牒

（伯二〇四九背）

像社沽酒用。

粟肆㪷，二月七日輿行

29 長興二年（九三一）正月沙州淨土寺直歲願達手下諸色入破曆算會牒

（伯二〇四九背）

麥叁㪷，

正月燃燈社入。

粟叁㪷，正月

燃燈社入。

米伍勝，

行像社入。

粟兩碩壹㪷卧酒，二月八日齋時看行像社人及助佛人衆僧等用。

油肆勝壹抄，二月八日造粥齋時煮餺飥看社人衆僧等用。

麵壹碩貳㪷，二月八日造粥齋時胡餅氣餅餺飥看社人及擎小佛子兼衆僧等食用。

30 癸卯年（九四三）正月一日已後淨土寺直歲沙彌廣進麵破曆（伯三二三四背）

麵兩石二斗五升，八日解齋兼及齋時看兩社及僧兼第二日屈郎君孔目押牙擎像人等用。麵肆㪷造食，看行像社聚物用。

31 淨土寺諸色入破曆 後晉時期（九三六至九四七）（伯二〇三二背）

粟一石一斗與社人沽酒用。麵一石八升，油四升半，粟一石八斗伍升卧酒二月八日社人及僧齋時用。麵六斗五升，油升半，粟二石一斗卧酒沽酒九日屈郎君孔目及看新社人兼造社條等用。

麵二斗伍升，
油一升造食，行像社遂物看人用。
麵貳㪷柒勝，油壹勝，行像社聚物齋時用。
麥伍碩，行像社入。

32 淨土寺諸色入破曆　後晉時期（九三六至九四七）

（伯二〇四〇背）

（前缺）

設了第二日看充僧及社人衆僧等用。
粟壹碩貳㪷，支與行像社人七日用。粟六斗，支與擎佛人造頓用。粟
兩碩一斗卧酒，二月八日看社人及第二日屈人用。

33 淨土寺應慶手下麥粟油入破曆　十世紀上半葉

（伯三二三四背）

應慶於顧達手上交庫日得麥一百一十六石。二月八日得麥兩石伍斗。　春佛食麥四石二斗。　安押牙社麥四斗。

34 淨土寺油入破曆　十世紀上半葉　（伯三二三四背）

行像社聚物得油一勝。

35 淨土寺油破　十世紀上半葉　（伯三二三四背）

油陸升半造食，二月八日看

兩社人兼僧及第二日屈孔目郎君等用。
造食看行像社聚物用。

油勝半

36 庚寅年（九九〇）辛卯年（九九一）入破曆（伯四九〇七）

庚寅年九月一日就北府莊上付楊七娘子酒本粟貳拾壹碩，曹富員酒本粟貳拾壹碩，秋磑麻伍碩。十二月廿五日弔孝達家夫人大社粟壹㪷、小社粟壹㪷。廿九日闍骨子舍價粟拾碩。辛卯年正月九日還令狐闍骨子舍價柒碩陸㪷伍升，孔庫官社印沙佛粟壹㪷。

（三月）十八日付侯定住磑麵粟兩車，買茈蘇粟拾壹碩，孔住信贈粟壹㪷，劉定子贈粟壹㪷，闍都衙社粟壹斗。

37 納柴名簿　十世紀後半葉　（斯二一四九）

高住兒社八十二人。見納六十五人，欠十七人。杜留定一身病，董年仵單身遊再家、董不兒、趙進懷、趙留住、安海順、梁再子一身聰子、梁粉堆、安保德、安衍雞、宋阿朵、劉富昌、劉憨兒、荆祐子、劉安住、李住子、傅定子、袁定德、袁再住、崔憨兒柴足。

38 破曆　（斯四五二五）

布兩足，紫錦壹足。付車社。又付纈纈縛壹條。又車社大紅

錦壹疋。又大紅錦壹疋。又付車社舉屋紫綉禮巾□□，

大錦三疋。

（紙背）

大雲寺綉錦付舉子社。

龍□□□

付舉子社。

□□□條，

付邈生社。叫壁一，付車社。

大鍾壹口，

付車社。

又付邈舉社緣綾裙壹領。□綫裙壹並紫具金錦□□□

貼金衫子壹，貼金禮巾壹，紫綉禮巾壹，□□□

39 淨土寺粟破（伯三七六三背）

粟壹碩貳㪷，十一日與行像社人用。粟六斗與拏大像人頓定用。粟七斗卧酒九日社人用。

三、敦煌莫高窟社邑發願文與社人題名

40 社長汜光秀等再修窟功德記　中唐

（莫高窟第二一六窟西壁龕下中央）

再修□記

皇太子判官郎　李□□

燉煌秦塞之分野，西僻於流沙之境地，險呀而（如）九坂，山
聳秀以三危。靈窟接其高崗，幽谷連其巨壑。
言綠（？）山之合沓，奇狀方此北岌。然論鷲嶺之齊巔，願
□□於後，極鑿丹崖，鐫龕以千室，緣青壁構欄楯，以
□以爭□紺□空舍而卒，真身儼而黃
□爭芳祇次方於而
□古今變易，代謝年移，庶物摧殘，林巒□
午，或□緣錢生進，或紅癬侵階，塵沙坌而掩舊蹤，莓苔□

□有社人達士欲識者其誰？則社長氾光秀
□使右七將宋先言之是也。宋公等，器局閑雅，□
□金瀾（蘭），志操堅貞，州府吹噓，鄉閭領袖，□
□仁厚恭意，不在於物情心之超然悟道知
□頹風燭以須，使識五蘊之皆空，□四□
□獨知此因色之熱□□津□
□筏以愛□□事□
□新，豈如修故，可不□乎？書曰□
□無勞於故作，□乃呼標道命良工□
□粉之繪之，再塗再臒，或飾或裝，復雕復錯□
□成功，宛如初之巘□，□樹倚瀾，慈風揮投韶□
□漸逼，新花續開，祇園芬葩，亦可如此。
□能，考諸滄溟，不足測其深，崇山豈可重其重。芳
域盡而福無盡，劫石窮而德莫窮。與地久而（如）天長，同金石而永

固。良有慙虛薄，恥媿文場，不淺微奉簡恭命聊中拙筆，揀擬芳猷，但以記文道於壓壁。其詞曰：

白□巍巍□□三危□

（中缺）

□天□十七□

說明

本書這一部分是據敦煌研究院編《敦煌莫高窟供養人題記》、法國刊佈的《伯希和敦煌石窟筆記》和謝稚柳《敦煌藝術叙錄》等書轉錄，對諸書錄文的不同之處，擇善而從，並對一些文字作了校訂。

41 社人氾光秀等題名　中唐（莫高窟第三七九窟）

西壁龕下中唐供養人像列南向第一身題名

社□□衙都尉上柱國氾光秀

南壁中唐供養人像列東向第一身題名

□氾光秀□

□四門折□

同壁西向第二身題名

社□□

瀛州□別將□

42 社人劉進玉等題名　中唐（莫高窟第二〇五窟）

西壁中唐供養人像列北向第一身題名

社人劉進玉

同列第二身題名

社人王鐵山

同列第三身題名

社人胡遷昇

同列第四身題名

社人李進昇

同列第五身題名

社人竹庭欽

同列第六身題名

社人程件件

同列第七身題名

社人馬聰義

同列第八身題名

社人李子華
同列第九身題名
社人雷廣興
同列第十身題名
社人李靖靖
同列第十一身題名
社人張沙俊
同列第十二身題名
社人王再晟
西壁供養人像列南向第一身題名
社人□□臻
同列第二身題名
社人張崇峻
同列第三身題名

社人平履莊

同列第四身題名

社人氾元明

同列第五身題名

社人孫英岳

同列第六身題名

社人平履海

同列第七身題名

社人馬顒

同列第八身題名

社人顧經皎

同列第九身題名

社人薛郎山

同列第十身題名

社人范英賢

同列第十一身題名

社人樊孟安

同列第十二身題名

社人胡宗榮

43 咸通八年（八六七）二月廿六日社長張大朝等發願功德讚文

（莫高窟第一九二窟東壁門口上方）

發願功德讚文并序　　敦煌龍興寺沙門明照撰

竊以實相凝空，隨緣以呈妙色；法身湛寂，應物感而播群形。幽顯莫其津梁，人天資其汲引。自祥開道樹，變現之迹難量；捧駕王城，神化之規叵測。加以發原鹿野，覺海浮浪於三千；光照鶴林，智炬潛輝於百億。俯運善權之力，廣開方便之門，邈以能仁，遐哉妙覺者也。鑴石塑佛繪畫者，則有燉煌 清河社長張大朝、社官朱再靖、錄事曹善僧等三十餘人。惟公等實雅量宏遠，溫儀稟然，懷君子之規讓，習先王之法□。心花早發，意樹先榮。了四大之非恒，悟空花之無實。中以火風不適，地水相違，九横交馳，十纏俱逼，三途流浪，六道輪廻。是以同心啓願，減削資儲，貿召良工，豎兹少福。乃於莫高巖窟龕内，塑阿彌陀像一鋪七事，於北壁上畫「藥師變相」一鋪，又畫「天請問經變相」一鋪。又於南壁上畫「西方阿彌陀變相」一鋪，又畫「彌勒佛變相」一鋪。又於西壁上内龕兩側畫文殊、普賢各一軀並侍從。又於東壁上門兩側畫不空絹索、如意聖輪各一軀。又於天窗畫四方佛並千佛一千二百九十六軀。又於門外額上造簷一間，莊嚴塑畫，圓備工畢。窮丹青之妙姿，盡綺絢之絶世。無盡法門，佛爲廣說。八十種好，隨形若在。又背悉迴社爲齋，每年三長，以具足供，獻奉 三寶。又年歲至正月十五日、□七日、臘八日悉就窟燃燈，年年供養不絶。以此功德，先奉爲當今 皇帝御宇，金鏡常懸，國祚永隆。又願我 河西節度使萬户侯檢校司空張公，命同劫石，壽等江海，延年千載。次爲合邑諸公等，惟願常修正道，崇敬法門，般若慈悲。諸災垢障，沐法水以長消；宿昔厄難，拂慈光而永散。生生世世，同會良緣；當來之中，得遇彌勒。龍花三會，願登彼岸。枝羅眷屬，永辞災障。亡過七代，先亡父母，得住蓮宮，體淨處識。並願花臺芳氣，遠遍於靈谷。社稷安泰，海晏河清，天下太平。憶念無常，窮□□之世。法界之蒼生，俱沐勝福，咸登覺果。其詞曰：

之跡也（？）巍巍大覺　壽量無極　默默具足　現□□□

□同□□　□□如來　象如山岳　湛寂號內（？）　閤而羅外（？）　照□
□□　□□□□　叵測難量　菩提勝道　始悟高尚　方□□
□　□□冥冥　鏘鏘濟濟　惟孝惟忠　盡心盡意　五□
□□　□□□□　淨域冥昇　神通自在　自其晨□　□□
□□　□□□□　五陰障祛　惟敬三寶　□□□
□　含靈抱識　同登覺路

於時大唐咸通八年歲次丁亥二月壬申朔廿六日辛酉

題記之耳。

宋神達　冉生僧　羅法僧　程智常

說　明

本件主要依據賀世哲《莫高窟第一九二窟「發願功德讚文」重錄及有關問

題》一文中刊佈的錄文轉錄，並參考了《伯希和敦煌石窟筆記》所載伯希和的錄文，對於二者的不同之處，擇善而從，且對一些文字作了校訂。

44 社人劉藏藏等題名　晚唐　（莫高窟第一四七窟）

西壁龕下供養人像列南向第三身題名

社人張□向一心供養。

同列第七身題名

社人劉藏藏一心供養。

同列第八身題名

社人□□[筍]一心[供][養]。

西壁龕下供養人像列北向第七身題名

社人劉賢德一心供養。

45 社人隊頭令狐住子等題名　五代　（莫高窟第三二二窟）

西壁龕下北側五代供養人像列南向第一身題名

□社人隊頭令狐住子一心供養．

同列第二身題名

社人匠司官□一心供養．

同列第三身題名

□孔五一心供養．

同列第四身題名

社人□銀青光祿大夫□

同列第五身題名

女□一心供養．

同列第七身題名

社人隊頭□□□

令狐□□一心供養．

同列第八身題名

女□〔一〕〔心〕供養·

西壁龕下南側五代供養人像列北向第一身題名

釋門法律□□臨壇供奉大德沙門惠□供養·

同列第三身題名

社□不勿一心供養·

同列第四身題名

社節度押衙知酒市禮銀青光祿大夫□

同列第五身題名

社人節度押衙知畫匠錄事潘□

46 社子等題名　　五代　　（莫高窟第三四六窟）

南壁供養人像列西向第一身題名

□[官]報恩寺首座尊宿[沙]門慈惠供養。

同列第二身題名

社子釋門法律知應管内二部大衆諸司都判官兼常

住倉務闡揚三[教]法師臨[壇]大德沙門法眼一心供養。

同列第三身題名

□□□[知]福田[司][判][官]闡揚三[教]

□□□臨壇大德沙門慧淨一心供養。

47 社人題名　　五代　　（莫高窟第九〇窟）

西壁天王像下端供養人像列第二身題名

社老□[士]柳緊[一]心供養。

同列第三身題名

社人□□[安]□子供[養]。

48 社官等題名　五代（莫高窟第二七八窟）

南壁下五代供養人像列西向第一身題名

社官□景員。

同列第四身題名

□匠□

北壁五代供養人像列西向第四身題名

□□□一心供[養]。

49 社子董氏三娘子等題名　　五代　　莫高窟第四〇二窟

南壁五代供養人像列西向第二身題名

□一娘子徐氏一心供養·

同列第五身題名

社子董氏三娘子一心供養·

50 社人題名　　五代宋初　　（莫高窟第二六三窟）

南壁底層五代宋初供養人像列西向第一身題名

社圑頭□

同列第二身題名

社圑頭□

同列第三身題名

社户孔員住一心供養。

北壁底層五代宋初供養人像列西向第一身題名

社子王子進一心供養。

同列第二身題名

社子令狐定延一心供養。

同列第三身題名

社子張會□一心供養。

東壁門北側五代宋初供養人像列北向第一身題名

社子令狐憨子一心供養。

同列第二身題名

社子令狐富子一心供養。

同列第三身題名

社子索苟住一心供養。

同列第四身題名

社子王黃兒一心供養·

同列第五身題名

社[子]康員昌一心供養·

同列第六身題名

社子樊光子一心供養·

同列第七身題名

社子索醜子一心供養·

同列第八身題名

社子張願昌一心供養·

同列第九身題名

社子令狐□

五代宋初供養人題名

社子令狐醜子一心供養(二)·

社子氾卓子一心供養·

社子曹再住一心供養.

社子曹定昌一心供養.

社子張不子一心供養.

社子張海清一心供養.

社子鄧佛德一心供養.

社子令狐千定一心供養.

社子令狐變兒一心供養.

社子康憨□一心供養.

社子張阿朵一心供養.

社子安再昌一心供養.

社子黑安德一心供養.

節度押衙銀青光祿大夫檢校太子賓客徐定住一心供養.

節度押衙銀青光祿大夫檢校太子賓客張願通一心供養.

節度押衙銀青光祿大夫檢校太子賓客令狐子龍一心供養.

說明

以上題名謝稚柳和敦煌研究院均定在五代時期，其中「張願通、張願𠮷」見於伯五〇三二「甲申年二月廿日渠人轉帖」，該件之年代已考出在公元九八四年（參見該件說明），則不能排除上述題名有書於宋初的可能。

校記

〔一〕以下題名在洞窟內的位置不明。

51 社人題名　宋　（莫高窟第四四九窟）

甬道南壁宋供養人像列西向第一身題名

勅推誠奉國□

主室西壁龕下宋供養人像列北向第一身題名

社小娘子□一心供養。

同列第二身題名

□曹氏一心供養。

同列第三身題名

社小娘子朱氏一心供養。

西壁龕下宋供養人像列南向第三身題名

社子釋□[一][心][供]養。

同列第四身題名

社子釋門法律臨壇[大]德□

同列第五身題名

社子律師沙門□

同列第六身題名

社子頓悟大乘賢者馬□

東壁門北側宋供養人像列南向第一身題名

□□一心供養。

同列第三身題名

□惠一心供養。

同列第五身題名

社子□律師□一心供養。

52 社子燉煌水官閻滇兒等題名　宋　（莫高窟第一九二窟）

南壁宋代供養人像列西向第三身題名

□燉煌□一心供養。

　同列第四身題名

社子□〔一〕〔心〕供養。

　同列第六身題名

社子燉煌水〔官〕閻滇兒一心供養。

　同列第十二身題名

〔社〕子張□□一心供養。

　同列第十四身題名

□新婦一心供養。

　北壁下宋代供養人像列西向第一身題名

社子□殿中監曹賓慶一心供養。

　同列第四身題名

社子陳岳馬〔一〕〔心〕〔供〕養。

　同列第六身題名

社子□[一][心][供]養・

同列第十身題名

新婦□氏□

同列第十二身題名

新婦□

53 社長武海清等題名　宋　（莫高窟第三七〇窟）

甬道南壁宋供養人像列西向第一身題名

社官知打窟都[計]料銀青□

甬道北壁宋供養人像列西向第一身題名

押衙知打窟□使[銀]青[光]祿大夫檢校□

主室東壁門南側宋供養人像列北向第一身題名

社長武海清一心[供]養．

同列第二身題名

社户王□[進]一心[供][養]．

東壁門北側宋供養人像列南向第二身題名

[社]□一心[供]養．

南壁宋供養人像列西向第一身題名

社户□廟□老宿山惠一心供養．

同列第二身題名

社户王義全一心供養．

同列第三身題名

社户令狐海員知木匠[一][心]供養．

54 社子等題名　宋　〔莫高窟第四三七窟〕

甬道南壁西向宋供養人像題名

歸義軍節度使檢校　中書令河西□使西平王曹元忠供養。

甬道北壁西向宋供養人像題名

勑受涼國夫人潯陽翟氏一心供養。

主室東壁門北側宋供養人像列題名

□□主社□中會興一心供養。

社子潘光□

萬興延一心供養。

□銀青光祿大夫□學博士散騎常侍兼御史大夫□

□子祭酒樊□

□衙銀青光祿大夫檢校太子賓客□

□銀青光祿大夫□一心供養。

社子米春奴一心供養。

社〔子〕康存德一心供養。

□□銀青光祿大夫檢校太子賓客□□一心供養。

社子節度押衙銀青光祿大夫檢校太子賓客□□

　主室南壁下宋供養人像列自西至東第一身題名

清信弟子隨恩福事二娘子韋□氏一心供養。

　同列第二身題名

清信弟子隨喜二娘子陰氏一心供養。

　主室北壁下宋供養人像列東向第二身題名

社子張定興一心供養。

　主室北壁下宋供養人像列西向第二身題名

故節度押衙知衙院錄事張奋受一心供養。

　同列第三身題名

故衙前正兵馬使□定興一心供養。

　同列第四身題名

故節度押衙□供養·

同列第五身題名

故弟子翟盈興一心供養·

中心塔柱東向面龕下座身宋供養人像列南向第一身題名

故節度□銀青光祿大夫檢校國子祭酒兼御史大夫卢□仁一心供養·

55 邑人正信等題名　宋（？）　（莫高窟第一七二窟）

北壁西端宋供養人像列東向第二身題名

邑人正信一心供養·

同列第三身題名

邑人□一心供養·

同列第四身題名

邑人□一心〔供〕〔養〕・

同列第五身題名

邑人正信一心〔供〕〔養〕・

同列第六身題名

□一心供養・

同壁供養人像列西向第一身題名

□一心供養・

南壁宋供養人像列西向第八身題名

大□地□

56 社子高保尊等題名　宋　（莫高窟第二五七窟）

中心塔柱東向面龕下座身宋供養人像列題名

社□

社子高保尊□

57 社户王定進等題名　西夏　（莫高窟第三六三窟）

南壁供養人像列西向第二身題名

社户王定進[永][充]一心供[養]。

同列第四身題名

社户安存遂永充一心供[養]。

本書主要參考論著目錄

羅福萇《沙州文錄補》，上虞羅氏編印，一九二四年。

許國霖《敦煌石室寫經題記與敦煌雜錄》，上海商務印書館，一九三六年。

那波利貞《關於唐代的社邑》，《史林》第二十三卷第二、三、四號（一九三八年）；後收入《唐代社會文化史研究》，創文社，一九七四年。

那波利貞《關於按照佛教信仰組織起來的中、晚唐五代時期的社邑》，《史林》第二十四卷第三、四號（一九三九年）；後收入《唐代社會文化史研究》，創文社，一九七四年。

謝和耐《中國五——十世紀的寺院經濟》，西貢法國遠東學院出版，一九五六年；中譯本，耿昇譯，甘肅人民出版社，一九八七年。

謝稚柳《敦煌藝術叙錄》，上海古典文學出版社，一九五七年。

竺沙雅章《敦煌出土「社」文書研究》，《東方學報》京都三五，一九六四年；後收入《中國佛教社會史研究》，同朋舍，一九八二年。

吳曼公《敦煌石窟腊八燃燈分配窟龕名數》，《文物》一九五九年第五期。

金維諾《敦煌窟龕名數考》，《文物》一九五九年第五期。

榎一雄編《講座敦煌2.敦煌的歷史》第五章第五節之第三小節《關於「社」集團對莫高窟的修復》（土肥義和撰），大東出版社，一九八〇年。

池田温編《講座敦煌3.敦煌的社會》第三章第三節之第二小節《庶民生活與社的關係》（長澤和俊撰），大東出版社，一九八〇年。

伯希和《伯希和敦煌石窟筆記》，一九八一至一九八六年。

孫修身《敦煌石窟「腊八燃燈分配窟龕名數」寫作時代考》，《絲路訪古》，甘肅人民出版社，一九八二年。

郭鋒《敦煌的「社」及其活動》，《敦煌學輯刊》總第四期一九八三年。

盧向前《馬社研究——伯三八九九號背面馬社文書介紹》，《敦煌吐魯番文獻研究論集》第二輯，北京大學出版社，一九八三年。

陳國燦《敦煌所出諸契年代考》，《敦煌學輯刊》一九八四年第一期。

寧可《述「社邑」》，《北京師院學報》一九八五年第一期。

陳國燦《唐朝吐蕃陷落沙州時間問題》，《敦煌學輯刊》一九八五年第一期。

唐耕耦、陸宏基編《敦煌社會經濟文獻真蹟釋錄》，第一輯第五部份，書目文獻出版社，一九八六年。

敦煌研究院編《敦煌莫高窟供養人題記》，文物出版社，一九八六年。

寧可、郝春文《敦煌社邑的喪葬互助》，一九八七年「香港國際敦煌吐魯番學術會議」論文，該文收入此次會議論集，由臺灣新文豐出版公司出版。

李正宇《敦煌地區古代祠廟寺觀簡志》，《敦煌學輯刊》一九八八年第一、二期。

鄧文寬《敦煌文獻中的天文曆法》，《文史知識》一九八八年第八期。

唐耕耦《房山石經中的唐代社邑》，《文獻》一九八九年第一期。

郝春文《敦煌遺書中的「春秋座局席」考》，《北京師院學報》一九八九年第四期。

郝春文《敦煌私社的「義聚」》，《中國社會經濟史研究》一九八九年第四期。

郝春文《敦煌的渠人與渠社》，《北京師院學報》一九九〇年第一期。

陳國燦《唐五代瓜沙歸義軍軍鎮的演變》，《敦煌吐魯番文書初探二編》，武漢大學出版社，一九九〇年。

池田溫《中國古代寫本題記集錄》，大藏出版社，一九九〇年。

郝春文《隋唐五代宋初佛社與寺院的關係》，《敦煌學輯刊》一九九〇年第一期。

郝春文《敦煌寫本齋文及其樣式的分類與定名》，《北京師院學報》一九九〇年第三期。

李德龍《敦煌寫本「社司納贈曆」淺探》，《大慶師專學報》一九九〇年第二期。

唐耕耦《乙巳年（公元九四五年）淨土寺諸色入破曆算會牒稿殘卷試釋》，《敦煌吐魯番學研究論文集》，漢語大詞典出版社，一九九〇年。

榮新江《沙州歸義軍歷任節度使稱號研究》，《敦煌吐魯番學研究論文集》，漢語大詞典出版社，一九九〇年；其修訂稿載《敦煌學》第十九輯。

寧可、郝春文《北朝至隋唐五代間的女人結社》，《北京師院學報》一九九〇年第五期。

胡同慶《從敦煌結社探討人的羣體以及個體與集體的關係》，《敦煌研究》一九九〇年第四期。

郝春文《隋唐五代宋初傳統私社與寺院的關係》，《中國史研究》一九九一年第二期。

郝春文《東晉南北朝佛社首領考畧》，《北京師院學報》一九九一年第三期。

誠遜《五十年來（一九三八至一九九〇）敦煌寫本社文書研究述評》，《中國史研究動態》一九九一年第八期。

劉永華《唐中後期敦煌的家庭變遷和社邑》，《敦煌研究》一九九一年第三期。

郭鋒《吐魯番文書「唐衆阿婆作齋社約」與唐代西州的民間結社活動》，《西域研究》一九九一年第三期。

郝春文《東晉南北朝的佛教結社》，《歷史研究》一九九二年第一期。

郝春文《敦煌寫本社邑文書年代滙考》（一），《首都師大學報》一九九三年第四期。

郝春文《敦煌寫本社邑文書年代滙考》（二），《首都師大學報》一九九三年第五期。

郝春文《敦煌寫本社邑文書年代滙考》（三），《社科縱横》一九九三年第五期。

卷號索引

北圖周字六十六號	九九
北圖殷字四十一號背	八八、一七五、三六七
北京大學圖書館藏	一八九、二三〇、二四〇
Ch. BM. 〇〇一六七	三八三
Ch. BM. 〇〇五一九背	三四五
Ch. IOL. 七七	五八三
Ch. IOL. 八二背	七〇、二四四、三一九、七一七
Дх一二七八	七六二
Дх一二七八背	七六九
Дх一三五九	二一〇、二一一
Дх一四〇一	二五八
Дх一四一〇	九一、一一八、二五一、三二九
	四一六、四九〇、四九三
Дх一四三九A	一一五

斯三二九背/2	一四六
斯三二九背/5	一四一、二四六
斯三四三/7	後記四
斯三四五背/1	二七三
斯三九五	一五九
斯四〇六	三六一
斯四四六	七七一
斯四七四	六七〇
斯五二七	前言一〇、前言一一、二三、二八、五七
斯五四三背/6	五一八
斯六六三	六二五、六三二
斯七〇五	三二四
斯七〇五背	三二四
斯七〇七背/11	三六一

斯七二八背/3	一五八
斯七七八	七七〇
斯七八二	三六一
斯八六四	一八五
斯八六五背	二三七
斯一〇四八背	二三二、二三三
斯一一六三背/1	二一三
斯一一六三背/2	二二一、二二七
斯一一七三背/1-2	五七六
斯一三四四	七七〇
斯一三五九背/1	三六一
斯一三八六背/1	一六〇
斯一四〇八背	三〇六
斯一四五三背/2	一三七

斯一四七三	二七二
斯一四七五背/1	七一二
斯一四七五背/1-2	七一〇
斯一四七五背/2	三一〇
斯一四七五背/2-3	前言一一、七一三
斯一七二五背	前言二一、六九五、六九七 後記六、後記七
斯一八四五	四二九
斯一九二〇背/1	三六一
斯一九三一背	三六一
斯一九七三背/1	三一一
斯二〇四一	前言一一、四、三一九、六八四
斯二〇七八背	一三一
斯二一〇三	三六四

斯三〇一一背/5	一〇五
斯三三九三背/1	二三九
斯三四〇五	四六〇
斯三五四〇	二九
斯三七一四	一二八
斯三七九三	五〇一
斯三八七七	二三九
斯三九七八	前言一五、四三六、四四八
斯四〇三七背/2	一八四
斯四一二九	三六一
斯四一九二背	六九、三一九
斯四三七四	七四八
斯四四四四背/2-3	二八七
斯四四五二	二五五

斯四四五八　六二〇、六二二、六二四、六二七、六二八
斯四四七二背/1-3　一七一、二五九、三九八、四二〇、四五七
斯四五二五　七七八
斯四五三七背　一八
斯四五三九背/1　三六一
斯四六六〇　九一、一一七、三四四
斯四六六三背/2　二七九
斯四七六一　五〇五、五〇六
斯四八一二　二五七、三三三、三三七、五〇三
斯四八六〇背/1　六七九
斯四九七六背/1-2　五一四、五一六
斯五〇三二　二三九

斯五八三一	三二一、七一七
斯五八七四	四〇二
斯五八七五	五八一
斯五八七九	二四一
斯五八七九背	二三九
斯五九二四	六五四
斯五九五三背/1	五六〇、五六二、五九八
斯五九五七	五三四、五三六、五三七
	六三七、六三九、六四〇
斯六〇〇三	一〇九、五〇〇、七四七
斯六〇〇四	二八〇
斯六〇〇五	前言一一、一四、一九
斯六〇〇八	二一五
斯六〇六六	三一三

斯六四二四背/1	五〇九
斯六四二四背/2	五一〇
斯六四二四背/3	五一二
斯六四六一背/1	二二四
斯六五三七背/3-5	四九、五六六
斯六五三七背/6-7	四二、四三、四四、五六六
斯六五三七背/7-8	前言一〇、二一、五五五
斯六五八三背/1	二七六
斯六六一四背/1-2	二八九
斯六八一〇	七六九
斯六九二三背/2	六二二、六二四
斯六九二三背/3	前言一九、五五六、五五八、五六二
	五六三、五九八、五九九
斯六九六〇背	三六二

斯九八五八A	三五五
斯九八七七B	三五七
斯九九二五A	三四六
斯九九二九	一二四、一二五
斯九九五三背	三五八
斯一〇〇〇二	三五八
斯一〇〇一三	三五〇
斯一〇一八四C	一二四
斯一〇二八一	四六四
斯一〇四七六	三五四
斯一〇五三〇	四六六
斯一〇五四九	三四七
斯一〇五六一	三五二
斯一〇五六三	五八五

斯一〇五六四　三〇二
斯一一三三四　三五九
斯一一三五三　一〇七、三三八
斯一一四四四　三五五
斯一一四四五　四七三
斯一一五五二　四七一
斯一一五五七　四七〇
伯二〇三二背　八四、一〇四、三七三
　　　　　　　四八六、四八八、七七四
伯二〇四〇背　二五〇、三七二、七七五
伯二〇四二背　四八一
伯二〇四九背　七七、八一、八二、九五
　　　　　　　九八、一五四、一七一
　　　　　　　三六七、三七二、七七二

伯二〇五八背　前言一八、五二二、五五一、五五四、五六六、五九八、六〇一、六〇二、六一二、六四九、六五一、六五三

伯二〇八六　七五一

伯二〇九四　七六〇

伯二一六一6　四六七

伯二二二六背　五二一、五二二、五二三、五三三、五六六、五六七、五八六、六五一、六五二

伯二二三七背　六四四

伯二二五〇背　一四九、一五〇、一五二、四七七、四八〇

伯二三三一背　五二一、五二二、五二三

伯二三四一背　五二五、五九九

伯二三五八背	七二三
伯二四三九背	二三三
伯二四五〇背	七六六
伯二四八四	四三五
伯二四九七	五九六
伯二四九八	二二三
伯二四九八1	七〇四
伯二四九八1背	七〇四
伯二五四五背	三六一
伯二五四七	五八九、五九〇、五九一
伯二五五六	五〇五、五〇六、五〇七
伯二五五六背	三一六
伯二五五八	三七六
伯二五八八	五五一、五五三、五五四

伯二八〇八	六〇八
伯二八〇九背	七六七
伯二八一七背	一三〇
伯二八二〇	五七九、六〇八
伯二八二五背	二七一
伯二八四二1	八三、四一九
伯二八四二2	四一七
伯二八四二3	二五四
伯二八四三	六一九、六二一、六二三
	六二四、六二七、六二八
伯二八五四背	六三七、六三九、六四〇
伯二八五六	七五八
伯二八六九3	四五八
伯二八六九4	四五八

伯三一二八背
伯三一四五
伯三一六四
伯三一六七背
伯三一七二
伯三一九二背
伯三一九八$_{2}$
伯三二一一背
伯三二一六$_{2}$
伯三二三一$_{11}$

六三〇、六三一、六三二
五一四、五一六
一九四
七八
一七一
六三七、六三九、六四〇
二八四
七〇七
七五
七〇二
九八、一〇〇、一〇七、一一〇
一一八、三三八、三三九
三四二、三七九、四二四
四三八、四四八、四五〇

伯三四三四背
伯三四四一背
伯三四八九
伯三四九〇
伯三四九一
伯三五〇二背
伯三五〇三背
伯三五二一背
伯三五三六背
伯三五四四
伯三五四五
伯三五五五B_5

二七八
一六四
二七、一〇二
七九
六五七、七六二
五〇七、五〇八
二四八
五六七
五八
一、二六、一三三
前言一九、五一四、五一六、五三一
五三二、五三三、五三五、五五八
五五九、五六三、五九八、五九九
八九、九〇、三三一、四五三

伯三五五五B$_{11}$	四一二、四一三、四一四、四一六
伯三五五六	二九二
伯三五五六背	三三六
伯三五六六	五五一、五五三、五五四
伯三六一六背	三〇〇
伯三六二一背	二三六
伯三六二三背	一五六、一五八
伯三六二七	四〇九
伯三六三六$_1$	四五五、四九九、七四七
伯三六三六$_2$	前言二二、四五五、五〇〇、七四六
伯三六三八	三一二
伯三六四九	三四一
伯三六六六背	二二五、三二三
伯三六七八背	前言一八、前言二〇、五五三、五五四

伯三六九一
伯三六九一背
伯三六九一[1]
伯三六九二背
伯三六九八背
伯三七〇六
伯三七〇七
伯三七二二背
伯三七三〇背
伯三七三八[2]
伯三七五七背
伯三七六三背
伯三七六四[1]

五九九、六〇一、六〇二
五〇七、五〇八
三三、一八六
一七九
二九一
二九六、三六二
三六一
九二
五九三
四二、四三、四四
四六九
一六七
七八〇
一三二

伯四○六三	一一八、一八二、一九三、二五三、三二九、三四一、四一六
伯四五二五〃	三四
伯四五三六背	五一七、五三八、五五九、五九七、六三○、六三一、六三二
伯四六○八	五三四、五三六、五三七
伯四六三五	四八四
伯四六五一	七○三
伯四七一六	三四一
伯四七二○	三二七
伯四八二○	四九七
伯四八二一	三二○
伯四八八七	四四○
伯四九○七	七七七

伯四九六〇
伯四九六六
伯四九七五
伯四九八三背
伯四九八七
伯四九九一
伯四九九五
伯五〇〇三
伯五〇〇三背
伯五〇一六
伯五〇三二

一六
五七二
四二五、四六一
四七六
三一、一一八、一一九、一八三
二六三、二六六、四四五
九一、一〇六
六七四
六七、三一九、三二〇
四〇四、四〇七
七〇、三一八
八五、九三、九四、一一八、一二〇
一二一、一五一、一八三、三三四
三三九、三六九、三七一、三七四

	三八二、三八四、三八六、三八八、三九〇、三九二、三九四、三九五
伯五五四六背	一四二
伯五五九三	三四三
伯六〇二四	三〇四
藤井有鄰館藏	七五〇
天津博物館二七	七五六
香港中文大學文物館藏	七五七

後記

本書稿交付出版社後，我們又陸續發現了一些材料，可以對書稿做少量的修改和補充。因全書已繕寫完畢，不便再做修改或補充。現藉校對之機，徵得出版社同意，將需要修改和補充的幾件文書附於書後，供讀者參考。

作者

一九九五年三月

一 渠人轉帖　十世紀後半葉（？）

（上海博物館二一（八九五八B））

渠人　轉帖　杜流信　索員滿　索□

索清●奴　鄧義●昌　鄧義●保　鄧里三□

王成集　王員●松　王富進　杜慶●兒　杜□

國丹●住　趙閏子　賈延德　賈進子　趙□

趙員●侯　保氾●子　氾禮●兒　鄧押衙　杜□

右件渠人，官中處（分）㈠修查（閘），人各

栓（一）㈡笙，枝一束，鍬钁一事，□

六日卯時於查（閘）頭（取）（齊）㈢。（捉）㈣

二人後到，罰酒一角；全不來，罰酒半瓮。□

停滯。如滯帖者，准條科罰。（帖）（周）（却）㈤

付本司，用（憑）（告）（罰）㈥。

說明

本件原已收錄，錄文係沙知提供，編在書稿的二〇九號。「上海博物館藏敦煌吐魯番文獻」（上海古籍出版社，一九九三年）出版後，我們又據該書影印的本件圖版和其它「渠人轉帖」對沙知的錄文作了校補。

校記

〔一〕「分」，據文義及其它渠人轉帖例補。
〔二〕「一」，據文義及其它渠人轉帖例補。
〔三〕「取齊」，據文義及其它渠人轉帖例補。
〔四〕「捉」，據文義及其它渠人轉帖例補。
〔五〕「帖周却」，據文義及伯五〇三二「甲申年（九八四）九月廿一日渠人轉帖」例補。

〔六〕「憑告罰」，據文義及伯五〇三二「甲申年（九八四）十月三日渠人轉帖」例補。

2 社齋文 （斯三四三/7）

夫圻昏網爍煩何（河）萬類開覺而發心者，佛；崇智山室生路六道絶而永亡者，法；觀其用調其興一受證斷而遐昇者，僧；是知佛法僧寶最上福田。其有歸依者，果無不克矣。然今闔席時有清信士某公建慈（兹）〔一〕福事者，爲其邑義功德之嘉會也。惟諸公等並乃流沙望族，墨沼英靈；居家盡孝悌之誠，奉國竭忠懃之節；更能悟佛乘之可託，知幻質之難亭（停）；同發勝心，歸依三寶。於是清弟（第）宅，列珍羞，爐香鬱鬱以蒸空，梵響清零而肅物。惣斯繁耻，無疆勝因，先用莊嚴，合邑諸公等，惟願九横滅，三災除，百福臻，萬祥集；又持勝福，次用莊嚴，齋主及諸家眷等惟願湯（千）〔二〕袂（殃）〔三〕，增萬善，淨業長，道芽生，同種智而圓明，等法身之堅固；然後霑有識，備無艮，賴芳因，登正覺。

說明

本件是僧人在邑義所設齋會上念誦的齋文文本，無紀年，保存在一卷齋文文本集中。該集除本件外，尚有「悔文」、「願文」、「亡妣文」、「亡僧文」等。全卷中無吐蕃、歸義軍統治敦煌時期齋文文本中常見的詞語，推測其時代應在吐蕃佔領敦煌以前。

校記

〔一〕「慈」，當作「慈」，據文義改。

〔二〕「千」，據文義及伯二三四一背「亡考文兼社齋文」補。

〔三〕「袂」，當作「殃」，據文義改。

3 祭社文（斯一七二五背（伯三八九六背））

祭社文

敢昭告於社神，惟神德兼博厚，道著方直，載生品物，含養庶類。謹因仲春〔一〕，祇率常禮。敬〔二〕以制弊犧齊，粢盛庶品，備兹明薦，用申報本。以后土勾龍氏配神作主。（尚）（饗）〔三〕！

敢昭告於后土氏，爰兹仲春〔四〕，厥日推（惟）〔五〕戊，敬循恒士（事）〔六〕，薦於社神。惟神功著水土，平易九州，昭配之義，寔惟通典〔七〕。謹以制弊〔八〕犧齊，粢盛庶品，式陳明薦，作主侑神。（尚）（饗）〔九〕！

敢昭告於　稷神，惟神播生百穀，首兹八政，用而不遺（匱）〔一〇〕，功濟萌〔一一〕黎。謹〔一二〕以制弊犧齊，粢盛庶品，祇奉舊章，備兹瘞禮。謹〔一三〕以后稷棄配神作主。（尚）（饗）〔一四〕！

敢昭告於〔一五〕后稷氏，爰以仲秋（春）〔一六〕，敬修恒禮〔一七〕，薦於稷神，惟神功業稼穡，善〔一八〕修農政，允兹以從祀〔一九〕，用率舊章。謹以制弊〔二〇〕犧齊，粢盛庶品，式陳明薦，作主配神。（伏）（惟）〔二一〕（尚）（饗）〔二二〕！

祭社　要香爐四並香(二三)　神席四(二四)　氈廿領(二五)　馬頭
盤八(二六)　壘子廿(二七)　壘子廿(二八)　小牀子三　椀三　杓子三
手巾一　粥布八尺(二九)　餜食四盤子(三〇)　酒　肉　梨一百課（顆）(三一)
行禮人三(三二)　鍬兩張　桼（黍）(三三)米二升　香棗二升(三四)　修壇夫二(三五)　瓜廿(三六)
右前件等物，用祭諸神，並須新好，請處分。
牒，件狀如前，謹牒。

說　明

斯一七二五背/1-2「祭社文」原已收錄，編在書稿的第三二四號。後發現伯三八九六背亦有部分「祭社文」。該卷先寫「釋奠文」（部分），後書「祭社文」，但也只書寫了其中祭后稷氏的祝文。後空數行，又抄寫釋奠、祭社、祭雨師等活動所需物品，其內容亦較斯一七二五背簡略。所以，伯三八九六背有可能是斯一七二五背相關内容的節抄本。前者的内容雖未能超出後者，但文字畧有出入，有參校價值。又，原書稿中之錄文未與《大唐開元禮》卷六八「諸州祭社稷」所載祭社祝文比勘。《大唐開元禮》中保存的祭社祝文與《通典》卷一二一「開元禮纂類」一六「諸州祭社稷」中的祭社祝文畧同，但二書中均未記載祭社所需物品，斯一七二五背1-2和伯三八九六背中的有關内容可補傳世文獻之缺。兹仍以斯一七二五背1-2為底本，用《大唐開元禮》、《通典》、伯三八九六背保存的相關内容參校，重新錄文。稱《大唐開元禮》中之祭社祝文為甲本，《通典》中之祭社祝文為乙本，伯三八九六背中之祭后稷氏祝文與祭社所需物品為丙本。

校記

（一）甲乙二本在「仲春」二字之下有「仲秋」二小字，說明此文春秋二社通用。

（二）「敬」，甲乙二本作「恭」。

（三）「尚饗」，據甲乙二本補。

（四）甲乙二本「仲春」下有「仲秋」二小字。

（五）「推」，當作「惟」，據甲乙二本改。

（六）「敬循恒事」，甲本爲「敬修恒事」，乙本爲「敬修常事」。

（七）「寔惟通典」，甲乙二本爲「實通祀典」。

（八）「制弊」，甲乙二本無。

（九）「尚饗」，據甲乙二本補。

（一〇）「遺」，當作「匱」，據甲乙二本改。

（一一）「萌」，乙本同，甲本作「甿」。

（一二）「謹」，甲本作「敬」，乙本作「恭」。

（一三）「謹」，甲乙二本無。

（一四）「尚饗」，據甲乙二本補。

〔一五〕「昭告於」，丙本無，當係抄寫者脫漏。

〔一六〕「仲秋」，甲乙丙三本均作「仲春」，但甲乙二本在「仲春」下均有「仲秋」二小字。本件前三處均爲「仲春」，唯此處用「仲秋」，故亦應改爲「仲春」。

〔一七〕「敬修恒禮」，甲丙二本同，乙本作「恭修常禮」。

〔一八〕「善」，丙本同，甲乙二本作「闌」。

〔一九〕此句甲乙二本無「以」字，丙本無「兹」字。

〔二〇〕「制弊」，丙本同，甲乙二本無此二字。

〔二一〕「伏惟」，據丙本補。

〔二二〕「尚饗」，據甲乙二本補。以下爲「祭雨師文」、「祭風伯文」等計十六行，未錄。

〔二三〕「要香爐四并香」，丙本作「香四」。

〔二四〕「神席四」，丙本作「席四」。

〔二五〕「氈廿領」，丙本無。

〔二六〕「馬頭盤八」，丙本作「盤八」。
〔二七〕「壘子廿」，丙本作「疊廿」。
〔二八〕「壘子廿」，丙本無。
〔二九〕「弊布八尺」，丙本作「布八尺」。
〔三〇〕以下丙本所列物品次序與底本不同。
〔三一〕丙本「梨」下無數目字。
〔三二〕「行禮人三」，丙本作「行三人」。
〔三三〕「乘」，丙本作「季」，疑當作「黍」，據文義改。
〔三四〕「二升」，丙本作「一升」。
〔三五〕「修壇夫二」，丙本無。
〔三六〕「瓜廿」，丙本無，但在肉與香棗間多列有「乾脯四斤」。以下有「祭風伯一坐，祭雨師雨坐」，未錄。

4 天禧叁年（一〇一九）□月二十七日社邑造塔記

（「隴右金石錄補」卷一）

維大宋天禧叁年歲次己未□月二十七日，輒有結義社邑，蓋緣真如覺體，非少性而能規；善逝全軀，豈凡庸而得覩。所以刻檀起信，儘標宗義，猶證果而獲因，尚超凡而入聖，當本我佛世紀萬千之寶塔。厥有舍人足二十六數之釋子具名以（於）後，一一參羅。社官永安寺法律興受，社老龍興寺法律定慧，錄事金光明寺法律福榮，報恩寺釋門僧正賜紫紹真，團頣（頭）〔二〕龍興寺法律戒榮，團頣（頭）〔三〕金光明寺法律福祥，靈圖寺法律弘願，法律三界寺法海，法律大乘寺福惠，靈圖寺法律知都司判官弘辯，三界寺法律知福田判官善惠，金光明寺法律福興，同寺法律福通，同寺法律福藏，三界寺法律法盈，蓮臺寺法律善集，靈圖寺法律惠藏，大乘寺法律惠明，永安寺法律戒辯，聖光寺法律法興，大乘寺法律法願，龍興寺法律福惠，報恩寺法律紹聰，蓮臺寺法律善貴，同寺法律紹明。　以上社衆，並是釋門貴子，梵菀（苑）良材，各各懷尅□（己）〔三〕之心，速速負柔和之意；加以傾誠三寶，注想五乘；於家行謙敬之心，在衆有恭和之志。遂乃齊心合意，上教下隨，選此良田，共成塔一所者，故記之爾。造塔塑匠王安德，李存遂。

説明

本件原碑已佚，拓本亦未見刊佈，只「隴右金石録補」卷一中保存了它的録文，題爲「天禧塔記」，但未保留原碑行次。本件録文係李正宇提供，轉録時與北京大學圖書館所藏「隴右金石録補」進行了校對。本件並非敦煌遺書，也不在莫高窟石窟之中，但它對研究敦煌社邑與佛教寺院均有重要價值。

校記

〔一〕「頣」，當作「頭」，據斯二四七二背/5-6「辛巳年十月廿八日營指揮使葬巷社納贈曆」改。

〔二〕「頣」，當作「頭」，據斯二四七二背/5-6「辛巳年十月廿八日營指揮使葬巷社納贈曆」改。

〔三〕「己」，據文義補。

5 天禧三年（一〇一九）三月二十四日衆社重發誓願建塔記

〔「隴右金石錄補」卷一〕

天禧三年三月二十四日，衆社等二十六人重發誓願於此地上建塔子一所，不得別人妄生攪擾，若有此之徒，願生生莫逢好事者。

說明

本件錄自「隴右金石錄補」卷一，原題「天禧陶器」，並有按語云「夏鼐筆記：按此陶器上墨書十一行，共五十字。今在武威民衆教育館。其出土或謂在張掖黑水城故地，或謂在敦煌，未能確定」。據以上按語，此陶器四十年代時尚存，不知今日藏於何處，待訪。又，本件原爲十一行，但「隴右金石錄補」未按行次抄錄。關於此陶器之出土地點，前錄「隴右金石錄補」卷一「天禧塔記」（本書擬題爲「天禧叁年□月二十七日社邑造塔記」）按語云「頗疑天禧陶器與此塔記同出一地」。此說甚有見地。因這兩件造塔記年代、人數、事由均同，而黑水城故址尚未聞發現有關社邑的材料，故這兩件造塔記都是出土於敦煌的可能性甚大。而且還很可能是同一社邑爲造塔而進行的兩次發願活動的記錄。「天禧叁年□月二十七日社邑造塔記」是開始準備造塔時社邑發願的記錄。「天禧三年三月二十四日衆社重發誓願建塔記」可能是社邑在建塔過程中，遇到有人「妄生攪擾」，所以再次「重發誓願」，以保證工程順利完成。

基於上述認識，我們把本件附在「天禧叁年□月二十七日社邑造塔記」之後。

編輯后記

這一卷是由我和寧可先生合作撰寫的。原作爲『敦煌文獻分類録校叢刊』的一種，書名爲《敦煌社邑文書輯校》，於 1997 年由江蘇古籍出版社出版。

此書的編纂，歷經十幾年之久。我自 1983 年隨寧可師攻讀碩士學位時起，先生就命我搜集敦煌遺書中有關社邑的資料。材料搜集完成以後，又在先生指導下釋録文字，初稿曾經多次打磨。大致流程是我寫出一遍初稿，交由先生審讀修改，如此反復多次。可以説，通過這部書稿的合作，先生把我領入了敦煌文獻整理的殿堂。初稿寫定以後，先生利用在歐洲遊學的機會，又到英國國家圖書館和法國國家圖書館逐件核對過文書原件。

需要説明的是，《敦煌社邑文書輯校》一書出版已有 20 多年，一些文書的釋文需要更新。此次作爲《寧可文集》第五卷出版，我訂正了一些原來錯誤的釋文。

郝春文

2024 年 5 月 17 日於北京

責任編輯：劉鬆弢　彭代琪格

圖書在版編目（CIP）數據

寧可文集.第五卷/寧可、郝春文著；郝春文，寧欣主編.—
北京：人民出版社，2024.6
ISBN 978-7-01-025850-8

I.①寧…　II.①寧…②郝…③郝…④寧…　III.①中國歷史-
文集　IV.①K207-53

中國國家版本館CIP數據核字（2023）第195153號

寧可文集（第五卷）

NINGKE WENJI

寧　可　郝春文　著

郝春文　寧　欣　主編

人民出版社 出版發行

（100706　北京市東城區隆福寺街99號）

北京新華印刷有限公司印刷　新華書店經銷

2024年6月第1版　2024年6月北京第1次印刷

開本：710毫米×1000毫米 1/16　印張：60.5

字數：433千字

ISBN 978-7-01-025850-8　定價：200.00元

郵購地址 100706　北京市東城區隆福寺街99號

人民東方圖書銷售中心　電話（010）65250042　65289539